Über dieses Buch Freuds Beziehung zur Kunst ist nicht das Überbleibsel schöngeistiger Gymnasiastenschwärmereien oder bildungsbürgerliche Konvention. Vielmehr hat er, wie der renommierte Freud-Forscher und Kulturhistoriker Peter Gay in der Einleitung zeigt, die Künstler schon früh als unentbehrliche intellektuelle Helfer auf dem Wege zur Entdeckung des Unbewußten aufgefaßt. In voller Absicht gab er dem Kernkomplex der Neurosen bzw. dem unumgänglichen Durchgangsstadium in der seelischen Entwicklung eines jeden Menschen den mythologisch-literarischen Namen »Ödipus-Komplex«. Denn Freud war davon überzeugt, daß bereits Sophokles in der äußersten Verdichtung seiner Tragödie die kindliche Liebe bzw. den kindlichen Haß gegenüber den Elternfiguren dargestellt habe – ebenso sei Shakespeares *Hamlet*, in Goethes *Faust* oder in Dostojewskis *Brüder Karamasoff* »die unvergleichliche Stärke der ersten affektiven Bindungen des Menschenkindes« vorgeführt. In gewissem Sinne hat sich Freud also als Nacharbeiter der großen Künstler gesehen: was diese vorbewußt immer schon erahnten, hat er in die rationale Sprache der Wissenschaft gefaßt und voll bewußtgemacht.

Die in diesem Band versammelten Schriften, darunter essayistische Glanzstücke, überraschen durch die Vielfalt der Gesichtspunkte. Nicht nur werden bestimmte Kunstwerke interpretiert – etwa die Moses-Statue des Michelangelo, die einen anderen Moses verkörpere als den jähzornigen der biblischen Überlieferung –, auch einzelne Künstler werden vorsichtig biographisch-analytischer Betrachtung unterzogen – beispielsweise Dostojewski mit seiner Spielerleidenschaft; wo Diskretionsrücksichten die Veröffentlichung klinischen Materials ausschlossen, konnte Freud neu entdeckte Mechanismen überzeugend an literarischen Figuren demonstrieren, so den Typen des »am Erfolge Scheiternden« an Shakespeares Lady Macbeth oder Ibsens Rebekka West, oder aber er illustrierte die besonderen Bedingungen dafür, daß wir etwas als »unheimlich« empfinden, an E.T.A. Hoffmanns Erzählung ›Der Sandmann‹; durch den Vergleich mit dem Spiel des Kindes und dem Tagträumen des Erwachsenen gewinnt Freud schließlich tiefe Einblicke in die Gesetzmäßigkeiten des künstlerischen Produzierens überhaupt. In löblicher Selbstentscheidung hat er sich übrigens nie angemaßt, etwas über die *formalen* Aspekte von Kunst aussagen zu können.

Der Autor Sigmund Freud, geboren 1856 in Freiberg (Mähren); Studium an der Wiener medizinischen Fakultät; 1885/86 Studienaufenthalt in Paris, unter dem Einfluß von J.-M. Charcot Hinwendung zur Psychopathologie; danach in der Privatpraxis Beschäftigung mit Hysterie und anderen Neurosenformen; Begründung und Fortentwicklung der Psychoanalyse als eigener Behandlungs- und Forschungsmethode sowie als allgemeiner, auch die Phänomene des normalen Seelenlebens umfassender Psychologie; 1938 Emigration nach London; 1939 Tod.

Der Verfasser der Einleitung Peter Gay, Professor für Geschichte an der Yale University (New Haven), hat zahlreiche vielbeachtete und in mehrere Sprachen übersetzte Bücher über Freud und die Psychoanalyse veröffentlicht, zuletzt *Freud; Eine Biographie für unsere Zeit* (1989) und *Freud entziffern* (1992).

Unsere Adresse im Internet: www.fischer-tb.de

SIGMUND FREUD

Der Moses des Michelangelo

Schriften über
Kunst und Künstler

Einleitung
von Peter Gay

FISCHER TASCHENBUCH VERLAG

2., unveränderte Auflage: Oktober 1999

Veröffentlicht im Fischer Taschenbuch Verlag GmbH,
Frankfurt am Main, November 1993

Für diese Ausgabe:
© Fischer Taschenbuch Verlag GmbH, Frankfurt am Main, 1993
Für die Texte Sigmund Freuds:
Lizenzausgabe der S. Fischer Verlag GmbH, Frankfurt am Main,
mit Genehmigung von Sigmund Freud Copyrights, Colchester,
Copyright under the Berne Convention, 1941, 1942, 1946, 1947, 1948,
Imago Publishing Co., Ltd., London
All rights reserved
Umschlagentwurf: Buchholz / Hinsch / Hensinger
(unter Verwendung zweier Zeichnungen, die Freud zur
Illustration seiner Deutung der Moses-Statue
anfertigen ließ; siehe S. 75)
Gesamtherstellung: Clausen & Bosse, Leck
Printed in Germany
ISBN 3-596-10456-4

INHALT

Einleitung. Von Peter Gay 7

Psychopathische Personen auf der Bühne (1942[1905–06]) . 21

Der Dichter und das Phantasieren (1908) 29

Das Motiv der Kästchenwahl (1913) 41

Der Moses des Michelangelo (1914) 55
   Nachtrag zur Arbeit über den Moses des Michelangelo
   (1927) 85

Vergänglichkeit (1916) 87

Einige Charaktertypen aus der psychoanalytischen Arbeit
(1916) 93
   I. Die Ausnahmen 95
   II. Die am Erfolge scheitern 100
   III. Die Verbrecher aus Schuldbewußtsein 117

Eine Kindheitserinnerung aus *Dichtung und Wahrheit*
(1917) 121

Das Unheimliche (1919) 135

Dostojewski und die Vatertötung (1928) 173

Goethe-Preis (1930) 193
   Brief an Dr. Alfons Paquet 195
   Ansprache im Frankfurter Goethe-Haus 197

Anhang

Editorisch-bibliographische Notiz 205
Bildnachweis 211
Sigmund Freud – Werke im Taschenbuch (Gesamtübersicht) . 212

EINLEITUNG

Von Peter Gay

1. Der Kulturanalytiker

Der Freud, den jedermann kennt, ist nicht der ganze Freud. Er ist der weltberühmte Psychoanalytiker, der erste seiner Art, der am Ende des neunzehnten Jahrhunderts eine bahnbrechende Theorie und eine einzigartige Therapie für Neurosen entwickelte – beide noch immer sehr umstritten. Der Freud, den jedermann kennt, ist in erster Linie der Therapeut, der die Welt einige große »Unanständigkeiten« gelehrt hat – oder, genauer gesagt, der die Welt gelehrt hat, einige wenig schmeichelhafte Wahrheiten zu ertragen.

Die unzähligen Karikaturen, die sich seit Jahrzehnten in Zeitungen und Zeitschriften über die psychoanalytische Behandlungsstunde, das psychoanalytische Setting lustig machen, zeichnen ein Zerrbild: Da sitzt der Psychoanalytiker, der treue Sohn seines Vaters Freud, hinter der Couch, hört hin und schreibt sich manchmal etwas auf. Aber tatsächlich hat Freud in seinen Aufsätzen über die psychoanalytische Technik, die nach über fünfundsiebzig Jahren Psychoanalytikern immer noch viel zu sagen haben, seine Kollegen ausdrücklich davor gewarnt, ihre Aufmerksamkeit durch Notizenmachen zu kompromittieren. Und diese Fehldarstellung ist nicht unwichtig. Sie ist symptomatisch dafür, daß man den richtigen Freud kaum kennt – nicht einmal den Therapeuten. Noch weniger ist bekannt, daß dieser Therapeut nicht der ganze Freud ist.

Es stimmt schon, daß Freud der erste Psychoanalytiker der Welt gewesen ist und daß er sein Hauptmaterial von seinen neurotischen Patienten und Patientinnen entlehnt hat. Die Couch und sein bequemer Lehnstuhl waren sein Labor. Aber von Anfang an wollte er mehr als ein Nervenarzt sein, mehr noch als eine gefeierte Kapazität. Was ihn, wie er selbst sagte, von seiner Kindheit an fasziniert hatte, waren die großen Geheimnisse des Lebens, Geheimnisse, die der Wissenschaft bisher widerstanden hatten – vor allem die der

menschlichen Natur. »In den Jugendjahren«, schrieb er 1927 rück-
blickend, »wurde das Bedürfnis, etwas von den Rätseln dieser Welt
zu verstehen und vielleicht selbst etwas zu ihrer Lösung beizutragen, übermächtig.«[1] Freud sah sich also in erster Linie als ein Wissenschaftler. »Eine besondere Vorliebe für die Stellung und Tätigkeit des Arztes«, schrieb er in seiner »*Selbstdarstellung*«, die 1925,
als er neunundsechzig war, herauskam, »habe ich in jenen Jugendjahren nicht verspürt, übrigens auch später nicht. Eher bewegte
mich eine Art von Wißbegierde, die sich aber mehr auf menschliche
Verhältnisse als auf natürliche Objekte bezog [...].«[2]
Zwei Jahre später hat er diese aufschlußreiche Selbstenthüllung
noch einmal aufgenommen: »Nach 41jähriger ärztlicher Tätigkeit
sagt mir meine Selbsterkenntnis, ich sei eigentlich kein richtiger
Arzt gewesen. Ich bin Arzt geworden durch eine mir aufgedrängte
Ablenkung meiner ursprünglichen Absicht« – kurz gesagt, er wollte
damals heiraten und mußte lernen, praktischer Arzt zu werden, um
für die Gründung eines respektablen Haushalts genug zu verdienen.
»[...] mein Lebenstriumph liegt darin«, fährt er fort, »daß ich nach
großem Umweg die anfängliche Richtung wieder gefunden habe.
Aus frühen Jahren ist mir nichts von einem Bedürfnis, leidenden
Menschen zu helfen, bekannt, meine sadistische Veranlagung war
nicht sehr groß, so brauchte sich dieser ihrer Abkömmlinge nicht zu
entwickeln. Ich habe auch niemals ›Doktor‹ gespielt, meine infantile
Neugierde ging offenbar andere Wege.«[3] Wir haben genug Zeug-
nisse dafür, diese kategorische Selbsteinschätzung für etwas über-
trieben, mit einem Wort, für zu dogmatisch zu halten: tatsächlich
gab es ihm echte Genugtuung, seine Analysanden Fortschritte machen zu sehen und ihnen dabei zu helfen. Aber diese Selbsteinschätzung gehört, obwohl sie seinen Idealen als Arzt nicht gerecht wird,
gerade deswegen zu seiner innersten Biographie. Es ist kein Zufall,
daß er acht Jahre brauchte, von 1873 bis 1881, um seinen Doktor zu

---

1 ›Nachwort zur *Frage der Laienanalyse*‹. In: Sigmund Freud, *Gesammelte
Werke*, Bd. 14, London 1948, S. 287–296; das Zitat S. 290.
2 »*Selbstdarstellung*«. In: Sigmund Freud, *Gesammelte Werke*, Bd. 14, a. a. O.,
S. 31–96; das Zitat S. 34.
3 ›Nachwort zur *Frage der Laienanalyse*‹, a. a. O., S. 290.

machen – die Forschung hielt ihn schon als jungen Studenten im Bann.

Nicht daß ihn seine neurotischen Patienten gelangweilt hätten. Im Gegenteil, sie verschafften ihm das Material – Ziegel und Mörtel –, aus dem er sein theoretisches Gebäude errichtete. Außerdem brachten sie ihm die Kunst des Zuhörens bei. Seine bekanntesten frühen Veröffentlichungen kreisten daher um die psychischen Leiden, die er selbst, in der eigenen Praxis, beobachten konnte. 1891 brachte er eine höchst originelle Arbeit über die Aphasien heraus[4], und vier Jahre später, 1895, mit seinem väterlichen Freund, dem Internisten Josef Breuer, als Mitarbeiter, eine Sammlung von Fallstudien hysterischer Patienten[5]. Zugleich beschäftigte er sich mit anderen Nervenkrankheiten und hatte in den späten neunziger Jahren die Absicht, ein großangelegtes Buch über die Neurosen zu schreiben. Trotz alledem führte sein erstes, wahrscheinlich sein größtes Meisterwerk, *Die Traumdeutung*[6], in eine vollkommen andere Richtung.

Freuds überraschende Entscheidung, mehrere Jahre mit einem alltäglichen Thema wie dem Traum zu verbringen – eine Entscheidung, die implizit die Hoffnung enthielt, durch die Klärung dieses Themas seinen Ruf zu begründen –, spricht Bände. Er war schließlich nicht mehr jung: 1896 war er vierzig, Vater von sechs Kindern, über deren finanzielle Zukunft er sich ständig Sorgen machte. Was ihm den Traum so vielversprechend, ja, so schmackhaft machte, war gerade, daß Träumen ein alltägliches Ereignis ist. Freud war zuversichtlich, das Rätsel einer psychischen Erfahrung, die der Mensch seit Jahrtausenden am eigenen Leibe – oder, besser, in der eigenen Seele – macht, endlich elegant gelöst zu haben. Aber diese Lösung konnte – und Freud erhoffte dies – große Folgen haben, Folgen, die

---

4 *Zur Auffassung der Aphasien. Eine kritische Studie.* Wien 1891. Neuausgabe: Fischer Taschenbuch Verlag 1992.

5 Josef Breuer / Sigmund Freud, *Studien über Hysterie.* Wien 1895. In: Sigmund Freud, *Gesammelte Werke*, Bd. 1, London 1952, S. 75–312 (Freuds Beiträge), und Nachtragsband, Frankfurt am Main 1987, S. 217 f., 221–310 (Breuers Beiträge).

6 *Die Traumdeutung.* Wien 1900 (wirklich: 1899). In: Sigmund Freud, *Gesammelte Werke*, Bd. 2/3, London 1942.

über den Traum weit hinausführen könnten: in seiner Unscheinbarkeit sollte der Traum die *via regia* zur Entdeckung der Grundgesetze menschlichen Seelenlebens werden. Mit der *Traumdeutung* war die Psychoanalyse auf dem Weg – so stellte es sich Freud, der ehrgeizige Wissenschaftler, vor –, eine Allgemeinpsychologie zu werden. Hysteriker, Zwangsneurotiker, Paranoiker erschienen nun lediglich als aufschlußreiche Zeugen, weil man, wie Freud mehr als einmal gesagt hat, im Seelenleben der psychisch Kranken normale, allgemeinmenschliche psychische Prozesse in gesteigerter, übertriebener, verzerrter Form studieren kann.

Freuds intensive Suche nach den Gesetzen des Seelenlebens hat es ihm nicht nur ermöglicht, sondern geradezu aufgezwungen, die vielfältigen Ausdrucksformen der menschlichen Natur auch in der Kultur – das heißt, auch in der Kunst und in der Persönlichkeit des Künstlers – zu erforschen. Es konnte nicht anders kommen. Nach Freuds Entwicklungstheorie ist der Säugling vom ersten Tag seines Lebens der Kultur – ihren Sitten, Gebräuchen, Zwängen, Neurosen – ausgesetzt. Das Ich und das Über-Ich entstehen zum großen Teil aus Einflüssen, die von außen auf das Kleinkind zukommen. Ein Kind mit vier oder fünf Jahren ist gewissermaßen eine kleine Anthologie seiner Kultur. Der Psychoanalytiker kann aus seiner kindlichen Religion, seinen Vorurteilen, seinen Helden und Feinden, seinen Eß- und Spielgewohnheiten auf seine Umgebung schließen. Und umgekehrt: genauso wie er vom Individuum auf seine Kultur schließen kann, kann er von der Kultur und ihren Einrichtungen auf deren Mitglieder schließen.

Freud war sich dessen vollkommen bewußt. »Bereits mitten auf der Höhe der psychoanalytischen Arbeit, im Jahre 1912, hatte ich in *Totem und Tabu* den Versuch gemacht«, schrieb er 1935, »die neu gewonnenen analytischen Einsichten zur Erforschung der Ursprünge von Religion und Sittlichkeit auszunützen. Zwei spätere Essays, *Die Zukunft einer Illusion* 1927 und *Das Unbehagen in der Kultur* 1930, setzten dann diese Arbeitsrichtung fort. Immer klarer erkannte ich, daß die Geschehnisse der Menschheitsgeschichte, die Wechselwirkungen zwischen Menschennatur, Kulturentwicklung und jenen Niederschlägen urzeitlicher Erlebnisse, als deren Vertretung sich die Religion vordrängt, nur die Spiegelung der dynamischen Konflikte zwischen Ich, Es und Über-Ich sind, welche die Psychoanalyse beim Einzelmenschen studiert, die gleichen Vorgänge, auf einer weiteren Bühne wiederholt.«[7] Man kann Freuds Kulturpsychoanalyse nicht klarer, nicht knapper umschreiben.

Einen leisen Protest muß der Historiker aber gegen Freuds Rückblick einlegen: Indem er das Datum 1912 für den Anfang seines psychoanalytischen Interesses an der Kultur und ihrer Manifestationen erwählt, läßt er einige wichtige frühere Ansätze unberücksichtigt. Schließlich datiert der erste Aufsatz des vorliegenden Bandes von 1905 oder spätestens Anfang 1906. Und eine andere gewichtige Vorarbeit, ›Die »kulturelle« Sexualmoral und die moderne Nervosität‹, die sich wie eine Generalprobe für *Das Unbehagen in der Kultur* liest, stammt aus dem Jahr 1908. Sein Interesse an dem, was ich die Kulturpsychoanalyse genannt habe, war also schon 1905, erst recht 1908, nicht mehr neu.

Bereits in den späten neunziger Jahren, als seine psychoanalytischen Ideen noch in den Kinderschuhen steckten, hatte Freud ernsthaft mit der Psychoanalyse von kulturellen Manifestationen gespielt. Man denke nur an seine prägnanten Andeutungen, wie man Sophokles' *Oedipus Rex* und Shakespeares *Hamlet* als historische Darstellungen des Ödipuskomplexes lesen könne[8], oder an seine Kurzanalyse der *Richterin*, einer Novelle von Conrad Ferdinand Meyer, die er im Juni 1898 in einem Brief an Wilhelm Fließ vornahm[9]. Zehn oder elf Jahre später war sein Ehrgeiz, die Kultur psychoanalytisch zu verstehen, fast schon zum Programm geworden. Im Oktober 1909 konnte er an Jung schreiben, zu dieser Zeit noch sein Freund und Thronfolger: »Es freut mich, daß Sie meine Überzeugung teilen, die Mythologie müßte ganz von uns erobert werden. [...] Auch die Biographik muß unser werden.« Und er gab Jung, in disziplinierter Aufregung, ein Beispiel: »Das Charakterrätsel Leonardos da

7 ›Nachschrift 1935‹ zur »*Selbstdarstellung*«. In: Sigmund Freud, *Gesammelte Werke*, Bd. 16, London 1950, S. 31–34; das Zitat S. 32f.
8 *Die Traumdeutung*, a. a. O., S. 270–273.
9 Brief vom 20. Juni 1898. In: Sigmund Freud, *Briefe an Wilhelm Fließ 1887–1904*. Hrsg. von Jeffrey Moussaieff Masson, Bearbeitung der deutschen Ausgabe von Michael Schröter, Transkription von Gerhard Fichtner. Frankfurt am Main 1986, S. 347f.

Vinci ist mir plötzlich durchsichtig geworden. Das gäbe also einen ersten Schritt in die Biographik.«[10] Ohne Frage, der Blick Freuds, das Auge des schweigsamen Arztes hinter der Couch, reichte so weit wie die Welt. Die Kultur war für ihn wie ein unerschlossenes Land, wartend auf den Eroberer, der seine Konturen zum ersten Mal in die Landkarte der Seele einzeichnen würde. Freuds Analysen von Künstlern und Kunstwerken – außer den im vorliegenden Band enthaltenen Schriften sind auch seine Essays über Leonardo da Vinci und Jensens *Gradiva* als Taschenbücher zugänglich – waren ein Teil, ein wichtiger Teil, seiner Erforschung dieses weiten Landes.

2. Anlässe und Experimente

Die Anlässe, die die in diesem Band gesammelten Essays ins Leben riefen, waren charakteristischerweise durchaus unterschiedlicher Art. Es ist bekannt, daß Goethe, den Freud wie so viele kultivierte Deutsche sehr bewunderte, der Dichter der Erfahrung war: er ging mit offenen Augen und Ohren durch das Leben und übersetzte seine Beobachtungen und Erlebnisse in Romane und Gedichte. Man kann dasselbe von Freud sagen: er besaß das Talent – und entwickelte es sorgfältig weiter –, den Menschen zuzuhören und was er von ihnen erfuhr mit anderen Erfahrungen in Verbindung zu setzen, um Theorie, Wissenschaft daraus zu machen. Es war keine trockene Wissenschaft; für Freud waren Theorie und Praxis, Kultur und Medizin am Ende eins. Es wird sich deshalb lohnen, ihm von Aufsatz zu Aufsatz zu folgen, um diese Einheit präziser darzustellen.

›Psychopathische Personen auf der Bühne‹ war eines der von Freud geliebten ernsten Spiele, so spielerisch, daß er das Manuskript verschenkte und zu seinen Lebzeiten nie veröffentlichte; es stellt einen kurzen, beinahe zufälligen Versuch dar, ein psychologisches Pro-

---

10 Brief vom 17. Oktober 1909. In: Sigmund Freud/C. G. Jung, *Briefwechsel*. Hrsg. von William McGuire und Wolfgang Sauerländer. Frankfurt am Main 1974, S. 280.

blem, das das Drama dem Beobachter aufgibt, zuerst klar zu formulieren und dann zu lösen. Der nächste Essay, ›Der Dichter und das Phantasieren‹, war ein kaum gewichtigerer Vortrag, den Freud im Dezember 1907 in den Räumen seines Verlegers Hugo Heller vor einem Publikum von ungefähr neunzig Zuhörern hielt, in der Mehrzahl kultivierten Laien; er ist einer von Freuds ersten – und noch immer interessanten – Versuchen, der Rezeption von Dichtungen auf den Grund zu gehen.

Der dritte Aufsatz des vorliegenden Bandes, ›Das Motiv der Kästchenwahl‹, ist nicht weniger spielerisch als seine Vorgänger und nicht weniger ernst. Er zeigt, wie Freud oft zu seiner Arbeit geradezu getrieben wurde: Probleme, die ihm irgendwie einfielen, *mußten* gelöst werden. Der Anlaß zu dieser rhetorisch so schönen und in ihren Formulierungen so tiefgreifenden Arbeit war ein Einfall, der ihm am Ende einer erschöpfenden Arbeitsphase kam, als er sich mehr denn je auf die Sommerferien freute. Es war ihm aufgefallen, daß die Wahl des Paris unter den drei attraktiven Göttinnen der Situation der drei Königstöchter aus der Tragödie des *König Lear* sowie der Kästchenwahl der Porzia unter drei Freiern im *Kaufmann von Venedig* irgendwie ähnlich zu sein schien. Wie so oft fühlte er sich gezwungen, seinem Daimon zu gehorchen. Daß dieser interessante Einfall an die immer enger werdende Beziehung zu seiner jüngsten Tochter – seiner Anna, seiner Cordelia – rührte, machte seine Aufgabe nicht leichter, aber viel interessanter, als es pure Spielerei gewesen wäre.

Freuds Interesse am *Moses* des Michelangelo, an dem gewaltigen Standbild, das er 1901 während seines ersten Rombesuchs sah und seither in tiefster Bewunderung wieder und wieder besucht hatte, glich in einer Hinsicht der Motivation, die den Aufsatz über die Kästchenwahl hatte entstehen lassen. Wieder fühlte Freud sich von einem Einfall massiv unter Druck gesetzt. Er veröffentlichte den Essay ›Der Moses des Michelangelo‹ 1914 – interessanterweise anonym – nach langen, beinahe qualvollen Überlegungen. Als er nach zwanzig Jahren, 1934, erneut anfing, über Moses nachzudenken, gestand er, daß diese mächtige biblische Figur ihm sehr zusetzte. »Die Schöpferkraft eines Autors folgt leider nicht immer seinem Willen; das Werk gerät, wie es kann, und stellt sich dem Verfasser oft wie unabhängig, ja wie fremd, gegenüber.«[11] Ohne Frage: wenn Freud spielte, dann spielte er im Ernst, wie ein Kind, nur mit anderen Resultaten.

Der kleine Aufsatz ›Vergänglichkeit‹, 1915 geschrieben und im folgenden Jahr veröffentlicht, schuldet sein Dasein dem furchtbaren, scheinbar endlosen Krieg, den Freud am Anfang (wie beinahe alle) begrüßt hatte, dem er aber nach kurzer Zeit (wie wenige andere) kaum mehr Vergnügen abgewinnen konnte und gewissermaßen den Rücken kehrte. ›Vergänglichkeit‹ ist das Plädoyer eines Psychologen für die philosophische Haltung, inmitten der allgemeinen sinnlosen Schlächterei den Moment, den man lebt, zu feiern: Alles ist vergänglich, aber das bedeutet nicht, daß die Vergänglichkeit eine Entwertung zur Folge hätte. »Im Gegenteil, eine Wertsteigerung!« Denn: »Die Beschränkung in der Möglichkeit des Genusses erhöht dessen Kostbarkeit.«[12] Freud, der diese Meinung einigen Freunden vortrug, fand, daß sie ihnen keineswegs überzeugend klang. Das mußte, so glaubte Freud, mit einer gewissen Auflehnung gegen die Trauerarbeit zusammenhängen, die ja nicht ewig dauern muß. Freud fand Trost in dieser Haltung. »Wenn erst die Trauer überwunden ist, wird es sich zeigen, daß unsere Hochschätzung der Kulturgüter unter der Erfahrung von ihrer Gebrechlichkeit nicht gelitten hat. Wir werden alles wieder aufbauen, was der Krieg zerstört hat, vielleicht auf festerem Grund und dauerhafter als vorher.«[13] Hier sieht man Freud in einer ungewohnten Rolle: in der des Propheten. Man kann sehen, daß er in anderen Rollen glücklicher war. Optimismus war selten seine Sache; und was die Welt nach dem Krieg anbetraf, so erwies sich selbst dieser Hauch von Optimismus als unberechtigt.

In den drei Stücken seines Aufsatzes ›Einige Charaktertypen aus der psychoanalytischen Arbeit‹ fand Freud sich wieder auf vertrautem, ihm gemäßen Boden: dem seiner analytischen Praxis. Es ist aber für den vorliegenden Band von besonderem Interesse, daß Freud auch

---

11 *Der Mann Moses und die monotheistische Religion*. In: Sigmund Freud, *Gesammelte Werke*, Bd. 16, London 1950, S. 103–246; das Zitat S. 211.
12 Unten, S. 89.
13 Unten, S. 92.

während des klinischen Beobachtens die kulturellen Schöpfungen der Dichter und Philosophen nicht vergißt. So nimmt er seine Beispiele nicht nur von der Couch, sondern auch aus der Literatur. Zum Teil sind diese literarischen Vignetten Hilfsmittel: »Aus leicht verständlichen Gründen«, schreibt er in ›Die Ausnahmen‹, könne er seinen Lesern nicht genug aus seinen Krankengeschichten mitteilen. Deswegen »werde ich es mir nicht versagen, auf jene von dem größten Dichter geschaffene Gestalt hinzuweisen« – er hat Shakespeares Richard III. im Sinn –, »in deren Charakter der Ausnahmsanspruch mit dem Momente der kongenitalen Benachteiligung so innig verknüpft und durch dieses motiviert ist.«[14] Und so macht er Shakespeare, seinen Lieblingsdichter, zu seinem Gehilfen. Auf der Suche nach glaubwürdigen Beispielen von Neurotikern, ›die am Erfolge scheitern‹, benützt Freud dann eine andere berühmte Shakespearegestalt, Lady Macbeth, die Heldin einer Tragödie, welche ihn, wie wir aus Freuds anderen Schriften wissen, jahrelang fasziniert und verwirrt hat. Und nicht damit zufrieden, nur Klassiker zu zitieren, greift Freud in diesem Aufsatz nach einer moderneren Figur, Rebekka West, der tragischen Hauptperson in *Rosmersholm* von Ibsen, den Freud als einen »großen« Dramatiker anerkennt.[15] Und in dem kurzen, aber für den Kriminologen höchst wertvollen Abschnitt ›Die Verbrecher aus Schuldbewußtsein‹, der diese Reihe über Charaktere in der psychoanalytischen Praxis beschließt, zitiert er Nietzsche. Was an diesen Zitaten und Beispielen auffällt, ist, daß sie nicht nur Schmuck oder Zierat sind. Sie gehören zur Sache. Hier sehen wir den Kulturanalytiker am Werk.

Interessanterweise veröffentlichte Freud mehrere dieser Abhandlungen – ›Das Motiv der Kästchenwahl‹, ›Der Moses des Michelangelo‹ und ›Einige Charaktertypen aus der psychoanalytischen Arbeit‹ – in *Imago* – einer den Kulturwissenschaften gewidmeten psychoanalytischen Zeitschrift, die zwei seiner Anhänger, Hanns Sachs und Otto Rank, mit seiner Zustimmung und Hilfe 1912 gegründet hatten und die Freud mit seinen immer willkommenen Beiträgen unterstützte. Es war typisch für seine Sinnesart und sein lang-

14 Unten, S. 97 f.
15 Unten, S. 109.

fristiges Interesse an der kulturellen Ausstrahlung seiner psychoanalytischen Theorien, daß er seine Abhandlung ›Eine Kindheitserinnerung aus *Dichtung und Wahrheit*‹ auch in *Imago* heraus-
brachte.

In dieser Abhandlung liefert Goethe, nach Shakespeare der andere
Lieblingsdichter Freuds, nicht einfach Zitate oder Beispiele, vielmehr steht er selbst im Mittelpunkt der Freudschen Analyse. Er
steht nicht allein: schließlich war es ein Patient, dessen Fall Freud an
jene Geschichte erinnerte, die Goethe am Anfang seiner Autobio-
graphie als ein amüsantes Kindheitserlebnis darbietet, und es waren
Patienten seiner Kollegen, die seine Vermutung bestätigten, daß dies
mehr als nur eine kleine Anekdote war. Wie so oft in Freuds Schriften stehen Literatur und Leben, Biographie und Krankengeschichte
in fruchtbarer Wechselwirkung. Und Freuds Analyse einer dramatischen Episode, die die meisten Leser als eine ganz unwichtige Geste des Kindes Goethe abtun würden, beweist wieder einmal, daß
der psychoanalytische Blick etwas scheinbar Triviales als etwas
Aufschlußreiches erkennen kann.[16]

Der Aufsatz ›Das Unheimliche‹ von 1919, auch in *Imago* veröffentlicht, zeigt auf seine eigene Art erneut, wie nahe für Freud das Klinische und das Künstlerische miteinander verwandt sind. Was Freud

---

16 Der Artikel ›Eine Kindheitserinnerung aus *Dichtung und Wahrheit*‹ hat übrigens zu unberechtigten Schlußfolgerungen geführt, auf die der Leser hingewiesen sei. Am Schluß des Aufsatzes heißt es: »Ich habe es […] schon an
anderer Stelle ausgesprochen [das war 1911, in einer Anmerkung, die er der
Traumdeutung angefügt hatte]: Wenn man der unbestrittene Liebling der
Mutter gewesen ist, so behält man fürs Leben jenes Eroberergefühl, jene Zuversicht des Erfolges, welche nicht selten wirklich den Erfolg nach sich zieht.
Und eine Bemerkung solcher Art wie: Meine Stärke wurzelt in meinem Verhältnis zur Mutter, hätte Goethe seiner Lebensgeschichte mit Recht voranstellen dürfen.« (Unten, S. 133.) Nicht wenige Biographen Freuds haben
diese abschließende Bemerkung – besonders da er sie für wichtig genug hielt,
sie zweimal zu machen – als eine autobiographische gewertet. Ist es nicht
hinreichend bekannt, daß Freuds Mutter ihn stolz ihren »goldenen Sigi«
nannte? Tatsächlich ist die Sache viel komplizierter. Schließlich hat Freuds
geliebte Mutter ihm im Laufe von zehn Jahren nicht weniger als sieben Rivalen – fünf Schwestern und zwei Brüder – präsentiert. Die Liebe seiner Mutter
war also ständig in Gefahr, von anderen in Anspruch genommen zu werden.

auf den ersten Blick zu interessieren scheint, ist das Lexikographische und, wie er selbst sagt, das Ästhetische. Er versucht herauszufinden, welche Bedeutungen das Wort »unheimlich« in verschiedenen Sprachen und zu verschiedenen Zeiten erworben hat, und zitiert Wörterbücher und literarische Anspielungen, um schließlich festzustellen, daß das Wort »heimlich« seine »Bedeutung nach einer Ambivalenz hin entwickelt, bis es endlich mit seinem Gegensatz unheimlich zusammenfällt. Unheimlich ist irgendwie eine Art von heimlich.«[17] Kurzum, es ist etwas Unheimliches um das Wort »unheimlich«. Damit gibt sich Freud aber nicht zufrieden: auf Grund seiner Wortstudien unternimmt er eine ausführliche Analyse der bekannten Erzählung ›Der Sandmann‹ von E. T. A. Hoffmann, den er als den unerreichten »Meister des Unheimlichen in der Dichtung« lobt.[18] Und er fügt andere literarische Beweisstücke hinzu: den Doppelgänger, eine humorvolle Szene aus Mark Twain, ein Gedicht von Schiller, eine Posse von Nestroy und andere mehr. Genausowenig wie seine lexikalischen Untersuchungen dienen diese Zitate allerdings der bloßen Psychoanalyse von Literatur, vielmehr leiten sie die Analyse eines allgemeinen, wenn auch ziemlich rätselhaften Phänomens ein: was ihn am Ende interessiert, ist die »bei den meisten Menschen nie ganz erlöschende Kinderangst«, die von der »Einsamkeit, Stille und Dunkelheit« ausgelöst wird.[19] Seine Andeutungen über die »Wiederholung des Gleichartigen«[20], die wichtige Ideen aus *Jenseits des Lustprinzips* vorwegnehmen (das ein Jahr später, 1920, erschien), sind weitere Anzeichen dafür, daß das Niederschreiben eines Aufsatzes über Literatur für Freud kein Grund war, den Boden der allgemeinen psychoanalytischen Theorie zu verlassen.

Andererseits zeigt sein Essay ›Dostojewski und die Vatertötung‹, daß Freud sich vollkommen im klaren darüber war, wo er die Grenzen seiner Kulturpsychoanalyse zu ziehen hatte. Was Freud in diesem Zusammenhang hauptsächlich beschäftigte, war nicht Dosto-

---

17 Unten, S. 145.
18 Unten, S. 153.
19 Unten, S. 172.
20 Unten, S. 156.

jewski der Dichter, der Ethiker oder der Sünder. Über den Dichter Dostojewski sprach er sich kurz und bündig aus: er hat, schreibt Freud, »seinen Platz nicht weit hinter Shakespeare. *Die Brüder Karamasoff* sind der großartigste Roman, der je geschrieben wurde, die Episode des Großinquisitors eine der Höchstleistungen der Weltliteratur, kaum zu überschätzen.« Und in einem vielzitierten Anfall von Bescheidenheit fügt er hinzu, daß er als Psychoanalytiker nichts zur Erklärung von Dostojewskis künstlerischer Begabung beitragen könne: »Leider muß die Analyse vor dem Problem des Dichters die Waffen strecken.«[21] Was Dostojewski den Ethiker anbetrifft, zögerte Freud nicht, ihn scharf anzugreifen: »[…] die kulturelle Zukunft der Menschen wird ihm wenig zu danken haben.«[22] Und als Sünder oder gar Verbrecher bietet Dostojewski dem Psychoanalytiker keine Schwierigkeiten. Was Freud versuchen wollte, war vielmehr, zu einem Verständnis des Neurotikers Dostojewski, besonders seines Spielzwangs, zu gelangen. In diesem Essay ist Dostojewski ein Mensch, beinahe ein Patient auf der Couch. Der Titel, den Freud wählte, war ja kein Zufall. Er wollte die *Brüder Karamasoff* in die Reihe der großen Dichtungen einfügen, die den Ödipuskomplex offen oder versteckt dargestellt und damit allgemeinmenschliche Bedeutung errungen haben: »Es ist kaum ein Zufall«, schreibt er, »daß drei Meisterwerke der Literatur aller Zeiten das gleiche Thema, das der Vatertötung, behandeln: Der König Oedipus des Sophokles, der Hamlet Shakespeares und Dostojewskis Brüder Karamasoff.«[23] Der leidende Mensch, nicht der große Künstler, war Freuds Thema.

Das Gremium der Stadt Frankfurt, das 1930 Freud den Goethe-Preis verlieh, verstand seine Leistung sehr gut. Es wird oft behauptet, daß dieser Preis, den Freud, der Goethe-Bewunderer, mit echter Freude annahm, ihn für seine *literarischen* Leistungen belohnen sollte. Das stimmt nicht. Der Brief, den Dr. Alfons Paquet für das Kuratorium an Freud sandte, läßt keine Zweifel darüber, daß der Preis dem Arzt und dem Kulturforscher – kurzum, dem Wissen-

---

21 Unten, S. 175.
22 Unten, S. 176.
23 Unten, S. 186.

schaftler Freud, der die im vorliegenden Band enthaltenen Aufsätze geschrieben hat – verliehen worden ist: »Nach der Ordnung für die Verleihung des Goethe-Preises soll der Preis einer mit ihrem Schaffen bereits zur Geltung gelangten Persönlichkeit zuerkannt werden, deren schöpferisches Wirken einer dem Andenken Goethes gewidmeten Ehrung würdig ist. [...] Indem das Kuratorium Ihnen, sehr verehrter Herr Professor, den Preis zuerkennt, wünscht es die hohe Wertung zum Ausdruck zu bringen, die es den umwälzenden Wirkungen der von Ihnen geschaffenen neuen Forschungsformen auf die gestaltenden Kräfte unserer Zeit beimißt. In streng naturwissenschaftlicher Methode, zugleich in kühner Deutung der von Dichtern geprägten Gleichnisse hat Ihre Forschung einen Zugang zu den Triebkräften der Seele gebahnt und dadurch die Möglichkeit geschaffen, Entstehen und Aufbau vieler Kulturformen in ihrer Wurzel zu verstehen. [...] Ihre Psychologie hat aber nicht nur die ärztliche Wissenschaft, sondern auch die Vorstellungswelt der Künstler und Seelsorger, der Geschichtsschreiber und Erzieher aufgewühlt und bereichert.«[24] Man kann dieser Einschätzung nur zustimmen.

---

24 Unten, S. 195 f., Anm.

PSYCHOPATHISCHE PERSONEN
AUF DER BÜHNE

(1942[1905–06])

PSYCHOPATHISCHE PERSONEN
AUF DER BÜHNE

Wenn der Zweck des Schauspiels dahin geht, »Furcht und Mitleid«
zu erwecken, eine »Reinigung der Affekte« herbeizuführen, wie seit
Aristoteles angenommen wird, so kann man dieselbe Absicht etwas
ausführlicher beschreiben, indem man sagt, es handle sich um die
Eröffnung von Lust- oder Genußquellen aus unserem Affektleben
[geradeso] wie beim Komischen, Witz usw. aus unserer Intelligenz-
arbeit, durch welche [sonst] viele solcher Quellen unzugänglich gemacht worden sind. Gewiß ist das *Austoben* der eigenen Affekte
dabei in erster Linie anzuführen, und der dabei resultierende Genuß
entspricht einerseits der Erleichterung durch ausgiebige Abfuhr, andererseits wohl der sexuellen Miterregung, die, darf man annehmen,
als Nebengewinn bei jeder Affekterweckung abfällt und dem Menschen das so sehr gewünschte Gefühl der Höherspannung seines
psychischen Niveaus liefert. Das teilnehmende Zuschauen beim
Schau-Spiel leistet dem Erwachsenen dasselbe wie das Spiel dem
Kinde, dessen tastende Erwartung, es dem Erwachsenen gleichtun
zu können, so befriedigt wird. Der Zuschauer erlebt zu wenig, er
fühlt sich als »Misero, dem nichts Großes passieren kann«, er hat
seinen Ehrgeiz, als Ich im Mittelpunkt des Weltgetriebes zu stehen,
längst dämpfen, besser verschieben müssen, er will fühlen, wirken,
alles so gestalten, wie er möchte, kurz Held sein, und die Dichter-
Schauspieler ermöglichen ihm das, indem sie ihm die *Identifizierung* mit einem Helden gestatten. Sie ersparen ihm auch etwas dabei,
denn der Zuschauer weiß wohl, daß solches Betätigen seiner Person
im Heldentum nicht ohne Schmerzen, Leiden und schwere Be-
fürchtungen, die fast den Genuß aufheben, möglich ist; er weiß
auch, daß er nur *ein* Leben hat und vielleicht in *einem* solchen
Kampf gegen die Widerstände erliegen wird. Daher hat sein Genuß
die Illusion zur Voraussetzung, das heißt die Milderung des Leidens
durch die Sicherheit, daß es erstens ein anderer ist, der dort auf der
Bühne handelt und leidet, und zweitens doch nur ein Spiel, aus dem
seiner persönlichen Sicherheit kein Schaden erwachsen kann. Unter

solchen Umständen darf er sich als »Großen« genießen, unterdrückten Regungen wie dem Freiheitsbedürfnis in religiöser, politischer, sozialer und sexueller Hinsicht ungescheut nachgeben und sich in den einzelnen großen Szenen des dargestellten Lebens nach allen Richtungen austoben.

Dies sind aber Genußbedingungen, die mehreren Formen der Dichtung gemeinsam sind. Die Lyrik dient vor allem dem Austoben intensiver vielfacher Empfindungen, wie seinerzeit der Tanz, das Epos soll hauptsächlich den Genuß der großen heldenhaften Persönlichkeit in ihren Siegen ermöglichen, das Drama aber tiefer in die Affektmöglichkeiten herabsteigen, die Unglückserwartungen noch zum Genuß gestalten, und zeigt daher den Helden im Kampf vielmehr mit einer masochistischen Befriedigung im Unterliegen. Man könnte das Drama geradezu durch diese Relation zum Leiden und Unglück charakterisieren, sei es, daß wie im Schauspiel nur die Sorge geweckt und dann beschwichtigt oder wie in der Tragödie das Leiden verwirklicht wird. Die Entstehung des Dramas aus Opferhandlungen (Bock und Sündenbock) im Kult der Götter kann nicht ohne Beziehung zu diesem Sinn des Dramas sein, es beschwichtigt gleichsam die beginnende Auflehnung gegen die göttliche Weltordnung, die das Leiden festgesetzt hat. Die Helden sind zunächst Aufrührer gegen Gott oder ein Göttliches, und aus dem Elendsgefühl des Schwächeren gegen die Gottesgewalt soll durch masochistische Befriedigung und direkten Genuß der doch als groß betonten Persönlichkeit Lust gezogen werden. Es ist dies die Prometheusstimmung des Menschen, aber mit der kleinlichen Bereitwilligkeit versetzt, sich doch durch eine momentane Befriedigung zeitweilig beschwichtigen zu lassen.

Alle Arten von Leiden sind also das Thema des Dramas, aus denen es dem Zuhörer Lust zu verschaffen verspricht, und daraus ergibt sich als erste Kunstformbedingung, daß es den Zuhörer nicht leiden mache, daß es das erregte Mitleiden durch die dabei möglichen Befriedigungen zu kompensieren verstehe, gegen welche Regel von neueren Dichtern besonders oft gefehlt wird.

Doch schränkt sich dieses Leiden bald auf *seelisches* Leiden ein, denn *körperlich* leiden will niemand, der weiß, wie bald das dabei veränderte Körpergefühl allem seelischen Genießen ein Ende macht. Wer krank ist, hat nur einen Wunsch: gesund zu werden, den Zustand zu verlassen, der Arzt soll kommen, das Medikament, die Hemmung des Phantasiespiels aufhören, das uns selbst aus unseren Leiden Genuß zu schöpfen verwöhnt hat. Wenn sich der Zuschauer in den körperlich Kranken versetzt, findet er nichts von Genuß und psychischer Leistungsfähigkeit in sich vor, und darum ist der körperlich Kranke nur als Requisit, nicht als Held auf der Bühne möglich, insofern nicht besondere psychische Seiten des Krankseins doch die psychische Arbeit ermöglichen, zum Beispiel die Verlassenheit des Kranken im *Philoktet* oder die Hoffnungslosigkeit des Kranken in den Schwindsuchtstükken.

Seelische Leiden kennt der Mensch aber wesentlich im Zusammenhang mit den Verhältnissen, unter denen sie erworben werden, und daher braucht das Drama eine Handlung, aus der solche Leiden stammen, und fängt mit der Einführung in diese Handlung an. Scheinbare Ausnahme [ist es], wenn manche Stücke fertige seelische Leiden bringen wie *Ajax, Philoktet*, denn infolge der Bekanntheit der Stoffe hebt sich der Vorhang im griechischen Drama immer gleichsam mitten im Stück. Es ist nun leicht, die Bedingungen dieser Handlung erschöpfend darzustellen, es muß eine Handlung von Konflikt sein, Anstrengung des Willens und Widerstand enthalten. Die erste und großartigste Erfüllung dieser Bedingung geschah durch den Kampf gegen das Göttliche. Es ist schon gesagt worden, daß diese Tragödie auflehnerisch ist, während Dichter und Zuhörer für den Rebellen Partei nehmen. Je weniger man dann dem Göttlichen zutraut, desto mehr gewinnt die *menschliche* Ordnung, die man für die Leiden mit immer mehr Einsicht verantwortlich macht, und so ist der nächste Kampf der des Helden gegen die menschliche soziale Gemeinschaft, die *bürgerliche Tragödie*. Eine andere Erfüllung ist die des Kampfes zwischen Menschen selbst, die *Charaktertragödie*, die alle Erregungen des Agons [ἀγών, Konflikt] für sich hat und mit Gewinn sich zwischen hervorragenden von den Einschränkungen menschlicher Institutionen befreiten Personen abspielt, eigentlich mehr als einen Helden haben muß. Verquickungen zwischen beiden Fällen, Kampf des Helden gegen Institutionen, die sich in starken Charakteren verkörpern, sind natürlich ohne weiteres zulässig. Die reine Charaktertragödie entbehrt der Genußquelle der Auflehnung, die im sozialen Stück zum Beispiel bei Ibsen wieder so mächtig hervortritt wie in den Königsdramen der griechischen Klassiker.

Wenn sich *religiöses, Charakter-* und *soziales* Drama wesentlich durch den Kampfplatz unterscheiden, auf dem die Handlung vor sich geht, aus der das Leiden stammt, so folgen wir nun dem Drama auf einen weiteren Kampfplatz, auf dem es ganz *psychologisches* Drama wird. Im Seelenleben des Helden selbst kommt es zum Leiden schaffenden Kampf zwischen verschiedenen Regungen, ein Kampf, der nicht mit dem Untergang des Helden, sondern mit dem einer Regung, also mit Verzicht enden muß. Jede Vereinigung dieser Bedingung mit früheren, also denen beim sozialen und Charakter-Drama, ist natürlich möglich, insofern die Institution gerade jenen inneren Konflikt hervorruft. Hier ist die Stelle für die Liebestragödien, insofern die Unterdrückung der Liebe durch die soziale Kultur, durch menschliche Einrichtungen oder den aus der Oper bekannten Kampf zwischen »Liebe und Pflicht« den Ausgangspunkt von fast ins Unendliche variierenden Konfliktsituationen bildet. Ebenso unendlich wie die erotischen Tagträume der Menschen.

Die Reihe der Möglichkeiten erweitert sich aber, und das psychologische Drama wird zum psychopathologischen, wenn nicht mehr der Konflikt zweier annähernd gleich bewußten Regungen, sondern der zwischen einer bewußten und einer verdrängten Quelle des Leidens ist, an dem wir teilnehmen und aus dem wir Lust ziehen sollen. Bedingung des Genusses ist hier, daß der Zuschauer auch ein Neurotiker sei. Denn nur ihm wird die Freilegung und gewissermaßen bewußte Anerkennung der verdrängten Regung Lust bereiten können anstatt bloß Abneigung; beim Nichtneurotiker wird solche bloß auf Abneigung stoßen und die Bereitschaft hervorrufen, den Akt der Verdrängung zu wiederholen, denn diese ist hier gelungen – der verdrängten Regung ist durch den einmaligen Verdrängungsaufwand voll das Gleichgewicht gehalten. Beim Neurotiker ist die Verdrängung im Mißlingen begriffen, labil und bedarf beständig neuen Aufwandes, der durch die Anerkennung erspart wird. Nur bei ihm besteht ein solcher Kampf, der Gegenstand des Dramas sein kann, aber auch bei ihm wird der Dichter nicht bloß Befreiungs*genuß*, sondern auch *Widerstand* erzeugen.

Das erste dieser modernen Dramen ist der *Hamlet*. Es behandelt das Thema, wie ein bisher normaler Mensch durch die besondere Natur der ihm gestellten Aufgabe zum Neurotiker wird, in dem eine bisher glücklich verdrängte Regung sich zur Geltung zu bringen sucht. Der *Hamlet* zeichnet sich durch drei Charaktere aus, die für unsere Frage wichtig scheinen. 1. Daß der Held nicht psychopathisch ist, sondern es in der uns beschäftigenden Handlung erst wird. 2. Daß die verdrängte Regung zu jenen gehört, die bei uns allen in gleicher Weise verdrängt ist, deren Verdrängung zu den Grundlagen unserer persönlichen Entwicklung gehört, während die Situation gerade an dieser Verdrängung rüttelt. Durch diese beiden Bedingungen wird es uns leicht, uns im Helden wiederzufinden; wir sind desselben Konflikts fähig wie er, denn »wer unter gewissen Umständen seinen Verstand nicht verliert, hat keinen zu verlieren« [1]. 3. Aber es scheint als Bedingung der Kunstform, daß die zum Bewußtsein ringende Regung, so sicher sie kenntlich ist, so wenig mit deutlichem Namen genannt wird, so daß sich der Vorgang im Hörer wieder mit abgewandter Aufmerksamkeit vollzieht und er von Gefühlen ergriffen wird, anstatt sich Rechenschaft zu geben. Dadurch wird gewiß ein Stück des Widerstandes erspart, wie man es in der analytischen Arbeit sieht, wo die Abkömmlinge des Verdrängten infolge des geringeren Widerstandes zum Bewußtsein kommen, das sich dem Verdrängten selbst versagt. Ist doch der Konflikt im *Hamlet* so sehr versteckt, daß ich ihn erst erraten mußte.

Es ist möglich, daß infolge der Nichtbeachtung dieser drei Bedingungen so viele andere psychopathische Figuren für die Bühne ebenso unbrauchbar werden, wie sie es fürs Leben sind. Denn der kranke Neurotiker ist für uns ein Mensch, in dessen Konflikt wir keine Einsicht gewinnen können, wenn er ihn fertig mitbringt. Umgekehrt, wenn wir diesen Konflikt kennen, vergessen wir, daß er ein Kranker ist, so wie er bei Kenntnis desselben aufhört, selbst krank zu sein. Aufgabe des Dichters wäre es, uns in dieselbe Krankheit zu versetzen, was am besten geschieht, wenn wir die Entwicklung mit

---

1 [Lessing, *Emilia Galotti*, IV. Akt, 7. Szene.]

ihm mitmachen. Besonders wird dies dort notwendig sein, wo die Verdrängung nicht bereits bei uns besteht, also erst hergestellt werden muß, was einen Schritt in der Verwendung der Neurose auf der Bühne über *Hamlet* hinaus darstellt. Wo uns die fremde und fertige Neurose entgegentritt, werden wir im Leben nach dem Arzt rufen und die Figur für bühnenunfähig halten.

Dieser Fehler scheint bei *Der Anderen* von Bahr vorzuliegen[1], außerdem der andere im Problem liegende, daß es uns nicht möglich ist, von dem Vorrecht des einen, das Mädchen voll zu befriedigen, eine nachfühlende Überzeugung zu gewinnen. Ihr Fall kann also nicht der unsere werden. Außerdem der dritte [Fehler], daß nichts zu erraten bleibt und der volle Widerstand gegen diese Bedingtheit der Liebe, die wir nicht mögen, in uns wachgerufen wird. Die Bedingung der abgelenkten Aufmerksamkeit scheint die wichtigste der hier geltenden Formbedingungen zu sein.

Im allgemeinen wird sich etwa sagen lassen, daß die neurotische Labilität des Publikums und die Kunst des Dichters, Widerstände zu vermeiden und Vorlust zu geben, allein die Grenze der Verwendung abnormer Charaktere bestimmen kann.

---

1 [Dieses Schauspiel Hermann Bahrs, des österreichischen Romanciers und Dramatikers (1863–1934), wurde Ende 1905 uraufgeführt. Die Handlung beschäftigt sich mit der Doppelpersönlichkeit der Heldin, die es unmöglich findet, sich aus einer auf körperlicher Anziehung beruhenden Hörigkeit einem Manne gegenüber zu befreien. – Der obige Absatz wurde in der Erstveröffentlichung von 1942 (in englisch) fortgelassen, jedoch in die vollständige Version der *Standard Edition*, Bd. 7, S. 310, aufgenommen.]

DER DICHTER UND DAS PHANTASIEREN

(1908)

DER DICHTER UND DAS PHANTASIEREN

Uns Laien hat es immer mächtig gereizt zu wissen, woher diese merkwürdige Persönlichkeit, der Dichter, seine Stoffe nimmt – etwa im Sinne der Frage, die jener Kardinal an den Ariosto richtete – und wie er es zustande bringt, uns mit ihnen so zu ergreifen, Erregungen in uns hervorzurufen, deren wir uns vielleicht nicht einmal für fähig gehalten hätten. Unser Interesse hiefür wird nur gesteigert durch den Umstand, daß der Dichter selbst, wenn wir ihn befragen, uns keine oder keine befriedigende Auskunft gibt, und wird gar nicht gestört durch unser Wissen, daß die beste Einsicht in die Bedingungen der dichterischen Stoffwahl und in das Wesen der poetischen Gestaltungskunst nichts dazu beitragen würde, uns selbst zu Dichtern zu machen.

Wenn wir wenigstens bei uns oder bei unsersgleichen eine dem Dichten irgendwie verwandte Tätigkeit auffinden könnten! Die Untersuchung derselben ließe uns hoffen, eine erste Aufklärung über das Schaffen des Dichters zu gewinnen. Und wirklich, dafür ist Aussicht vorhanden; – die Dichter selbst lieben es ja, den Abstand zwischen ihrer Eigenart und allgemein menschlichem Wesen zu verringern; sie versichern uns so häufig, daß in jedem Menschen ein Dichter stecke und daß der letzte Dichter erst mit dem letzten Menschen sterben werde.

Sollten wir die ersten Spuren dichterischer Betätigung nicht schon beim Kinde suchen? Die liebste und intensivste Beschäftigung des Kindes ist das Spiel. Vielleicht dürfen wir sagen: Jedes spielende Kind benimmt sich wie ein Dichter, indem es sich eine eigene Welt erschafft oder, richtiger gesagt, die Dinge seiner Welt in eine neue, ihm gefällige Ordnung versetzt. Es wäre dann unrecht zu meinen, es nähme diese Welt nicht ernst; im Gegenteil, es nimmt sein Spiel sehr ernst, es verwendet große Affektbeträge darauf. Der Gegensatz zu Spiel ist nicht Ernst, sondern – Wirklichkeit. Das Kind unterscheidet seine Spielwelt sehr wohl, trotz aller Affektbesetzung, von der Wirklichkeit und lehnt seine imaginierten Objekte und Verhältnisse gerne an greifbare und sichtbare Dinge der wirklichen Welt an. Nichts anderes als diese Anlehnung unterscheidet das »Spielen« des Kindes noch vom »Phantasieren«.

Der Dichter tut nun dasselbe wie das spielende Kind; er erschafft eine Phantasiewelt, die er sehr ernst nimmt, d. h. mit großen Affektbeträgen ausstattet, während er sie von der Wirklichkeit scharf sondert. Und die Sprache hat diese Verwandtschaft von Kinderspiel und poetischem Schaffen festgehalten, indem sie solche Veranstaltungen des Dichters, welche der Anlehnung an greifbare Objekte bedürfen, welche der Darstellung fähig sind, als *Spiele*: *Lustspiel*, *Trauerspiel*, und die Person, welche sie darstellt, als *Schauspieler* bezeichnet. Aus der Unwirklichkeit der dichterischen Welt ergeben sich aber sehr wichtige Folgen für die künstlerische Technik, denn vieles, was als real nicht Genuß bereiten könnte, kann dies doch im Spiele der Phantasie, viele an sich eigentlich peinliche Erregungen können für den Hörer und Zuschauer des Dichters zur Quelle der Lust werden.

Verweilen wir einer anderen Beziehung wegen noch einen Augenblick bei dem Gegensatze von Wirklichkeit und Spiel! Wenn das Kind herangewachsen ist und aufgehört hat zu spielen, wenn es sich durch Jahrzehnte seelisch bemüht hat, die Wirklichkeiten des Lebens mit dem erforderlichen Ernste zu erfassen, so kann es eines Tages in eine seelische Disposition geraten, welche den Gegensatz zwischen Spiel und Wirklichkeit wieder aufhebt. Der Erwachsene kann sich darauf besinnen, mit welchem hohen Ernst er einst seine Kinderspiele betrieb, und indem er nun seine vorgeblich ernsten Beschäftigungen jenen Kinderspielen gleichstellt, wirft er die allzu schwere Bedrückung durch das Leben ab und erringt sich den hohen Lustgewinn des *Humors*.

Der Heranwachsende hört also auf zu spielen, er verzichtet scheinbar auf den Lustgewinn, den er aus dem Spiele bezog. Aber wer das Seelenleben des Menschen kennt, der weiß, daß ihm kaum etwas anderes so schwer wird wie der Verzicht auf einmal gekannte Lust. Eigentlich können wir auf nichts verzichten, wir vertauschen nur eines mit dem andern; was ein Verzicht zu sein scheint, ist in Wirklichkeit eine Ersatz- oder Surrogatbildung. So gibt auch der Heranwachsende, wenn er aufhört zu spielen, nichts anderes auf als die

32

Anlehnung an reale Objekte; anstatt zu *spielen, phantasiert* er jetzt. Er baut sich Luftschlösser, schafft das, was man Tagträume nennt. Ich glaube, daß die meisten Menschen zu Zeiten ihres Lebens Phantasien bilden. Es ist das eine Tatsache, die man lange Zeit übersehen und deren Bedeutung man darum nicht genug gewürdigt hat.

Das Phantasieren der Menschen ist weniger leicht zu beobachten als das Spielen der Kinder. Das Kind spielt zwar auch allein oder es bildet mit anderen Kindern ein geschlossenes psychisches System zum Zwecke des Spieles, aber wenn es auch den Erwachsenen nichts vorspielt, so verbirgt es doch sein Spielen nicht vor ihnen. Der Erwachsene aber schämt sich seiner Phantasien und versteckt sie vor anderen, er hegt sie als seine eigensten Intimitäten, er würde in der Regel lieber seine Vergehungen eingestehen als seine Phantasien mitteilen. Es mag vorkommen, daß er sich darum für den einzigen hält, der solche Phantasien bildet, und von der allgemeinen Verbreitung ganz ähnlicher Schöpfungen bei anderen nichts ahnt. Dies verschiedene Verhalten des Spielenden und des Phantasierenden findet seine gute Begründung in den Motiven der beiden einander doch fortsetzenden Tätigkeiten.

Das Spielen des Kindes wurde von Wünschen dirigiert, eigentlich von dem einen Wunsche, der das Kind erziehen hilft, vom Wunsche: groß und erwachsen zu sein. Es spielt immer »groß sein«, imitiert im Spiele, was ihm vom Leben der Großen bekannt geworden ist. Es hat nun keinen Grund, diesen Wunsch zu verbergen. Anders der Erwachsene; dieser weiß einerseits, daß man von ihm erwartet, nicht mehr zu spielen oder zu phantasieren, sondern in der wirklichen Welt zu handeln, und anderseits sind unter den seine Phantasien erzeugenden Wünschen manche, die es überhaupt zu verbergen nottut; darum schämt er sich seines Phantasierens als kindisch und als unerlaubt.

Sie werden fragen, woher man denn über das Phantasieren der Menschen so genau Bescheid wisse, wenn es von ihnen mit soviel Geheimtun verhüllt wird. Nun, es gibt eine Gattung von Menchen, denen zwar nicht ein Gott, aber eine strenge Göttin – die Notwendigkeit – den Auftrag erteilt hat zu sagen, was sie leiden und woran sie sich erfreuen. Es sind dies die Nervösen, die dem Arzte, von dem sie Herstellung durch psychische Behandlung erwarten, auch ihre

Phantasien eingestehen müssen; aus dieser Quelle stammt unsere beste Kenntnis, und wir sind dann zu der wohl begründeten Vermutung gelangt, daß unsere Kranken uns nichts anderes mitteilen, als was wir auch von den Gesunden erfahren könnten.

Gehen wir daran, einige der Charaktere des Phantasierens kennenzulernen. Man darf sagen, der Glückliche phantasiert nie, nur der Unbefriedigte. Unbefriedigte Wünsche sind die Triebkräfte der Phantasien, und jede einzelne Phantasie ist eine Wunscherfüllung, eine Korrektur der unbefriedigenden Wirklichkeit. Die treibenden Wünsche sind verschieden je nach Geschlecht, Charakter und Lebensverhältnissen der phantasierenden Persönlichkeit; sie lassen sich aber ohne Zwang nach zwei Hauptrichtungen gruppieren. Es sind entweder ehrgeizige Wünsche, welche der Erhöhung der Persönlichkeit dienen, oder erotische. Beim jungen Weibe herrschen die erotischen Wünsche fast ausschließend, denn sein Ehrgeiz wird in der Regel vom Liebesstreben aufgezehrt; beim jungen Manne sind neben den erotischen die eigensüchtigen und ehrgeizigen Wünsche vordringlich genug. Doch wollen wir nicht den Gegensatz beider Richtungen, sondern vielmehr deren häufige Vereinigung betonen; wie in vielen Altarbildern in einer Ecke das Bildnis des Stifters sichtbar ist, so können wir an den meisten ehrgeizigen Phantasien in irgendeinem Winkel die Dame entdecken, für die der Phantast all diese Heldentaten vollführt, der er alle Erfolge zu Füßen legt. Sie sehen, hier liegen genug starke Motive zum Verbergen vor; dem wohlerzogenen Weibe wird ja überhaupt nur ein Minimum von erotischer Bedürftigkeit zugebilligt, und der junge Mann soll das Übermaß von Selbstgefühl, welches er aus der Verwöhnung der Kindheit mitbringt, zum Zwecke der Einordnung in die an ähnlich anspruchsvollen Individuen so reiche Gesellschaft unterdrücken lernen.

Die Produkte dieser phantasierenden Tätigkeit, die einzelnen Phantasien, Luftschlösser oder Tagträume dürfen wir uns nicht als starr und unveränderlich vorstellen. Sie schmiegen sich vielmehr den wechselnden Lebenseindrücken an, verändern sich mit jeder Schwankung der Lebenslage, empfangen von jedem wirksamen neuen Eindrucke eine sogenannte »Zeitmarke«. Das Verhältnis der Phantasie zur Zeit ist überhaupt sehr bedeutsam. Man darf sagen:

eine Phantasie schwebt gleichsam zwischen drei Zeiten, den drei Zeitmomenten unseres Vorstellens. Die seelische Arbeit knüpft an einen aktuellen Eindruck, einen Anlaß in der Gegenwart an, der imstande war, einen der großen Wünsche der Person zu wecken, greift von da aus auf die Erinnerung eines früheren, meist infantilen, Erlebnisses zurück, in dem jener Wunsch erfüllt war, und schafft nun eine auf die Zukunft bezogene Situation, welche sich als die Erfüllung jenes Wunsches darstellt, eben den Tagtraum oder die Phantasie, die nun die Spuren ihrer Herkunft vom Anlasse und von der Erinnerung an sich trägt. Also Vergangenes, Gegenwärtiges, Zukünftiges wie an der Schnur des durchlaufenden Wunsches aneinandergereiht.

Das banalste Beispiel mag Ihnen meine Aufstellung erläutern. Nehmen Sie den Fall eines armen und verwaisten Jünglings an, welchem Sie die Adresse eines Arbeitgebers genannt haben, bei dem er vielleicht eine Anstellung finden kann. Auf dem Wege dahin mag er sich in einem Tagtraum ergehen, wie er angemessen aus seiner Situation entspringt. Der Inhalt dieser Phantasie wird etwa sein, daß er dort angenommen wird, seinem neuen Chef gefällt, sich im Geschäfte unentbehrlich macht, in die Familie des Herrn gezogen wird, das reizende Töchterchen des Hauses heiratet und dann selbst als Mitbesitzer wie später als Nachfolger das Geschäft leitet. Und dabei hat sich der Träumer ersetzt, was er in der glücklichen Kindheit besessen: das schützende Haus, die liebenden Eltern und die ersten Objekte seiner zärtlichen Neigung. Sie sehen an solchem Beispiele, wie der Wunsch einen Anlaß der Gegenwart benützt, um sich nach dem Muster der Vergangenheit ein Zukunftsbild zu entwerfen.

Es wäre noch vielerlei über die Phantasien zu sagen; ich will mich aber auf die knappsten Andeutungen beschränken. Das Überwuchern und Übermächtigwerden der Phantasien stellt die Bedingungen für den Verfall in Neurose oder Psychose her; die Phantasien sind auch die nächsten seelischen Vorstufen der Leidenssymptome, über welche unsere Kranken klagen. Hier zweigt ein breiter Seitenweg zur Pathologie ab.

Nicht übergehen kann ich aber die Beziehung der Phantasien zum Traume. Auch unsere nächtlichen Träume sind nichts anderes als solche Phantasien, wie wir durch die Deutung der Träume evident

machen können.[1] Die Sprache hat in ihrer unübertrefflichen Weisheit die Frage nach dem Wesen der Träume längst entschieden,
indem sie die luftigen Schöpfungen Phantasierender auch *»Tagträume«* nennen ließ. Wenn trotz dieses Fingerzeiges der Sinn unserer Träume uns zumeist undeutlich bleibt, so rührt dies von dem
einen Umstande her, daß nächtlicherweise auch solche Wünsche in
uns rege werden, deren wir uns schämen und die wie vor uns selbst
verbergen müssen, die eben darum verdrängt, ins Unbewußte ge-
schoben wurden. Solchen verdrängten Wünschen und ihren Ab-
kömmlingen kann nun kein anderer als ein arg entstellter Ausdruck
gegönnt werden. Nachdem die Aufklärung der *Traumentstellung*
der wissenschaftlichen Arbeit gelungen war, fiel es nicht mehr
schwer zu erkennen, daß die nächtlichen Träume ebensolche
Wunscherfüllungen sind wie die Tagträume, die uns allen so wohl-
bekannten Phantasien.

Soviel von den Phantasien, und nun zum Dichter! Dürfen wir wirklich den Versuch machen, den Dichter mit dem »Träumer am hel-
lichten Tag«, seine Schöpfungen mit Tagträumen zu vergleichen?
Da drängt sich wohl eine erste Unterscheidung auf; wir müssen die
Dichter, die fertige Stoffe übernehmen wie die alten Epiker und Tra-
giker, sondern von jenen, die ihre Stoffe frei zu schaffen scheinen.
Halten wir uns an die letzteren und suchen wir für unsere Verglei-
chung nicht gerade jene Dichter aus, die von der Kritik am höchsten
geschätzt werden, sondern die anspruchsloseren Erzähler von Ro-
manen, Novellen und Geschichten, die dafür die zahlreichsten und
eifrigsten Leser und Leserinnen finden. An den Schöpfungen dieser
Erzähler muß uns vor allem ein Zug auffällig werden; sie alle haben
einen Helden, der im Mittelpunkt des Interesses steht, für den der
Dichter unsere Sympathie mit allen Mitteln zu gewinnen sucht und
den er wie mit einer besonderen Vorsehung zu beschützen scheint.
Wenn ich am Ende eines Romankapitels den Helden bewußtlos, aus
schweren Wunden blutend verlassen habe, so bin ich sicher, ihn zu
Beginn des nächsten in sorgsamster Pflege und auf dem Wege der
Herstellung zu finden, und wenn der erste Band mit dem Untergange des Schiffes im Seesturme geendigt hat, auf dem unser Held

---

1 Vgl. des Verfassers »Traumdeutung«, 1900. (Ges. Werke, Bd. II/III.)

sich befand, so bin ich sicher, zu Anfang des zweiten Bandes von seiner wunderbaren Rettung zu lesen, ohne die der Roman ja keinen Fortgang hätte. Das Gefühl der Sicherheit, mit dem ich den Helden durch seine gefährlichen Schicksale begleite, ist das nämliche, mit dem ein wirklicher Held sich ins Wasser stürzt, um einen Ertrinkenden zu retten, oder sich dem feindlichen Feuer aussetzt, um eine Batterie zu stürmen, jenes eigentliche Heldengefühl, dem einer unserer besten Dichter den köstlichen Ausdruck geschenkt hat: »Es kann dir nix g'schehen.« (Anzengruber.) Ich meine aber, an diesem verräterischen Merkmal der Unverletzlichkeit erkennt man ohne Mühe – Seine Majestät das Ich, den Helden aller Tagträume wie aller Romane.

Noch andere typische Züge dieser egozentrischen Erzählungen deuten auf die gleiche Verwandtschaft hin. Wenn sich stets alle Frauen des Romans in den Helden verlieben, so ist das kaum als Wirklichkeitsschilderung aufzufassen, aber leicht als notwendiger Bestand des Tagtraumes zu verstehen. Ebenso wenn die anderen Personen des Romans sich scharf in gute und böse scheiden, unter Verzicht auf die in der Realität zu beobachtende Buntheit menschlicher Charaktere; die »guten« sind eben die Helfer, die »bösen« aber die Feinde und Konkurrenten des zum Helden gewordenen Ichs.

Wir verkennen nun keineswegs, daß sehr viele dichterische Schöpfungen sich von dem Vorbilde des naiven Tagtraumes weit entfernt halten, aber ich kann doch die Vermutung nicht unterdrücken, daß auch die extremsten Abweichungen durch eine lückenlose Reihe von Übergängen mit diesem Modelle in Beziehung gesetzt werden könnten. Noch in vielen der sogenannten psychologischen Romane ist mir aufgefallen, daß nur eine Person, wiederum der Held, von innen geschildert wird; in ihrer Seele sitzt gleichsam der Dichter und schaut die anderen Personen von außen an. Der psychologische Roman verdankt im ganzen wohl seine Besonderheit der Neigung des modernen Dichters, sein Ich durch Selbstbeobachtung in Partial-Ichs zu zerspalten und demzufolge die Konfliktströmungen seines Seelenlebens in mehreren Helden zu personifizieren. In einem ganz besonderen Gegensatze zum Typus des Tagtraumes scheinen die Romane zu stehen, die man als »exzentrische« bezeichnen könnte, in denen die als Held eingeführte Person die geringste tätige Rolle spielt, vielmehr wie ein Zuschauer die Taten und Leiden der anderen an sich vorüberziehen sieht. Solcher Art sind mehrere der späteren Romane Zolas. Doch muß ich bemerken, daß die psychologische Analyse nicht dichtender, in manchen Stücken von der sogenannten Norm abweichender Individuen uns analoge Variationen der Tagträume kennen gelehrt hat, in denen sich das Ich mit der Rolle des Zuschauers bescheidet.

Wenn unsere Gleichstellung des Dichters mit dem Tagträumer, der poetischen Schöpfung mit dem Tagtraum, wertvoll werden soll, so muß sie sich vor allem in irgendeiner Art fruchtbar erweisen. Versuchen wir etwa, unseren vorhin aufgestellten Satz von der Beziehung der Phantasie zu den drei Zeiten und zum durchlaufenden Wunsche auf die Werke der Dichter anzuwenden und die Beziehungen zwischen dem Leben des Dichters und seinen Schöpfungen mit dessen Hilfe zu studieren. Man hat in der Regel nicht gewußt, mit welchen Erwartungsvorstellungen man an dieses Problem herangehen soll; häufig hat man sich diese Beziehung viel zu einfach vorgestellt. Von der an den Phantasien gewonnenen Einsicht her müßten wir folgenden Sachverhalt erwarten: Ein starkes aktuelles Erlebnis weckt im Dichter die Erinnerung an ein früheres, meist der Kindheit angehöriges Erlebnis auf, von welchem nun der Wunsch ausgeht, der sich in der Dichtung seine Erfüllung schafft; die Dichtung selbst läßt sowohl Elemente des frischen Anlasses als auch der alten Erinnerung erkennen.

Erschrecken Sie nicht über die Kompliziertheit dieser Formel; ich vermute, daß sie sich in Wirklichkeit als ein zu dürftiges Schema erweisen wird, aber eine erste Annäherung an den realen Sachverhalt könnte doch in ihr enthalten sein, und nach einigen Versuchen, die ich unternommen habe, sollte ich meinen, daß eine solche Betrachtungsweise dichterischer Produktionen nicht unfruchtbar ausfallen kann. Sie vergessen nicht, daß die vielleicht befremdende Betonung der Kindheitserinnerung im Leben des Dichters sich in letzter Linie von der Voraussetzung ableitet, daß die Dichtung wie der Tagtraum Fortsetzung und Ersatz des einstigen kindlichen Spielens ist.

Versäumen wir nicht, auf jene Klasse von Dichtungen zurückzugreifen, in denen wir nicht freie Schöpfungen, sondern Bearbeitungen fertiger und bekannter Stoffe erblicken müssen. Auch dabei verbleibt dem Dichter ein Stück Selbständigkeit, das sich in der Auswahl des Stoffes und in der oft weitgehenden Abänderung desselben äußern darf. Soweit die Stoffe aber gegeben sind, entstammen sie dem Volksschatze an Mythen, Sagen und Märchen. Die Untersuchung dieser völkerpsychologischen Bildungen ist nun keineswegs abgeschlossen, aber es ist z. B. von den Mythen durchaus wahrscheinlich, daß sie den entstellten Überresten von Wunschphantasien ganzer Nationen, den *Säkularträumen* der jungen Menschheit, entsprechen.

Sie werden sagen, daß ich Ihnen von den Phantasien weit mehr erzählt habe als vom Dichter, den ich doch im Titel meines Vortrages vorangestellt. Ich weiß das und versuche es durch den Hinweis auf den heutigen Stand unserer Erkenntnis zu entschuldigen. Ich konnte Ihnen nur Anregungen und Aufforderungen bringen, die von dem Studium der Phantasien her auf das Problem der dichterischen Stoffwahl übergreifen. Das andere Problem, mit welchen Mitteln der Dichter bei uns die Affektwirkungen erziele, die er durch seine Schöpfungen hervorruft, haben wir überhaupt noch nicht berührt. Ich möchte Ihnen wenigstens noch zeigen, welcher Weg von unseren Erörterungen über die Phantasien zu den Problemen der poetischen Effekte führt.

Sie erinnern sich, wir sagten, daß der Tagträumer seine Phantasien vor anderen sorgfältig verbirgt, weil er Gründe verspürt, sich ihrer zu schämen. Ich füge nun hinzu, selbst wenn er sie uns mitteilen würde, könnte er uns durch solche Enthüllung keine Lust bereiten. Wir werden von solchen Phantasien, wenn wir sie erfahren, abgestoßen oder bleiben höchstens kühl gegen sie. Wenn aber der Dichter uns seine Spiele vorspielt oder uns das erzählt, was wir für seine persönlichen Tagträume zu erklären geneigt sind, so empfinden wir hohe, wahrscheinlich aus vielen Quellen zusammenfließende Lust. Wie der Dichter das zustande bringt, das ist sein eigenstes Geheimnis; in der Technik der Überwindung jener Abstoßung, die gewiß mit den Schranken zu tun hat, welche sich zwischen jedem einzelnen Ich und den anderen erheben, liegt die eigentliche *Ars poetica*. Zweierlei Mittel dieser Technik können wir erraten: Der Dichter mildert den Charakter des egoistischen Tagtraumes durch Abänderungen und Verhüllungen und besticht uns durch rein formalen, d. h. ästhetischen Lustgewinn, den er uns in der Darstellung seiner Phantasien bietet. Man nennt einen solchen Lustgewinn, der uns geboten wird, um mit ihm die Entbindung größerer Lust aus tiefer reichenden psychischen Quellen zu ermöglichen, eine *Verlockungsprämie* oder eine *Vorlust*. Ich bin der Meinung, daß alle ästhetische Lust, die uns der Dichter verschafft, den Charakter solcher Vorlust trägt und daß der eigentliche Genuß des Dichtwerkes aus der Befreiung von Spannungen in unserer Seele hervorgeht. Vielleicht trägt es sogar zu diesem Erfolge nicht wenig bei, daß uns der Dichter in den Stand setzt, unsere eigenen Phantasien nunmehr ohne jeden Vorwurf und ohne Schämen zu genießen. Hier stünden wir nun am Eingange neuer, interessanter und verwickelter Untersuchungen, aber, wenigstens für diesmal, am Ende unserer Erörterungen.

DAS MOTIV DER KÄSTCHENWAHL

(1913)

DAS MOTIV DER KÄSTCHENWAHL

I

Zwei Szenen aus Shakespeare, eine heitere und eine tragische, haben mir kürzlich den Anlaß zu einer kleinen Problemstellung und Lösung gegeben.

Die heitere ist die Wahl des Freiers zwischen drei Kästchen im »Kaufmann von Venedig«. Die schöne und kluge Porzia ist durch den Willen ihres Vaters gebunden, nur den von ihren Bewerbern zum Manne zu nehmen, der von drei ihm vorgelegten Kästchen das richtige wählt. Die drei Kästchen sind von Gold, von Silber und von Blei; das richtige ist jenes, welches ihr Bildnis einschließt. Zwei Bewerber sind bereits erfolglos abgezogen, sie hatten Gold und Silber gewählt. Bassanio, der dritte, entscheidet sich für das Blei; er gewinnt damit die Braut, deren Neigung ihm bereits vor der Schicksalsprobe gehört hat. Jeder der Freier hatte seine Entscheidung durch eine Rede motiviert, in welcher er das von ihm bevorzugte Metall anpries, während er die beiden anderen herabsetzte. Die schwerste Aufgabe war dabei dem glücklichen dritten Freier zugefallen; was er zur Verherrlichung des Bleis gegen Gold und Silber sagen kann, ist wenig und klingt gezwungen. Stünden wir in der psychoanalytischen Praxis vor solcher Rede, so würden wir hinter der unbefriedigenden Begründung geheimgehaltene Motive wittern.

Shakespeare hat das Orakel der Kästchenwahl nicht selbst erfunden, er nahm es aus einer Erzählung der »Gesta Romanorum«, in welcher ein Mädchen dieselbe Wahl vornimmt, um den Sohn des Kaisers zu gewinnen.[1] Auch hier ist das dritte Metall, das Blei, das Glückbringende. Es ist nicht schwer zu erraten, daß hier ein altes Motiv vorliegt, welches nach Deutung, Ableitung und Zurückführung verlangt. Eine erste Vermutung, was wohl die Wahl zwischen Gold, Silber und Blei bedeuten möge, findet bald Bestätigung durch

---

1 G. Brandes, William Shakespeare, Paris 1896.

eine Äußerung von Ed. Stucken[1], der sich in weitausgreifendem Zu-sammenhang mit dem nämlichen Stoff beschäftigt. Er sagt: »Wer die drei Freier Porzias sind, erhellt aus dem, was sie wählen: Der Prinz von Marokko wählt den goldenen Kasten: er ist die Sonne; der Prinz von Arragon wählt den silbernen Kasten: er ist der Mond; Bassanio wählt den bleiernen Kasten: er ist der Sternenknabe.« Zur Unterstützung dieser Deutung zitiert er eine Episode aus dem est-nischen Volksepos Kalewipoeg, in welcher die drei Freier unver-kleidet als Sonnen-, Mond- und Sternenjüngling (»des Polarsterns ältestes Söhnchen«) auftreten und die Braut wiederum dem Dritten zufällt.

So führte also unser kleines Problem auf einen Astralmythus! Nur schade, daß wir mit dieser Aufklärung nicht zu Ende gekommen sind. Das Fragen setzt sich weiter fort, denn wir glauben nicht mit manchen Mythenforschern, daß die Mythen vom Himmel herabge-lesen worden sind, vielmehr urteilen wir mit O. Rank[2], daß sie auf den Himmel projiziert wurden, nachdem sie anderswo unter rein menschlichen Bedingungen entstanden waren. Diesem mensch-lichen Inhalt gilt aber unser Interesse.

Fassen wir unseren Stoff nochmals ins Auge. Im estnischen Epos wie in der Erzählung der Gesta Romanorum handelt es sich um die Wahl eines Mädchens zwischen drei Freiern, in der Szene des »Kaufmann von Venedig« anscheinend um das nämliche, aber gleichzeitig tritt an dieser letzten Stelle etwas wie eine Umkehrung des Motivs auf: Ein Mann wählt zwischen drei – Kästchen. Wenn wir es mit einem Traum zu tun hätten, würden wir sofort daran denken, daß die Kästchen auch Frauen sind, Symbole des Wesent-lichen an der Frau und darum der Frau selbst, wie Büchsen, Dosen, Schachteln, Körbe usw. Gestatten wir uns eine solche symbolische Ersetzung auch beim Mythus anzunehmen, so wird die Kästchen-szene im »Kaufmann von Venedig« wirklich zur Umkehrung, die wir vermutet haben. Mit einem Ruck, wie er sonst nur im Märchen

---

1 Ed. Stucken, Astralmythen [der Hebräer, Babylonier und Ägypter], S. 655, Leipzig 1907.

2 O. Rank, Der Mythus von der Geburt des Helden, Leipzig und Wien 1909, S. 8 ff.

beschrieben wird, haben wir unserem Thema das astrale Gewand abgestreift und sehen nun, es behandelt ein menschliches Motiv, die *Wahl eines Mannes zwischen drei Frauen.*

Dasselbe ist aber der Inhalt einer anderen Szene Shakespeares in einem der erschütterndsten seiner Dramen, keine Brautwahl diesmal, aber doch durch so viel geheime Ähnlichkeiten mit der Kästchenwahl im »Kaufmann« verknüpft. Der alte König Lear beschließt, noch bei Lebzeiten sein Reich unter seine drei Töchter zu verteilen, je nach Maßgabe der Liebe, die sie für ihn äußern. Die beiden älteren, Goneril und Regan, erschöpfen sich in Beteuerungen und Anpreisungen ihrer Liebe, die dritte, Cordelia, weigert sich dessen. Er hätte diese unscheinbare, wortlose Liebe der Dritten erkennen und belohnen sollen, aber er verkennt sie, verstößt Cordelia und teilt das Reich unter die beiden anderen, zu seinem und zu aller Unheil. Ist das nicht wieder eine Szene der Wahl zwischen drei Frauen, von denen die jüngste die beste, die vorzüglichste ist?

Sofort fallen uns nun aus Mythus, Märchen und Dichtung andere Szenen ein, welche die nämliche Situation zum Inhalt haben: Der Hirte Paris hat die Wahl zwischen drei Göttinnen, von denen er die dritte zur Schönsten erklärt. Aschenputtel ist eine ebensolche Jüngste, die der Königssohn den beiden Älteren vorzieht, Psyche im Märchen des Apulejus ist die jüngste und schönste von drei Schwestern, Psyche, die einerseits als menschlich gewordene Aphrodite verehrt wird, anderseits von dieser Göttin behandelt wird wie Aschenputtel von ihrer Stiefmutter, einen vermischten Haufen von Samenkörnern schlichten soll und es mit Hilfe von kleinen Tieren (Tauben bei Aschenputtel, Ameisen bei Psyche) zustande bringt. [1] Wer sich weiter im Material umsehen wollte, würde gewiß noch andere Gestaltungen desselben Motivs mit Erhaltung derselben wesentlichen Züge auffinden können.

Begnügen wir uns mit Cordelia, Aphrodite, Aschenputtel und Psyche! Die drei Frauen, von denen die dritte die vorzüglichste ist, sind wohl als irgendwie gleichartig aufzufassen, wenn sie als Schwestern vorgeführt werden. Es soll uns nicht irremachen, wenn es bei Lear die drei Töchter des Wählenden sind, das bedeutet vielleicht nichts

---

1 Den Hinweis auf diese Übereinstimmungen verdanke ich Dr. O. Rank.

anderes, als daß Lear als alter Mann dargestellt werden soll. Den alten Mann kann man nicht leicht anders zwischen drei Frauen wählen lassen; darum werden diese zu seinen Töchtern.

Wer sind aber diese drei Schwestern und warum muß die Wahl auf die dritte fallen? Wenn wir diese Frage beantworten könnten, wären wir im Besitz der gesuchten Deutung. Nun haben wir uns bereits einmal der Anwendung psychoanalytischer Techniken bedient, als wir uns die drei Kästchen symbolisch als drei Frauen aufklärten. Haben wir den Mut, ein solches Verfahren fortzusetzen, so betreten wir einen Weg, der zunächst ins Unvorhergesehene, Unbegreifliche, auf Umwegen vielleicht zu einem Ziele führt.

Es darf uns auffallen, daß jene vorzügliche Dritte in mehreren Fällen außer ihrer Schönheit noch gewisse Besonderheiten hat. Es sind Eigenschaften, die nach irgendeiner Einheit zu streben scheinen; wir dürfen gewiß nicht erwarten, sie in allen Beispielen gleich gut ausgeprägt zu finden. Cordelia macht sich unkenntlich, unscheinbar wie das Blei, sie bleibt stumm, sie »liebt und schweigt«. Aschenputtel verbirgt sich, so daß sie nicht aufzufinden ist. Wir dürfen vielleicht das Sichverbergen dem Verstummen gleichsetzen. Dies wären allerdings nur zwei Fälle von den fünf, die wir herausgesucht haben. Aber eine Andeutung davon findet sich merkwürdigerweise auch noch bei zwei anderen. Wir haben uns ja entschlossen, die widerspenstig ablehnende Cordelia dem Blei zu vergleichen. Von diesem heißt es in der kurzen Rede des Bassanio während der Kästchenwahl, eigentlich so ganz unvermittelt:

> *Thy paleness moves me more than eloquence*
> (*plainness* nach anderer Leseart).

Also: Deine Schlichtheit geht mir näher als der beiden anderen schreiendes Wesen. Gold und Silber sind »laut«, das Blei ist stumm, wirklich wie Cordelia, die »liebt und schweigt«[1].

In den altgriechischen Erzählungen des Parisurteils ist von einer solchen Zurückhaltung der Aphrodite nichts enthalten. Jede der drei

---

1 In der Schlegelschen Übersetzung geht diese Anspielung ganz verloren, ja sie wird zur Gegenseite gewendet:
   Dein schlichtes Wesen spricht beredt mich an.

Göttinnen spricht zu dem Jüngling und sucht ihn durch Verheißungen zu gewinnen. Aber in einer ganz modernen Bearbeitung derselben Szene kommt der uns auffällig gewordene Zug der Dritten sonderbarerweise wieder zum Vorschein. Im Libretto der »Schönen Helena« erzählt Paris, nachdem er von den Werbungen der beiden anderen Göttinnen berichtet, wie sich Aphrodite in diesem Wettkampf um den Schönheitspreis benommen:

> Und die Dritte – ja die Dritte –
> Stand daneben und blieb *stumm*.
> Ihr mußt' ich den Apfel geben usw.

Entschließen wir uns, die Eigentümlichkeiten unserer Dritten in der »Stummheit« konzentriert zu sehen, so sagt uns die Psychoanalyse: Stummheit ist im Traume eine gebräuchliche Darstellung des Todes. [1]

Vor mehr als zehn Jahren teilte mir ein hochintelligenter Mann einen Traum mit, den er als Beweis für die telepathische Natur der Träume verwerten wollte. Er sah einen abwesenden Freund, von dem er überlange keine Nachricht erhalten hatte, und machte ihm eindringliche Vorwürfe über sein Stillschweigen. Der Freund gab keine Antwort. Es stellte sich dann heraus, daß er ungefähr um die Zeit dieses Traumes durch Selbstmord geendet hatte. Lassen wir das Problem der Telepathie beiseite; daß die Stummheit im Traume zur Darstellung des Todes wird, scheint hier nicht zweifelhaft. Auch das Sichverbergen, Unauffindbarsein, wie es der Märchenprinz dreimal beim Aschenputtel erlebt, ist im Traume ein unverkennbares Todessymbol; nicht minder die auffällige Blässe, an welche die *paleness* des Bleis in der einen Leseart des Shakespeareschen Textes erinnert. [2] Die Übertragung dieser Deutungen aus der Sprache des Traumes auf die Ausdrucksweise des uns beschäftigenden Mythus wird uns aber wesentlich erleichtert, wenn wir wahrscheinlich machen können, daß die Stummheit auch in anderen Produktionen, die nicht Träume sind, als Zeichen des Totseins gedeutet werden muß.

Ich greife hier das neunte der Grimmschen Volksmärchen heraus,

---

1 Auch in Stekels »Sprache des Traumes«, 1911, unter den Todessymbolen angeführt (S. 351).
2 Stekel, l. c.

welches die Überschrift hat: »Die zwölf Brüder.«[1] Ein König und eine Königin hatten zwölf Kinder, lauter Buben. Da sagte der König, wenn das dreizehnte Kind ein Mädchen ist, müssen die Buben sterben. In Erwartung dieser Geburt läßt er zwölf Särge machen. Die zwölf Söhne flüchten sich mit Hilfe der Mutter in einen versteckten Wald und schwören jedem Mädchen den Tod, das sie begegnen sollten.

Ein Mädchen wird geboren, wächst heran und erfährt einmal von der Mutter, daß es zwölf Brüder gehabt hat. Es beschließt sie aufzusuchen und findet im Walde den Jüngsten, der sie erkennt, aber verbergen möchte wegen des Eides der Brüder. Die Schwester sagt: Ich will gerne sterben, wenn ich damit meine zwölf Brüder erlösen kann. Die Brüder nehmen sie aber herzlich auf, sie bleibt bei ihnen und besorgt ihnen das Haus.

In einem kleinen Garten bei dem Haus wachsen zwölf Lilienblumen; die bricht das Mädchen ab, um jedem Bruder eine zu schenken. In diesem Augenblick werden die Brüder in Raben verwandelt und verschwinden mit Haus und Garten. – Die Raben sind Seelenvögel, die Tötung der zwölf Brüder durch ihre Schwester wird durch das Abpflücken der Blumen von neuem dargestellt wie zu Eingang durch die Särge und das Verschwinden der Brüder. Das Mädchen, das wiederum bereit ist, seine Brüder vom Tod zu erlösen, erfährt nun als Bedingung, daß sie sieben Jahre stumm sein muß, kein einziges Wort sprechen darf. Sie unterzieht sich dieser Probe, durch die sie selbst in Lebensgefahr gerät, d. h. sie stirbt selbst für die Brüder, wie sie es vor dem Zusammentreffen mit den Brüdern gelobt hat. Durch die Einhaltung der Stummheit gelingt ihr endlich die Erlösung der Raben.

Ganz ähnlich werden im Märchen von den »sechs Schwänen« die in Vögel verwandelten Brüder durch die Stummheit der Schwester erlöst, d. h. wiederbelebt. Das Mädchen hat den festen Entschluß gefaßt, seine Brüder zu erlösen, und »wenn es auch sein Leben kostete«, und bringt als Gemahlin des Königs wiederum ihr eigenes Leben in Gefahr, weil sie gegen böse Anklagen ihre Stummheit nicht aufgeben will.

---

1 S. 50 der Reclamausgabe, I. Bd.

Wir würden sicherlich aus den Märchen noch andere Beweise erbringen können, daß die Stummheit als Darstellung des Todes verstanden werden muß. Wenn wir diesem Anzeichen folgen dürfen, so wäre die dritte unserer Schwestern, zwischen denen die Wahl stattfindet, eine Tote. Sie kann aber auch etwas anderes sein, nämlich der Tod selbst, die Todesgöttin. Vermöge einer gar nicht seltenen Verschiebung werden die Eigenschaften, die eine Gottheit den Menschen zuteilt, ihr selbst zugeschrieben. Am wenigsten wird uns solche Verschiebung bei der Todesgöttin befremden, denn in der modernen Auffassung und Darstellung, die hier vorweggenommen würde, ist der Tod selbst nur ein Toter.

Wenn aber die dritte der Schwestern die Todesgöttin ist, so kennen wir die Schwestern. Es sind die Schicksalsschwestern, die Moiren oder Parzen (oder Nornen), deren dritte Atropos heißt: die Unerbittliche.

II

Stellen wir die Sorge, wie die gefundene Deutung in unseren Mythus einzufügen ist, einstweilen beiseite, und holen wir uns bei den Mythologen Belehrung über Rolle und Herkunft der Schicksalsgöttinnen. [1]

Die älteste griechische Mythologie kennt nur eine Μοῖρα als Personifikation des unentrinnbaren Schicksals (bei Homer). Die Fortentwicklung dieser einen Moira zu einem Schwesterverein von drei (seltener zwei) Gottheiten erfolgte wahrscheinlich in Anlehnung an andere Göttergestalten, denen die Moiren nahestehen, die Chariten und die Horen.

Die Horen sind ursprünglich Gottheiten der himmlischen Gewässer, die Regen und Tau spenden, der Wolken, aus denen der Regen niederfällt, und da diese Wolken als Gespinst erfaßt werden, ergibt sich für diese Göttinnen der Charakter der Spinnerinnen, der dann an den Moiren fixiert wird. In den von der Sonne verwöhnten Mittelmeerländern ist es der Regen, von dem die Fruchtbarkeit des Bodens abhängig wird, und darum wandeln sich die Horen zu Vegeta-

---

1 Das folgende nach Roschers [Ausführlichem] Lexikon der griechischen und römischen Mythologie [Leipzig 1884–1937] unter den entsprechenden Titeln.

tionsgottheiten. Man dankt ihnen die Schönheit der Blumen und den Reichtum der Früchte, stattet sie mit einer Fülle von liebenswürdigen und anmutigen Zügen aus. Sie werden zu den göttlichen Vertreterinnen der Jahreszeiten und erwerben vielleicht durch diese Beziehung ihre Dreizahl, wenn die heilige Natur der Drei zu deren Aufklärung nicht genügen sollte. Denn diese alten Völker unterscheiden zuerst nur drei Jahreszeiten: Winter, Frühling und Sommer. Der Herbst kam erst in späten griechisch-römischen Zeiten hinzu; dann bildete die Kunst häufig vier Horen ab.

Die Beziehung zur Zeit blieb den Horen erhalten; sie wachten später über die Tageszeiten wie zuerst über die Zeiten des Jahres; endlich sank ihr Name zur Bezeichnung der Stunde (*heure, ora*) herab.

Die den Horen und Moiren wesensverwandten Nornen der deutschen Mythologie tragen diese Zeitbedeutung in ihren Namen zur Schau. Es konnte aber nicht ausbleiben, daß das Wesen dieser Gottheiten tiefer erfaßt und in das Gesetzmäßige im Wandel der Zeiten verlegt wurde; die Horen wurden so zu Hüterinnen des Naturgesetzes und der heiligen Ordnung, welche mit unabänderlicher Reihenfolge in der Natur das gleiche wiederkehren läßt.

Diese Erkenntnis der Natur wirkte zurück auf die Auffassung des menschlichen Lebens. Der Naturmythus wandelte sich zum Menschenmythus; aus den Wettergöttinnen wurden Schicksalsgottheiten. Aber diese Seite der Horen kam erst in den Moiren zum Ausdruck, die über die notwendige Ordnung im Menschenleben so unerbittlich wachen wie die Horen über die Gesetzmäßigkeit der Natur. Das unabwendbar Strenge des Gesetzes, die Beziehung zu Tod und Untergang, die an den lieblichen Gestalten der Horen vermieden worden waren, sie prägten sich nun an den Moiren aus, als ob der Mensch den ganzen Ernst des Naturgesetzes erst dann empfände, wenn er die eigene Person ihm unterordnen soll.

Die Namen der drei Spinnerinnen haben auch bei den Mythologen bedeutsames Verständnis gefunden. Die zweite, Lachesis, scheint das »innerhalb der Gesetzmäßigkeit des Schicksals Zufällige« zu bezeichnen [1] – wir würden sagen: das Erleben – wie Atropos das Un-

---

1 J. Roscher nach Preller [L., und] Robert [C. (Hrsg.)], Griechische Mythologie [Berlin 1894 (4. Aufl.)].

abwendbare, den Tod, und dann bliebe für Klotho die Bedeutung der verhängnisvollen, mitgebrachten Anlage.

Und nun ist es Zeit, zu dem der Deutung unterliegenden Motive der Wahl zwischen drei Schwestern zurückzukehren. Mit tiefem Mißvergnügen werden wir bemerken, wie unverständlich die betrachteten Situationen werden, wenn wir in sie die gefundene Deutung einsetzen, und welche Widersprüche zum scheinbaren Inhalt derselben sich dann ergeben. Die dritte der Schwestern soll die Todesgöttin sein, der Tod selbst, und im Parisurteil ist es die Liebesgöttin, im Märchen des Apulejus eine dieser letzteren vergleichbare Schönheit, im »Kaufmann« die schönste und klügste Frau, im Lear die einzig treue Tochter. Kann ein Widerspruch vollkommener gedacht werden? Doch vielleicht ist diese unwahrscheinliche Steigerung ganz in der Nähe. Sie liegt wirklich vor, wenn in unserem Motiv jedesmal zwischen den Frauen frei gewählt wird und wenn die Wahl dabei auf den Tod fallen soll, den doch niemand wählt, dem man durch ein Verhängnis zum Opfer fällt.

Indes Widersprüche von einer gewissen Art, Ersetzungen durch das volle kontradiktorische Gegenteil bereiten der analytischen Deutungsarbeit keine ernste Schwierigkeit. Wir werden uns hier nicht darauf berufen, daß Gegensätze in den Ausdrucksweisen des Unbewußten wie im Traume so häufig durch eines und das nämliche Element dargestellt werden. Aber wir werden daran denken, daß es Motive im Seelenleben gibt, welche die Ersetzung durch das Gegenteil als sogenannte Reaktionsbildung herbeiführen, und können den Gewinn unserer Arbeit gerade in der Aufdeckung solcher verborgener Motive suchen. Die Schöpfung der Moiren ist der Erfolg einer Einsicht, welche den Menschen mahnt, auch er sei ein Stück der Natur und darum dem unabänderlichen Gesetz des Todes unterworfen. Gegen diese Unterwerfung mußte sich etwas im Menschen sträuben, der nur höchst ungern auf seine Ausnahmsstellung verzichtet. Wir wissen, daß der Mensch seine Phantasietätigkeit zur Befriedigung seiner von der Realität unbefriedigten Wünsche verwendet. So lehnte sich denn seine Phantasie gegen die im Moirenmythus verkörperte Einsicht auf und schuf den davon abgeleiteten Mythus, in dem die Todesgöttin durch die Liebesgöttin, und was ihr an menschlichen Gestaltungen gleichkommt, ersetzt ist. Die dritte

51

der Schwestern ist nicht mehr der Tod, sie ist die schönste, beste, begehrenswerteste, liebenswerteste der Frauen. Und diese Ersetzung war technisch keineswegs schwer; sie war durch eine alte Ambivalenz vorbereitet, sie vollzog sich längs eines uralten Zusammenhanges, der noch nicht lange vergessen sein konnte. Die Liebesgöttin selbst, die jetzt an die Stelle der Todesgöttin trat, war einst mit ihr identisch gewesen. Noch die griechische Aphrodite entbehrte nicht völlig der Beziehungen zur Unterwelt, obwohl sie ihre chthonische Rolle längst an andere Göttergestalten, an die Persephone, die dreigestaltige Artemis-Hekate, abgegeben hatte. Die großen Muttergottheiten der orientalischen Völker scheinen aber alle ebensowohl Zeugerinnen wie Vernichterinnen, Göttinnen des Lebens und der Befruchtung wie Todesgöttinnen gewesen zu sein. So greift die Ersetzung durch ein Wunschgegenteil bei unserem Motiv auf eine uralte Identität zurück.

Dieselbe Erwägung beantwortet uns die Frage, woher der Zug der Wahl in den Mythus von den drei Schwestern geraten ist. Es hat hier wiederum eine Wunschverkehrung stattgefunden. Wahl steht an der Stelle von Notwendigkeit, von Verhängnis. So überwindet der Mensch den Tod, den er in seinem Denken anerkannt hat. Es ist kein stärkerer Triumph der Wunscherfüllung denkbar. Man wählt dort, wo man in Wirklichkeit dem Zwange gehorcht, und die man wählt, ist nicht die Schreckliche, sondern die Schönste und Begehrenswerteste.

Bei näherem Zusehen merken wir freilich, daß die Entstellungen des ursprünglichen Mythus nicht gründlich genug sind, um sich nicht durch Resterscheinungen zu verraten. Die freie Wahl zwischen den drei Schwestern ist eigentlich keine freie Wahl, denn sie muß notwendigerweise die dritte treffen, wenn nicht, wie im Lear, alles Unheil aus ihr entstehen soll. Die Schönste und Beste, welche an Stelle der Todesgöttin getreten ist, hat Züge behalten, die an das Unheimliche streifen, so daß wir aus ihnen das Verborgene erraten konnten.[1]

---

1 Auch die Psyche des Apulejus hat reichlich Züge bewahrt, welche an ihre Beziehung zum Tode mahnen. Ihre Hochzeit wird gerüstet wie eine Leichenfeier, sie muß in die Unterwelt hinabsteigen und versinkt nachher in einen totenähnlichen Schlaf (O. Rank). [Forts. d. Anm. S. 53.]

Wir haben bisher den Mythus und seine Wandlung verfolgt und hoffen die geheimen Gründe dieser Wandlung aufgezeigt zu haben. Nun darf uns wohl die Verwendung des Motivs beim Dichter interessieren. Wir bekommen den Eindruck, als ginge beim Dichter eine Reduktion des Motivs auf den ursprünglichen Mythus vor sich, so daß der ergreifende, durch die Entstellung abgeschwächte Sinn des letzteren von uns wieder verspürt wird. Durch diese Reduktion der Entstellung, die teilweise Rückkehr zum Ursprünglichen, erziele der Dichter die tiefere Wirkung, die er bei uns erzeugt.

Um Mißverständnissen vorzubeugen, will ich sagen, ich habe nicht die Absicht zu widersprechen, daß das Drama vom König Lear die beiden weisen Lehren einschärfen wolle, man solle auf sein Gut und seine Rechte nicht zu Lebzeiten verzichten und man müsse sich hüten, Schmeichelei für bare Münze zu nehmen. Diese und ähnliche Mahnungen ergeben sich wirklich aus dem Stück, aber es erscheint mir ganz unmöglich, die ungeheure Wirkung des Lear aus dem Eindruck dieses Gedankeninhaltes zu erklären oder anzunehmen, daß die persönlichen Motive des Dichters mit der Absicht, diese Lehren vorzutragen, erschöpft seien. Auch die Auskunft, der Dichter habe uns die Tragödie der Undankbarkeit vorspielen wollen, deren Bisse er wohl am eigenen Leibe verspürt, und die Wirkung des Spieles beruhe auf dem rein formalen Moment der künstlerischen Einkleidung, scheint mir das Verständnis nicht zu ersetzen, welches uns durch die Würdigung des Motivs der Wahl zwischen den drei Schwestern eröffnet wird.

Lear ist ein alter Mann. Wir sagten schon, darum erscheinen die drei Schwestern als seine Töchter. Das Vaterverhältnis, aus dem so viel

---

Über die Bedeutung der Psyche als Frühlingsgottheit und als »Braut des Todes« siehe A. Zinzow: »Psyche und Eros« (Halle 1881).

In einem anderen Grimmschen Märchen (Nr. 179, Die Gänsehirtin am Brunnen) findet sich wie beim Aschenputtel die Abwechslung von schöner und häßlicher Gestalt der dritten Tochter, in der man wohl eine Andeutung von deren Doppelnatur – vor und nach der Ersetzung – erblicken darf. Diese dritte wird von ihrem Vater nach einer Probe verstoßen, welche mit der im König Lear fast zusammenfällt. Sie soll wie die anderen Schwestern angeben, wie lieb sie den Vater hat, findet aber keinen anderen Ausdruck ihrer Liebe als den Vergleich mit dem Salze. (Freundliche Mitteilung von Dr. Hanns Sachs.)

fruchtbare dramatische Antriebe erfließen könnten, wird im Drama weiter nicht verwertet. Lear ist aber nicht nur ein Alter, sondern auch ein Sterbender. Die so absonderliche Voraussetzung der Erbteilung verliert dann alles Befremdende. Dieser dem Tode Verfallene will aber auf die Liebe des Weibes nicht verzichten, er will hören, wie sehr er geliebt wird. Nun denke man an die erschütternde letzte Szene, einen der Höhepunkte der Tragik im modernen Drama: Lear trägt den Leichnam der Cordelia auf die Bühne. Cordelia ist der Tod. Wenn man die Situation umkehrt, wird sie uns verständlich und vertraut. Es ist die Todesgöttin, die den verstorbenen Helden vom Kampfplatze wegträgt, wie die Walküre in der deutschen Mythologie. Ewige Weisheit im Gewand des uralten Mythus rät dem alten Manne, der Liebe zu entsagen, den Tod zu wählen, sich mit der Notwendigkeit des Sterbens zu befreunden.

Der Dichter bringt uns das alte Motiv näher, indem er die Wahl zwischen den drei Schwestern von einem Gealterten und Sterbenden vollziehen läßt. Die regressive Bearbeitung, die er so mit dem durch Wunschverwandlung entstellten Mythus vorgenommen, läßt dessen alten Sinn so weit durchschimmern, daß uns vielleicht auch eine flächenhafte, allegorische Deutung der drei Frauengestalten des Motivs ermöglicht wird. Man könnte sagen, es seien die drei für den Mann unvermeidlichen Beziehungen zum Weibe, die hier dargestellt sind: Die Gebärerin, die Genossin und die Verderberin. Oder die drei Formen, zu denen sich ihm das Bild der Mutter im Lauf des Lebens wandelt: Die Mutter selbst, die Geliebte, die er nach deren Ebenbild gewählt, und zuletzt die Mutter Erde, die ihn wieder aufnimmt. Der alte Mann aber hascht vergebens nach der Liebe des Weibes, wie er sie zuerst von der Mutter empfangen; nur die dritte der Schicksalsfrauen, die schweigsame Todesgöttin, wird ihn in ihre Arme nehmen.

DER MOSES DES MICHELANGELO

(1914)

DER MOSES DES MICHELANGELO[1]

Ich schicke voraus, daß ich kein Kunstkenner bin, sondern Laie. Ich habe oft bemerkt, daß mich der Inhalt eines Kunstwerkes stärker anzieht als dessen formale und technische Eigenschaften, auf welche doch der Künstler in erster Linie Wert legt. Für viele Mittel und manche Wirkungen der Kunst fehlt mir eigentlich das richtige Verständnis. Ich muß dies sagen, um mir eine nachsichtige Beurteilung meines Versuches zu sichern.

Aber Kunstwerke üben eine starke Wirkung auf mich aus, insbesondere Dichtungen und Werke der Plastik, seltener Malereien. Ich bin so veranlaßt worden, bei den entsprechenden Gelegenheiten lange vor ihnen zu verweilen, und wollte sie auf meine Weise erfassen, d. h. mir begreiflich machen, wodurch sie wirken. Wo ich das nicht kann, z. B. in der Musik, bin ich fast genußunfähig. Eine rationalistische oder vielleicht analytische Anlage sträubt sich in mir dagegen, daß ich ergriffen sein und dabei nicht wissen solle, warum ich es bin und was mich ergreift.

Ich bin dabei auf die anscheinend paradoxe Tatsache aufmerksam geworden, daß gerade einige der großartigsten und überwältigendsten Kunstschöpfungen unserem Verständnis dunkel geblieben sind. Man bewundert sie, man fühlt sich von ihnen bezwungen, aber man weiß nicht zu sagen, was sie vorstellen. Ich bin nicht belesen genug, um zu wissen, ob dies schon bemerkt worden ist oder ob nicht ein Ästhetiker gefunden hat, solche Ratlosigkeit unseres begreifenden Verstandes sei sogar eine notwendige Bedingung für die höchsten Wirkungen, die ein Kunstwerk hervorrufen soll. Ich könnte mich nur schwer entschließen, an diese Bedingung zu glauben.

---

1 [Der Aufsatz war zunächst anonym veröffentlicht worden. Freud hatte dem Titel folgende Anmerkung hinzugefügt: »Die Redaktion hat diesem, strenge genommen nicht programmgerechten, Beitrage die Aufnahme nicht versagt, weil der ihr bekannte Verfasser analytischen Kreisen nahesteht und weil seine Denkweise immerhin eine gewisse Ähnlichkeit mit der Methodik der Psychoanalyse zeigt.«]

Nicht etwa daß die Kunstkenner oder Enthusiasten keine Worte fänden, wenn sie uns ein solches Kunstwerk anpreisen. Sie haben deren genug, sollte ich meinen. Aber vor einer solchen Meisterschöpfung des Künstlers sagt in der Regel jeder etwas anderes und keiner das, was dem schlichten Bewunderer das Rätsel löst. Was uns so mächtig packt, kann nach meiner Auffassung doch nur die Absicht des Künstlers sein, insofern es ihm gelungen ist, sie in dem Werke auszudrücken und von uns erfassen zu lassen. Ich weiß, daß es sich um kein bloß verständnismäßiges Erfassen handeln kann; es soll die Affektlage, die psychische Konstellation, welche beim Künstler die Triebkraft zur Schöpfung abgab, bei uns wieder hervorgerufen werden. Aber warum soll die Absicht des Künstlers nicht angebbar und in Worte zu fassen sein wie irgendeine andere Tatsache des seelischen Lebens? Vielleicht daß dies bei den großen Kunstwerken nicht ohne Anwendung der Analyse gelingen wird. Das Werk selbst muß doch diese Analyse ermöglichen, wenn es der auf uns wirksame Ausdruck der Absichten und Regungen des Künstlers ist. Und um diese Absicht zu erraten, muß ich doch vorerst den *Sinn* und *Inhalt* des im Kunstwerk Dargestellten herausfinden, also es *deuten* können. Es ist also möglich, daß ein solches Kunstwerk der Deutung bedarf und daß ich erst nach Vollziehung derselben erfahren kann, warum ich einem so gewaltigen Eindruck unterlegen bin. Ich hege selbst die Hoffnung, daß dieser Eindruck keine Abschwächung erleiden wird, wenn uns eine solche Analyse geglückt ist.

Nun denke man an den Hamlet, das über dreihundert Jahre alte Meisterstück Shakespeares.[1] Ich verfolge die psychoanalytische Literatur und schließe mich der Behauptung an, daß erst die Psychoanalyse durch die Zurückführung des Stoffes auf das Ödipus-Thema das Rätsel der Wirkung dieser Tragödie gelöst hat. Aber vorher, welche Überfülle von verschiedenen, miteinander unverträglichen Deutungsversuchen, welche Auswahl von Meinungen über den Charakter des Helden und die Absichten des Dichters! Hat Shakespeare unsere Teilnahme für einen Kranken in Anspruch genommen oder für einen unzulänglichen Minderwertigen, oder für

---

1 Vielleicht 1602 zuerst gespielt.

einen Idealisten, der nur zu gut ist für die reale Welt? Und wie viele dieser Deutungen lassen uns so kalt, daß sie für die Erklärung der Wirkung der Dichtung nichts leisten können, und uns eher darauf verweisen, deren Zauber allein auf den Eindruck der Gedanken und den Glanz der Sprache zu begründen! Und doch, sprechen nicht gerade diese Bemühungen dafür, daß ein Bedürfnis verspürt wird, eine weitere Quelle dieser Wirkung aufzufinden?

Ein anderes dieser rätselvollen und großartigen Kunstwerke ist die Marmorstatue des Moses, in der Kirche von S. Pietro in Vincoli zu Rom von Michelangelo aufgestellt, bekanntlich nur ein Teilstück jenes riesigen Grabdenkmals, welches der Künstler für den gewaltigen Papstherrn Julius II. errichten sollte.[1] Ich freue mich jedesmal, wenn ich eine Äußerung über diese Gestalt lese wie: sie sei »die Krone der modernen Skulptur« (Herman Grimm). Denn ich habe von keinem Bildwerk je eine stärkere Wirkung erfahren. Wie oft bin ich die steile Treppe vom unschönen Corso Cavour hinaufgestiegen zu dem einsamen Platz, auf dem die verlassene Kirche steht, habe immer versucht, dem verächtlich-zürnenden Blick des Heros standzuhalten, und manchmal habe ich mich dann behutsam aus dem Halbdunkel des Innenraumes geschlichen, als gehörte ich selbst zu dem Gesindel, auf das sein Auge gerichtet ist, das keine Überzeugung festhalten kann, das nicht warten und nicht vertrauen will und jubelt, wenn es die Illusion des Götzenbildes wieder bekommen hat.

Aber warum nenne ich diese Statue rätselvoll? Es besteht nicht der leiseste Zweifel, daß sie Moses darstellt, den Gesetzgeber der Juden, der die Tafeln mit den heiligen Geboten hält. Soviel ist sicher, aber auch nichts darüber hinaus. Ganz kürzlich erst (1912) hat ein Kunstschriftsteller (Max Sauerlandt) den Ausspruch machen können: »Über kein Kunstwerk der Welt sind so widersprechende Urteile gefällt worden wie über diesen panköpfigen Moses. Schon die einfache Interpretation der Figur bewegt sich in vollkommenen Widersprüchen...« An der Hand einer Zusammenstellung, die nur um fünf Jahre zurückliegt, werde ich darlegen, welche Zweifel sich an

---

1 Nach Henry Thode ist die Statue in den Jahren 1512 bis 1516 ausgeführt worden.

die Auffassung der Figur des Moses knüpfen, und es wird nicht schwer sein zu zeigen, daß hinter ihnen das Wesentliche und Beste zum Verständnis dieses Kunstwerkes verhüllt liegt. [1]

I

Der Moses des Michelangelo ist sitzend dargestellt, den Rumpf nach vorne gerichtet, den Kopf mit dem mächtigen Bart und den Blick nach links gewendet, den rechten Fuß auf dem Boden ruhend, den linken aufgestellt, so daß er nur mit den Zehen den Boden berührt, den rechten Arm mit den Tafeln und einem Teil des Bartes in Beziehung; der linke Arm ist in den Schoß gelegt. Wollte ich eine genauere Beschreibung geben, so müßte ich dem vorgreifen, was ich später vorzubringen habe. Die Beschreibungen der Autoren sind mitunter in merkwürdiger Weise unzutreffend. Was nicht verstanden war, wurde auch ungenau wahrgenommen oder wiedergegeben. H. Grimm sagt, daß die rechte Hand, »unter deren Arme die Gesetzestafeln ruhen, in den Bart greife«. Ebenso W. Lübke: »Erschüttert greift er mit der Rechten in den herrlich herabflutenden Bart...«; Springer: »Die eine (linke) Hand drückt Moses an den Leib, mit der anderen greift er wie unbewußt in den mächtig wallenden Bart.« C. Justi findet, daß die Finger der (rechten) Hand mit dem Bart spielen, »wie der zivilisierte Mensch in der Aufregung mit der Uhrkette«. Das Spielen mit dem Bart hebt auch Müntz hervor. H. Thode spricht von der »ruhig festen Haltung der rechten Hand auf den aufgestemmten Tafeln«. Selbst in der rechten Hand erkennt er nicht ein Spiel der Aufregung, wie Justi und ähnlich Boito wollen. »Die Hand verharrt so, wie sie den Bart greifend, gehalten ward, ehe der Titan den Kopf zur Seite wandte.« Jakob Burkhardt stellt aus, »daß der berühmte linke Arm im Grunde nichts anderes zu tun habe, als diesen Bart an den Leib zu drücken«.

Wenn die Beschreibungen nicht übereinstimmen, werden wir uns über die Verschiedenheit in der Auffassung einzelner Züge der Statue nicht verwundern. Ich meine zwar, wir können den Gesichts-

---

1 Henry Thode: Michelangelo, Kritische Untersuchungen über seine Werke, I. Bd., [Berlin] 1908.

ausdruck des Moses nicht besser charakterisieren als Thode, der eine »Mischung von Zorn, Schmerz und Verachtung« aus ihm las, »den Zorn in den dräuend zusammengezogenen Augenbrauen, den Schmerz in dem Blick der Augen, die Verachtung in der vorgeschobenen Unterlippe und den herabgezogenen Mundwinkeln«. Aber andere Bewunderer müssen mit anderen Augen gesehen haben. So hatte Dupaty geurteilt: *Ce front auguste semble n'être qu'un voile transparent, qui couvre à peine un esprit immense.*[1] Dagegen meint Lübke: »In dem Kopfe würde man vergebens den Ausdruck höherer Intelligenz suchen; nichts als die Fähigkeit eines ungeheuren Zornes, einer alles durchsetzenden Energie spricht sich in der zusammengedrängten Stirne aus.« Noch weiter entfernt sich in der Deutung des Gesichtsausdruckes Guillaume (1876), der keine Erregung darin fand, »nur stolze Einfachheit, beseelte Würde, Energie des Glaubens. Moses' Blick gehe in die Zukunft, er sehe die Dauer seiner Rasse, die Unveränderlichkeit seines Gesetzes voraus«. Ähnlich läßt Müntz »die Blicke Moses' weit über das Menschengeschlecht hinschweifen; sie seien auf die Mysterien gerichtet, die er als Einziger gewahrt hat.« Ja, für Steinmann ist dieser Moses »nicht mehr der starre Gesetzgeber, nicht mehr der fürchterliche Feind der Sünde mit dem Jehovazorn, sondern der königliche Priester, welchen das Alter nicht berühren darf, der segnend und weissagend, den Abglanz der Ewigkeit auf der Stirne, von seinem Volke den letzten Abschied nimmt«.

Es hat noch andere gegeben, denen der Moses des Michelangelo überhaupt nichts sagte und die ehrlich genug waren, es zu äußern. So ein Rezensent in der »Quarterly Review« 1858: *»There is an absence of meaning in the general conception, which precludes the idea of a self-sufficing whole…«* Und man ist erstaunt zu erfahren, daß noch andere nichts an dem Moses zu bewundern fanden, sondern sich auflehnten gegen ihn, die Brutalität der Gestalt anklagten und die Tierähnlichkeit des Kopfes.

Hat der Meister wirklich so undeutliche oder zweideutige Schrift in den Stein geschrieben, daß so verschiedenartige Lesungen möglich wurden?

---

1 [Bei] Thode, l. c., S. 197.

Es erhebt sich aber eine andere Frage, welcher sich die erwähnten Unsicherheiten leicht unterordnen. Hat Michelangelo in diesem Moses ein »zeitloses Charakter- und Stimmungsbild« schaffen wollen oder hat er den Helden in einem bestimmten, dann aber höchst bedeutsamen Moment seines Lebens dargestellt? Eine Mehrzahl von Beurteilern entscheidet sich für das letztere und weiß auch die Szene aus dem Leben Moses' anzugeben, welche der Künstler für die Ewigkeit festgebannt hat. Es handelt sich hier um die Herabkunft vom Sinai, woselbst er die Gesetzestafeln von Gott in Empfang genommen hat, und um die Wahrnehmung, daß die Juden unterdes ein goldenes Kalb gemacht haben, das sie jubelnd umtanzen. Auf dieses Bild ist sein Blick gerichtet, dieser Anblick ruft die Empfindungen hervor, die in seinen Mienen ausgedrückt sind und die gewaltige Gestalt alsbald in die heftigste Aktion versetzen werden. Michelangelo hat den Moment der letzten Zögerung, der Ruhe vor dem Sturm, zur Darstellung gewählt; im nächsten wird Moses aufspringen – der linke Fuß ist schon vom Boden abgehoben – die Tafeln zu Boden schmettern und seinen Grimm über die Abtrünnigen entladen.

In Einzelheiten dieser Deutung weichen auch deren Vertreter voneinander ab.

Jak. Burkhardt: »Moses scheint in dem Momente dargestellt, da er die Verehrung des goldenen Kalbes erblickt und aufspringen will. Es lebt in seiner Gestalt die Vorbereitung zu einer gewaltigen Bewegung, wie man sie von der physischen Macht, mit der er ausgestattet ist, nur mit Zittern erwarten mag.«

W. Lübke: »Als sähen die blitzenden Augen eben den Frevel der Verehrung des goldenen Kalbes, so gewaltsam durchzuckt eine innere Bewegung die ganze Gestalt. Erschüttert greift er mit der Rechten in den herrlich herabflutenden Bart, als wolle er seiner Bewegung noch einen Augenblick Herr bleiben, um dann um so zerschmetternder loszufahren.«

Springer schließt sich dieser Ansicht an, nicht ohne ein Bedenken vorzutragen, welches weiterhin noch unsere Aufmerksamkeit beanspruchen wird: »Durchglüht von Kraft und Eifer kämpft der Held nur mühsam die innere Erregung nieder… Man denkt daher unwillkürlich an eine dramatische Szene und meint, Moses sei in dem Augenblick dargestellt, wie er die Verehrung des goldenen Kalbes erblickt und im Zorn aufspringen will. Diese Vermutung trifft zwar schwerlich die wahre Absicht des Künstlers, da ja Moses, wie die übrigen fünf sitzenden Statuen des Oberbaues [1] vorwiegend dekorativ wirken sollte; sie darf aber als ein glänzendes Zeugnis für die Lebensfülle und das persönliche Wesen der Mosesgestalt gelten.«

Einige Autoren, die sich nicht gerade für die Szene des goldenen Kalbes entscheiden, treffen doch mit dieser Deutung in dem wesentlichen Punkte zusammen, daß dieser Moses im Begriffe sei aufzuspringen und zur Tat überzugehen.

Herman Grimm: »Eine Hoheit erfüllt sie« (diese Gestalt), »ein Selbstbewußtsein, ein Gefühl, als stünden diesem Manne die Donner des Himmels zu Gebote, doch er bezwänge sich, ehe er sie entfesselte, erwartend, ob die Feinde, die er vernichten will, ihn anzugreifen wagten. Er sitzt da, als wollte er eben aufspringen, das Haupt stolz aus den Schultern in die Höhe gereckt, mit der Hand, unter deren Arme die Gesetzestafeln ruhen, in den Bart greifend, der in schweren Strömen auf die Brust sinkt, mit weit atmenden Nüstern und mit einem Munde, auf dessen Lippen die Worte zu zittern scheinen.«

Heath Wilson sagt, Moses' Aufmerksamkeit sei durch etwas erregt, er sei im Begriffe aufzuspringen, doch zögere er noch. Der Blick, in dem Entrüstung und Verachtung gemischt seien, könne sich noch in Mitleid verändern.

Wölfflin spricht von »gehemmter Bewegung«. Der Hemmungsgrund liegt hier im Willen der Person selbst, es ist der letzte Moment des Ansichhaltens vor dem Losbrechen, d. h. vor dem Aufspringen.

Am eingehendsten hat C. Justi die Deutung auf die Wahrnehmung des goldenen Kalbes begründet und sonst nicht beachtete Einzelheiten der Statue in Zusammenhang mit dieser Auffassung gebracht. Er lenkt unseren Blick auf die in der Tat auffällige Stellung der beiden Gesetzestafeln, welche im Begriffe seien, auf den Steinsitz herabzugleiten: »Er« (Moses) »könnte also entweder in der Richtung des

---

1 Vom Grabdenkmal des Papstes nämlich.

Lärmes schauen mit dem Ausdruck böser Ahnungen, oder es wäre der Anblick des Gräuels selbst, der ihn wie ein betäubender Schlag trifft. Durchbebt von Abscheu und Schmerz hat er sich niedergelassen.[1] Er war auf dem Berge vierzig Tage und Nächte geblieben, also ermüdet. Das Ungeheure, ein großes Schicksal, Verbrechen, selbst ein Glück kann zwar in einem Augenblick wahrgenommen, aber nicht gefaßt werden nach Wesen, Tiefe, Folgen. Einen Augenblick scheint ihm sein Werk zerstört, er verzweifelt an diesem Volke. In solchen Augenblicken verrät sich der innere Aufruhr in unwillkürlichen kleinen Bewegungen. Er läßt die beiden Tafeln, die er in der Rechten hielt, auf den Steinsitz herabrutschen, sie sind über Eck zu stehen gekommen, vom Unterarm an die Seite der Brust gedrückt. Die Hand aber fährt an Brust und Bart, bei der Wendung des Halses nach rechts muß sie den Bart nach der linken Seite ziehen und die Symmetrie dieser breiten männlichen Zierde aufheben; es sieht aus, als spielten die Finger mit dem Bart, wie der zivilisierte Mensch in der Aufregung mit der Uhrkette. Die Linke gräbt sich in den Rock am Bauch (im alten Testament sind die Eingeweide Sitz der Affekte). Aber das linke Bein ist bereits zurückgezogen und das rechte vorgesetzt; im nächsten Augenblick wird er auffahren, die psychische Kraft von der Empfindung auf den Willen überspringen, der rechte Arm sich bewegen, die Tafeln werden zu Boden fallen und Ströme Blutes die Schmach des Abfalls sühnen...« »Es ist hier noch nicht der Spannungsmoment der Tat. Noch waltet der Seelenschmerz fast lähmend.«

Ganz ähnlich äußert sich Fritz Knapp; nur daß er die Eingangssituation dem vorhin geäußerten Bedenken entzieht, auch die angedeutete Bewegung der Tafeln konsequenter weiterführt: »Ihn, der soeben noch mit seinem Gotte allein war, lenken irdische Geräusche ab. Er hört Lärm, das Geschrei von gesungenen Tanzreigen weckt ihn aus dem Traume. Das Auge, der Kopf wenden sich hin zu dem

---

1 Es ist zu bemerken, daß die sorgfältige Anordnung des Mantels um die Beine der sitzenden Gestalt dieses erste Stück der Auslegung Justis unhaltbar macht. Man müßte vielmehr annehmen, es sei dargestellt, wie Moses im ruhigen erwartungslosen Dasitzen durch eine plötzliche Wahrnehmung aufgeschreckt werde.

Michelangelo: Mosesstatue

Michelangelo: Mosesstatue – Detail

Geräusch. Schrecken, Zorn, die ganze Furie wilder Leidenschaften durchfahren im Moment die Riesengestalt. Die Gesetzestafeln fangen an herabzugleiten, sie werden zur Erde fallen und zerbrechen, wenn die Gestalt auffährt, um die donnernden Zornesworte in die Massen des abtrünnigen Volkes zu schleudern... Dieser Moment höchster Spannung ist gewählt...« Knapp betont also die Vorbereitung zur Handlung und bestreitet die Darstellung der anfänglichen Hemmung infolge der übergewaltigen Erregung.

Wir werden nicht in Abrede stellen, daß Deutungsversuche wie die letzterwähnten von Justi und Knapp etwas ungemein Ansprechendes haben. Sie verdanken diese Wirkung dem Umstande, daß sie nicht bei dem Gesamteindruck der Gestalt stehenbleiben, sondern einzelne Charaktere derselben würdigen, welche man sonst, von der Allgemeinwirkung überwältigt und gleichsam gelähmt, zu beachten versäumt. Die entschiedene Seitenwendung von Kopf und Augen der im übrigen nach vorne gerichteten Figur stimmt gut zu der Annahme, daß dort etwas erblickt wird, was plötzlich die Aufmerksamkeit des Ruhenden auf sich zieht. Der vom Boden abgehobene Fuß läßt kaum eine andere Deutung zu als die einer Vorbereitung zum Aufspringen[1], und die ganz sonderbare Haltung der Tafeln, die doch etwas Hochheiliges sind und nicht wie ein beliebiges Beiwerk irgendwie im Raum untergebracht werden dürfen, findet ihre gute Aufklärung in der Annahme, sie glitten infolge der Erregung ihres Trägers herab und würden dann zu Boden fallen. So wüßten wir also, daß diese Statue des Moses einen bestimmten bedeutsamen Moment aus dem Leben des Mannes darstellt, und wären auch nicht in Gefahr, diesen Moment zu verkennen.

Allein zwei Bemerkungen von Thode entreißen uns wieder, was wir schon zu besitzen glaubten. Dieser Beobachter sagt, er sehe die Tafeln nicht herabgleiten, sondern »fest verharren«. Er konstatiert »die ruhig feste Haltung der rechten Hand auf den aufgestemmten Tafeln«. Blicken wir selbst hin, so müssen wir Thode ohne Rückhalt recht geben. Die Tafeln sind festgestellt und nicht in Gefahr zu gleiten. Die rechte Hand stützt sie oder stützt sich auf sie. Dadurch ist

---

1 Obwohl der linke Fuß des ruhig sitzenden Giuliano in der Medicikapelle ähnlich abgehoben ist.

ihre Aufstellung zwar nicht erklärt, aber sie wird für die Deutung von Justi und anderen unverwendbar.

Eine zweite Bemerkung trifft noch entscheidender. Thode mahnt daran, daß »diese Statue als eine von sechsen gedacht war und daß sie sitzend dargestellt ist. Beides widerspricht der Annahme, Michelangelo habe einen bestimmten historischen Moment fixieren wollen. Denn, was das erste anbetrifft, so schloß die Aufgabe, nebeneinandersitzende Figuren als Typen menschlichen Wesens (*Vita activa! Vita contemplativa!*) zu geben, die Vorstellung einzelner historischer Vorgänge aus. Und bezüglich des zweiten widerspricht die Darstellung des Sitzens, welche durch die gesamte künstlerische Konzeption des Denkmals bedingt war, dem Charakter jenes Vorganges, nämlich dem Herabsteigen vom Berge Sinai zu dem Lager«.

Machen wir uns dies Bedenken Thodes zu eigen; ich meine, wir werden seine Kraft noch steigern können. Der Moses sollte mit fünf (in einem späteren Entwurf drei) anderen Statuen das Postament des Grabmals zieren. Sein nächstes Gegenstück hätte ein Paulus werden sollen. Zwei der anderen, die Vita activa und contemplativa sind als Lea und Rahel an dem heute vorhandenen, kläglich verkümmerten Monument ausgeführt worden, allerdings stehend. Diese Zugehörigkeit des Moses zu einem Ensemble macht die Annahme unmöglich, daß die Figur in dem Beschauer die Erwartung erwecken solle, sie werde nun gleich von ihrem Sitze aufspringen, etwa davonstürmen und auf eigene Faust Lärm schlagen. Wenn die anderen Figuren nicht gerade auch in der Vorbereitung zu so heftiger Aktion dargestellt waren – was sehr unwahrscheinlich ist –, so würde es den übelsten Eindruck machen, wenn gerade die eine uns die Illusion geben könnte, sie werde ihren Platz und ihre Genossen verlassen, also sich ihrer Aufgabe im Gefüge des Denkmals entziehen. Das ergäbe eine grobe Inkohärenz, die man dem großen Künstler nicht ohne die äußerste Nötigung zumuten dürfte. Eine in solcher Art davonstürmende Figur wäre mit der Stimmung, welche das ganze Grabmonument erwecken soll, aufs äußerste unverträglich.

Also dieser Moses darf nicht aufspringen wollen, er muß in hehrer Ruhe verharren können wie die anderen Figuren, wie das beabsichtigte (dann nicht von Michelangelo ausgeführte) Bild des Papstes selbst. Dann aber kann der Moses, den wir betrachten, nicht die Darstellung des von Zorn erfaßten Mannes sein, der, vom Sinai herabkommend, sein Volk abtrünnig findet und die heiligen Tafeln hinwirft, daß sie zerschmettern. Und wirklich, ich weiß mich an meine Enttäuschung zu erinnern, wenn ich bei früheren Besuchen in S. Pietro in Vincoli mich vor die Statue hinsetzte in der Erwartung, ich werde nun sehen, wie sie auf dem aufgestellten Fuß emporschnellen, wie sie die Tafeln zu Boden schleudern und ihren Zorn entladen werde. Nichts davon geschah; anstatt dessen wurde der Stein immer starrer, eine fast erdrückende heilige Stille ging von ihm aus, und ich mußte fühlen, hier sei etwas dargestellt, was unverändert so bleiben könne, dieser Moses werde ewig so dasitzen und so zürnen.

Wenn wir aber die Deutung der Statue mit dem Moment vor dem losbrechenden Zorn beim Anblick des Götzenbildes aufgeben müssen, so bleibt uns wenig mehr übrig, als eine der Auffassungen anzunehmen, welche in diesem Moses ein Charakterbild erkennen wollen. Am ehesten von Willkür frei und am besten auf die Analyse der Bewegungsmotive der Gestalt gestützt erscheint dann das Urteil von Thode: »Hier, wie immer, ist es ihm [Michelangelo] um die Gestaltung eines Charaktertypus zu tun. Er schafft das Bild eines leidenschaftlichen Führers der Menschheit, der, seiner göttlichen gesetzgebenden Aufgabe bewußt, dem unverständigen Widerstand der Menschen begegnet. Einen solchen Mann der Tat zu kennzeichnen, gab es kein anderes Mittel, als die Energie des Willens zu verdeutlichen, und dies war möglich durch die Veranschaulichung einer die scheinbare Ruhe durchdringenden Bewegung, wie sie in der Wendung des Kopfes, der Anspannung der Muskeln, der Stellung des linken Beines sich äußert. Es sind dieselben Erscheinungen wie bei dem *vir activus* der Medicikapelle Giuliano. Diese allgemeine Charakteristik wird weiter vertieft durch die Hervorhebung des Konfliktes, in welchen ein solcher die Menschheit gestaltender Genius zu der Allgemeinheit tritt: die Affekte des Zornes, der Verachtung, des Schmerzes gelangen zu typischem Ausdruck. Ohne diesen war das Wesen eines solchen Übermenschen nicht zu verdeutlichen. Nicht ein Historienbild, sondern einen Charaktertypus unüberwindlicher Energie, welche die widerstrebende Welt bändigt, hat Michelangelo geschaffen, die in der Bibel gegebenen Züge, die eigenen inneren Erlebnisse, Eindrücke der Persönlichkeit Julius', und wie ich glaube auch solche der Savonarolaschen Kampfestätigkeit gestaltend.«

In die Nähe dieser Ausführungen kann man etwa die Bemerkung von Knackfuß rücken: Das Hauptgeheimnis der Wirkung des Moses liege in dem künstlerischen Gegensatz zwischen dem inneren Feuer und der äußerlichen Ruhe der Haltung.

Ich finde nichts in mir, was sich gegen die Erklärung von Thode sträuben würde, aber ich vermisse irgend etwas. Vielleicht, daß sich ein Bedürfnis äußert nach einer innigeren Beziehung zwischen dem Seelenzustand des Helden und dem in seiner Haltung ausgedrückten Gegensatz von »scheinbarer Ruhe« und »innerer Bewegtheit«.

II

Lange bevor ich etwas von der Psychoanalyse hören konnte, erfuhr ich, daß ein russischer Kunstkenner, Ivan Lermolieff, dessen erste Aufsätze 1874 bis 1876 in deutscher Sprache veröffentlicht wurden, eine Umwälzung in den Galerien Europas hervorgerufen hatte, indem er die Zuteilung vieler Bilder an die einzelnen Maler revidierte, Kopien von Originalen mit Sicherheit unterscheiden lehrte und aus den von ihren früheren Bezeichnungen frei gewordenen Werken neue Künstlerindividualitäten konstruierte. Er brachte dies zustande, indem er vom Gesamteindruck und von den großen Zügen eines Gemäldes absehen hieß und die charakteristische Bedeutung von untergeordneten Details hervorhob, von solchen Kleinigkeiten wie die Bildung der Fingernägel, der Ohrläppchen, des Heiligenscheines und anderer unbeachteter Dinge, die der Kopist nachzuahmen vernachlässigt und die doch jeder Künstler in einer ihn kennzeichnenden Weise ausführt. Es hat mich dann sehr interessiert zu erfahren, daß sich hinter dem russischen Pseudonym ein italienischer Arzt, namens Morelli, verborgen hatte. Er ist 1891 als Senator des Königreiches Italien gestorben. Ich glaube, sein Verfahren ist mit der Technik der ärztlichen Psychoanalyse nahe verwandt. Auch diese ist gewöhnt, aus geringgeschätzten oder nicht beachteten Zügen, aus dem Abhub – dem »*refuse*« – der Beobachtung, Geheimes und Verborgenes zu erraten.

An zwei Stellen der Mosesfigur finden sich nun Details, die bisher nicht beachtet, ja eigentlich noch nicht richtig beschrieben worden sind. Sie betreffen die Haltung der rechten Hand und die Stellung der beiden Tafeln. Man darf sagen, daß diese Hand in sehr eigentümlicher, gezwungener, Erklärung heischender Weise zwischen den Tafeln und dem – Bart des zürnenden Helden vermittelt. Es ist gesagt worden, daß sie mit den Fingern im Barte wühlt, mit den Strängen desselben spielt, während sie sich mit dem Kleinfingerrand auf die Tafeln stützt. Aber dies trifft offenbar nicht zu. Es verlohnt sich, sorgfältiger ins Auge zu fassen, was die Finger dieser rechten Hand tun, und den mächtigen Bart, zu dem sie in Beziehung treten, genau zu beschreiben. [1]

Man sieht dann mit aller Deutlichkeit: Der Daumen dieser Hand ist versteckt, der Zeigefinger, und dieser allein, ist mit dem Bart in wirksamer Berührung. Er drückt sich so tief in die weichen Haarmassen ein, daß sie ober und unter ihm (kopfwärts und bauchwärts vom drückenden Finger) über sein Niveau hervorquellen. Die anderen drei Finger stemmen sich, in den kleinen Gelenken gebeugt, an die Brustwand, sie werden von der äußersten rechten Flechte des Bartes, die über sie hinwegsetzt, bloß gestreift. Sie haben sich dem Barte sozusagen entzogen. Man kann also nicht sagen, die rechte Hand spiele mit dem Bart oder wühle in ihm; nichts anderes ist richtig, als daß der eine Zeigefinger über einen Teil des Bartes gelegt ist und eine tiefe Rinne in ihm hervorruft. Mit einem Finger auf seinen Bart drücken, ist gewiß eine sonderbare und schwer verständliche Geste.

Der viel bewunderte Bart des Moses läuft von Wangen, Oberlippe und Kinn in einer Anzahl von Strängen herab, die man noch in ihrem Verlauf voneinander unterscheiden kann. Einer der äußersten rechten Haarsträhne [2], der von der Wange ausgeht, läuft auf den oberen Rand des lastenden Zeigefingers zu, von dem er aufgehalten wird. Wir können annehmen, er gleitet zwischen diesem und dem

---

1 Siehe die Beilage.
2 [Vielleicht versehentlich für: Haarsträngse.]

verdeckten Daumen weiter herab. Der ihm entsprechende Strang der linken Seite fließt fast ohne Ablenkung bis weit auf die Brust herab. Die dicke Haarmasse nach innen von diesem letzteren Strang, von ihm bis zur Mittellinie reichend, hat das auffälligste Schicksal erfahren. Sie kann der Wendung des Kopfes nach links nicht folgen, sie ist genötigt, einen sich weich aufrollenden Bogen, ein Stück einer Girlande, zu bilden, welche die inneren rechten Haarmassen über-kreuzt. Sie wird nämlich von dem Druck des rechten Zeigefingers festgehalten, obwohl sie links von der Mittellinie entsprungen ist und eigentlich den Hauptanteil der linken Barthälfte darstellt. Der Bart erscheint so in seiner Hauptmasse nach rechts geworfen, ob-wohl der Kopf scharf nach links gewendet ist. An der Stelle, wo der rechte Zeigefinger sich eindrückt, hat sich etwas wie ein Wirbel von Haaren gebildet; hier liegen Stränge von links über solchen von rechts, beide durch den gewalttätigen Finger komprimiert. Erst jen-seits von dieser Stelle brechen die von ihrer Richtung abgelenkten Haarmassen frei hervor, um nun senkrecht herabzulaufen, bis ihre Enden von der im Schoß ruhenden, geöffneten linken Hand aufge-nommen werden.

Ich gebe mich keiner Täuschung über die Einsichtlichkeit meiner Beschreibung hin und getraue mich keines Urteils darüber, ob uns der Künstler die Auflösung jenes Knotens im Bart wirklich leichtge-macht hat. Aber über diesen Zweifel hinweg bleibt die Tatsache be-stehen, daß der Druck des Zeigefingers der *rechten* Hand haupt-sächlich Haarsträhne der *linken* Barthälfte betrifft und daß durch diese übergreifende Einwirkung der Bart zurückgehalten wird, die Wendung des Kopfes und Blickes nach der linken Seite mitzuma-chen. Nun darf man fragen, was diese Anordnung bedeuten soll und welchen Motiven sie ihr Dasein verdankt. Wenn es wirklich Rück-sichten der Linienführung und Raumausfüllung waren, die den Künstler dazu bewogen haben, die herabwallende Bartmasse des nach links schauenden Moses nach rechts herüber zu streichen, wie sonderbar ungeeignet erscheint als Mittel hiefür der Druck des einen Fingers? Und wer, der aus irgendeinem Grund seinen Bart auf die andere Seite gedrängt hat, würde dann darauf verfallen, durch den Druck eines Fingers die eine Barthälfte über der anderen zu fixie-ren? Vielleicht aber bedeuten diese im Grunde geringfügigen Züge nichts, und wir zerbrechen uns den Kopf über Dinge, die dem Künstler gleichgültig waren?

Setzen wir unter der Voraussetzung fort, daß auch diese Details eine Bedeutung haben. Es gibt dann eine Lösung, welche die Schwierigkeiten aufhebt und uns einen neuen Sinn ahnen läßt. Wenn an der Figur des Moses die *linken* Bartstränge unter dem Druck des *rechten* Zeigefingers liegen, so läßt sich dies vielleicht als der Rest einer Beziehung zwischen der rechten Hand und der linken Barthälfte verstehen, welche in einem früheren Momente als dem dargestellten eine weit innigere war. Die rechte Hand hatte vielleicht den Bart weit energischer angefaßt, war bis zum linken Rand desselben vorgedrungen, und als sie sich in die Haltung zurückzog, welche wir jetzt an der Statue sehen, folgte ihr ein Teil des Bartes nach und legt nun Zeugnis ab von der Bewegung, die hier abgelaufen ist. Die Bartgirlande wäre die Spur des von dieser Hand zurückgelegten Weges.

So hätten wir also eine Rückbewegung der rechten Hand erschlossen. Die eine Annahme nötigt uns andere wie unvermeidlich auf. Unsere Phantasie vervollständigt den Vorgang, von dem die durch die Bartspur bezeugte Bewegung ein Stück ist, und führt uns zwanglos zur Auffassung zurück, welche den ruhenden Moses durch den Lärm des Volkes und den Anblick des goldenen Kalbes aufschrekken läßt. Er saß ruhig da, den Kopf mit dem herabwallenden Bart nach vorne gerichtet, die Hand hatte wahrscheinlich nichts mit dem Barte zu tun. Da schlägt das Geräusch an sein Ohr, er wendet Kopf und Blick nach der Richtung, aus der die Störung kommt, erschaut die Szene und versteht sie. Nun packen ihn Zorn und Empörung, er möchte aufspringen, die Frevler bestrafen, vernichten. Die Wut, die sich von ihrem Objekt noch entfernt weiß, richtet sich unterdes als Geste gegen den eigenen Leib. Die ungeduldige, zur Tat bereite Hand greift nach vorne in den Bart, welcher der Wendung des Kopfes gefolgt war, preßt ihn mit eisernem Griffe zwischen Daumen und Handfläche mit den zusammenschließenden Fingern, eine Gebärde von einer Kraft und Heftigkeit, die an andere Darstellungen Michelangelos erinnern mag. Dann aber tritt, wir wissen noch nicht wie und warum, eine Änderung ein, die vorgestreckte, in den Bart versenkte Hand wird eilig zurückgezogen, ihr Griff gibt den Bart frei, die Finger lösen sich von ihm, aber so tief waren sie in ihn eingegraben, daß sie bei ihrem Rückzug einen mächtigen Strang von der linken Seite nach rechts herüberziehen, wo er unter dem Druck des einen, längsten und obersten Fingers die rechten Bartflechten überlagern muß. Und diese neue Stellung, die nur durch die Ableitung aus der ihr vorhergehenden verständlich ist, wird jetzt festgehalten.

Es ist Zeit, uns zu besinnen. Wir haben angenommen, daß die rechte Hand zuerst außerhalb des Bartes war, daß sie sich dann in einem Moment hoher Affektspannung nach links herüberstreckte, um den Bart zu packen, und daß sie endlich wieder zurückfuhr, wobei sie einen Teil des Bartes mitnahm. Wir haben mit dieser rechten Hand geschaltet, als ob wir frei über sie verfügen dürften. Aber dürfen wir dies? Ist diese Hand denn frei? Hat sie nicht die heiligen Tafeln zu halten oder zu tragen, sind ihr solche mimische Exkursionen nicht durch ihre wichtige Aufgabe untersagt? Und weiter, was soll sie zu der Rückbewegung veranlassen, wenn sie einem starken Motiv gefolgt war, um ihre anfängliche Lage zu verlassen?

Das sind nun wirklich neue Schwierigkeiten. Allerdings gehört die rechte Hand zu den Tafeln. Wir können hier auch nicht in Abrede stellen, daß uns ein Motiv fehlt, welches die rechte Hand zu dem erschlossenen Rückzug veranlassen könnte. Aber wie wäre es, wenn sich beide Schwierigkeiten miteinander lösen ließen und erst dann einen ohne Lücke verständlichen Vorgang ergeben würden? Wenn gerade etwas, was an den Tafeln geschieht, uns die Bewegungen der Hand aufklärte?

An diesen Tafeln ist einiges zu bemerken, was bisher der Beobachtung nicht wert gefunden wurde.[1] Man sagte: Die Hand stützt sich auf die Tafeln oder: die Hand stützt die Tafeln. Man sieht auch ohneweiters die beiden rechteckigen, aneinandergelegten Tafeln auf der Kante stehen. Schaut man näher zu, so findet man, daß der untere Rand der Tafeln anders gebildet ist als der obere, schräg nach vorne geneigte. Dieser obere ist geradlinig begrenzt, der untere aber zeigt in seinem vordern Anteil einen Vorsprung wie ein Horn, und gerade mit diesem Vorsprung berühren die Tafeln den Steinsitz.

---

1 Siehe das Detail Figur D [S. 74].

Was kann die Bedeutung dieses Details sein, welches übrigens an einem großen Gipsabguß in der Sammlung der Wiener Akademie der bildenden Künste ganz unrichtig wiedergegeben ist? Es ist kaum zweifelhaft, daß dieses Horn den der Schrift nach oberen Rand der Tafeln auszeichnen soll. Nur der obere Rand solcher rechteckigen Tafeln pflegt abgerundet oder ausgeschweift zu sein. Die Tafeln stehen also hier auf dem Kopf. Das ist nun eine sonderbare Behandlung so heiliger Gegenstände. Sie sind auf den Kopf gestellt und werden fast auf einer Spitze balanciert. Welches formale Moment kann bei dieser Gestaltung mitwirken? Oder soll auch dieses Detail dem Künstler gleichgültig gewesen sein?

Da stellt sich nun die Auffassung ein, daß auch die Tafeln durch eine abgelaufene Bewegung in diese Position gekommen sind, daß diese Bewegung abhängig war von der erschlossenen Ortsveränderung der rechten Hand und daß sie dann ihrerseits diese Hand zu ihrer späteren Rückbewegung gezwungen hat. Die Vorgänge an der Hand und die an den Tafeln setzen sich zu folgender Einheit zusammen: Anfänglich, als die Gestalt in Ruhe dasaß, trug sie die Tafeln aufrecht unter dem rechten Arm. Die rechte Hand faßte deren untere Ränder und fand dabei eine Stütze an dem nach vorn gerichteten Vorsprung. Diese Erleichterung des Tragens erklärt ohneweiters, warum die Tafeln umgekehrt gehalten waren. Dann kam der Moment, in dem die Ruhe durch das Geräusch gestört wurde. Moses wendete den Kopf hin, und als er die Szene erschaut hatte, machte sich der Fuß zum Aufspringen bereit, die Hand ließ ihren Griff an den Tafeln los und fuhr nach links und oben in den Bart, wie um ihr Ungestüm am eigenen Leibe zu betätigen. Die Tafeln waren nun dem Druck des Armes anvertraut, der sie an die Brustwand pressen sollte. Aber diese Fixierung reichte nicht aus, sie begannen nach vorn und unten zu gleiten, der früher horizontal gehaltene obere Rand richtete sich nach vorn und abwärts, der seiner Stütze beraubte untere Rand näherte sich mit seiner vorderen Spitze dem Steinsitz. Einen Augenblick weiter, und die Tafeln hätten sich um den neu gefundenen Stützpunkt drehen müssen, mit dem früher oberen Rande zuerst den Boden erreichen und an ihm zerschellen. *Um dies zu verhüten*, fährt die rechte Hand zurück und entläßt den Bart, von dem ein Teil ohne Absicht mitgezogen wird, erreicht noch

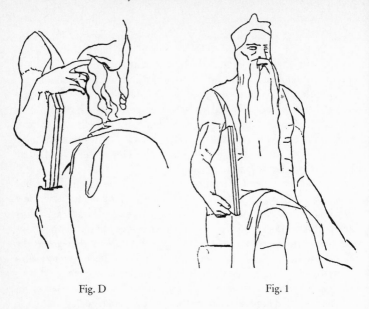

Fig. D   Fig. 1

den Rand der Tafeln und stützt sie nahe ihrer hinteren, jetzt zur
obersten gewordenen Ecke. So leitet sich das sonderbar gezwungen
scheinende Ensemble von Bart, Hand und auf die Spitze gestelltem
Tafelpaar aus der einen leidenschaftlichen Bewegung der Hand und
deren gut begründeten Folgen ab. Will man die Spuren des abgelaufenen Bewegungssturmes rückgängig machen, so muß man die
vordere obere Ecke der Tafeln heben und in die Bildebene zurück-
schieben, damit die vordere untere Ecke (mit dem Vorsprung) vom
Steinsitz entfernen, die Hand senken und sie unter den nun horizontal stehenden unteren Tafelrand führen.
Ich habe mir von Künstlerhand drei Zeichnungen machen lassen,
welche meine Beschreibung verdeutlichen sollen. Die dritte derselben gibt die Statue wieder, wie wir sie sehen; die beiden anderen
stellen die Vorstadien dar, welche meine Deutung postuliert, die
erste das der Ruhe, die zweite das der höchsten Spannung, der Bereitschaft zum Aufspringen, der Abwendung der Hand von den
Tafeln und des beginnenden Herabgleitens derselben. Es ist nun

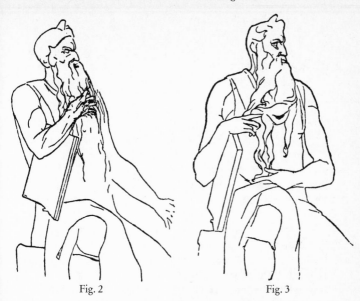

Fig. 2   Fig. 3

bemerkenswert, wie die beiden von meinem Zeichner ergänzten Darstellungen die unzutreffenden Beschreibungen früherer Autoren zu
Ehren bringen. Ein Zeitgenosse Michelangelos, Condivi, sagte:
»Moses, der Herzog und Kapitän der Hebräer, sitzt in der Stellung
eines sinnenden Weisen, *hält unter dem rechten Arm die Gesetzestafeln* und stützt mit der linken Hand das Kinn (!), wie einer, der
müde und voll von Sorgen.« Das ist nun an der Statue Michelangelos
nicht zu sehen, aber es deckt sich fast mit der Annahme, welche der
ersten Zeichnung zugrunde liegt. W. Lübke hatte wie andere Beobachter geschrieben: »Erschüttert greift er mit der Rechten in den
herrlich herabflutenden Bart...« Das ist nun unrichtig, wenn man es
auf die Abbildung der Statue bezieht, trifft aber für unsere zweite
Zeichnung zu. Justi und Knapp haben, wie erwähnt, gesehen, daß
die Tafeln im Herabgleiten sind und in der Gefahr schweben zu
zerbrechen. Sie mußten sich von Thode berichtigen lassen, daß die
Tafeln durch die rechte Hand sicher fixiert seien, aber sie hätten
recht, wenn sie nicht die Statue, sondern unser mittleres Stadium

beschreiben würden. Man könnte fast meinen, diese Autoren hätten sich von dem Gesichtsbild der Statue frei gemacht und hätten unwissentlich eine Analyse der Bewegungsmotive derselben begonnen, durch welche sie zu denselben Anforderungen geführt wurden, wie wir sie bewußter und ausdrücklicher aufgestellt haben.

III

Wenn ich nicht irre, wird es uns jetzt gestattet sein, die Früchte unserer Bemühung zu ernten. Wir haben gehört, wie vielen, die unter dem Eindruck der Statue standen, sich die Deutung aufgedrängt hat, sie stelle Moses dar unter der Einwirkung des Anblicks, daß sein Volk abgefallen sei und um ein Götzenbild tanze. Aber diese Deutung mußte aufgegeben werden, denn sie fand ihre Fortsetzung in der Erwartung, er werde im nächsten Moment aufspringen, die Tafeln zertrümmern und das Werk der Rache vollbringen. Dies widersprach aber der Bestimmung der Statue als Teilstück des Grabdenkmals Julius II. neben drei oder fünf anderen sitzenden Figuren. Wir dürfen nun diese verlassene Deutung wiederaufnehmen, denn unser Moses wird nicht aufspringen und die Tafeln nicht von sich schleudern. Was wir an ihm sehen, ist nicht die Einleitung zu einer gewaltsamen Aktion, sondern der Rest einer abgelaufenen Bewegung. Er wollte es in einem Anfall von Zorn, aufspringen, Rache nehmen, an die Tafeln vergessen, aber er hat die Versuchung überwunden, er wird jetzt so sitzen bleiben in gebändigter Wut, in mit Verachtung gemischtem Schmerz. Er wird auch die Tafeln nicht wegwerfen, daß sie am Stein zerschellen, denn gerade ihretwegen hat er seinen Zorn bezwungen, zu ihrer Rettung seine Leidenschaft beherrscht. Als er sich seiner leidenschaftlichen Empörung überließ, mußte er die Tafeln vernachlässigen, die Hand, die sie trug, von ihnen abziehen. Da begannen sie herabzugleiten, gerieten in Gefahr zu zerbrechen. Das mahnte ihn. Er gedachte seiner Mission und verzichtete für sie auf die Befriedigung seines Affekts. Seine Hand fuhr zurück und rettete die sinkenden Tafeln, noch ehe sie fallen konnten. In dieser Stellung blieb er verharrend, und so hat ihn Michelangelo als Wächter des Grabmals dargestellt.

Eine dreifache Schichtung drückt sich in seiner Figur in vertikaler

Richtung aus. In den Mienen des Gesichts spiegeln sich die Affekte, welche die herrschenden geworden sind, in der Mitte der Figur sind die Zeichen der unterdrückten Bewegung sichtbar, der Fuß zeigt noch die Stellung der beabsichtigten Aktion, als wäre die Beherrschung von oben nach unten vorgeschritten. Der linke Arm, von dem noch nicht die Rede war, scheint seinen Anteil an unserer Deutung zu fordern. Seine Hand ist mit weicher Gebärde in den Schoß gelegt und umfängt wie liebkosend die letzten Enden des herabfallenden Bartes. Es macht den Eindruck, als wollte sie die Gewaltsamkeit aufheben, mit der einen Moment vorher die andere Hand den Bart mißhandelt hatte.

Nun wird man uns aber entgegenhalten: Das ist also doch nicht der Moses der Bibel, der wirklich in Zorn geriet und die Tafeln hinwarf, daß sie zerbrachen. Das wäre ein ganz anderer Moses von der Empfindung des Künstlers, der sich dabei herausgenommen hätte, den heiligen Text zu emendieren und den Charakter des göttlichen Mannes zu verfälschen. Dürfen wir Michelangelo diese Freiheit zumuten, die vielleicht nicht weit von einem Frevel am Heiligen liegt?

Die Stelle der Heiligen Schrift, in welcher das Benehmen Moses' bei der Szene des goldenen Kalbes berichtet wird, lautet folgendermaßen (ich bitte um Verzeihung, daß ich mich in anachronistischer Weise der Übersetzung Luthers bediene):

(II. B. Kap. 32.) »7) Der Herr sprach aber zu Mose: Geh', steig hinab; denn dein Volk, das du aus Ägyptenland geführt hast, hat's verderbt. 8) Sie sind schnell von dem Wege getreten, den ich ihnen geboten habe. Sie haben sich ein gegossen Kalb gemacht, und haben's angebetet, und ihm geopfert, und gesagt: Das sind deine Götter, Israel, die dich aus Ägyptenland geführt haben. 9) Und der Herr sprach zu Mose: Ich sehe, daß es ein halsstarrig Volk ist. 10) Und nun laß mich, daß mein Zorn über sie ergrimme, und sie vertilge; so will ich dich zum großen Volk machen. 11) Mose aber flehte vor dem Herrn, seinem Gott und sprach: Ach, Herr, warum will dein Zorn ergrimmen über dein Volk, das du mit großer Kraft und starker Hand hast aus Ägyptenland geführt?...

...14) Also gereuete den Herrn das Übel, das er dräuete seinem Volk zu tun. 15) Moses wandte sich, und stieg vom Berge, und hatte zwo Tafeln des Zeugnisses in seiner Hand, die waren geschrieben auf beiden Seiten. 16) Und Gott hatte sie selbst gemacht, und selber die Schrift drein gegraben. 17) Da nun Josua hörte des Volkes Geschrei, daß sie jauchzeten, sprach er zu Mose: Es ist ein Geschrei im Lager wie im Streit. 18) Er antwortete: Es ist nicht ein Geschrei gegeneinander derer die obsiegen und unterliegen, sondern ich höre ein Geschrei eines Siegestanzes. 19) Als er aber nahe zum Lager kam, und das Kalb und den Reigen sah, ergrimmte er mit Zorn, und warf die Tafeln aus seiner Hand, und zerbrach sie unten am Berge; 20) und nahm das Kalb, das sie gemacht hatten, und zerschmelzte es mit Feuer, und zermalmte es mit Pulver, und stäubte es aufs Wasser, und gab's den Kindern Israels zu trinken;...

...30) Des Morgens sprach Mose zum Volk: Ihr habt eine große Sünde getan; nun will ich hinaufsteigen zu dem Herrn, ob ich vielleicht eure Sünde versöhnen möge. 31) Als nun Mose wieder zum Herrn kam, sprach er: Ach, das Volk hat eine große Sünde getan, und haben sich güldene Götter gemacht. 32) Nun vergib ihnen ihre Sünde; wo nicht, so tilge mich auch aus deinem Buch, das du geschrieben hast. 33) Der Herr sprach zu Mose: Was? Ich will den aus meinem Buch tilgen, der an mir sündiget. 34) So gehe nun hin und führe das Volk, dahin ich dir gesagt habe. Siehe, mein Engel soll vor dir hergehen. Ich werde ihre Sünde wohl heimsuchen, wenn meine Zeit kommt heimzusuchen. 35) Also strafte der Herr das Volk, daß sie das Kalb hatten gemacht, welches Aaron gemacht hatte.«

Unter dem Einfluß der modernen Bibelkritik wird es uns unmöglich, diese Stelle zu lesen, ohne in ihr die Anzeichen ungeschickter Zusammensetzung aus mehreren Quellberichten zu finden. In Vers 8 teilt der Herr selbst Moses mit, daß das Volk abgefallen sei und sich ein Götzenbild gemacht habe. Moses bittet für die Sünder. Doch benimmt er sich in Vers 18 gegen Josua, als wüßte er es nicht, und wallt im plötzlichen Zorn auf (Vers 19), wie er die Szene des Götzendienstes erblickt. In Vers 14 hat er die Verzeihung Gottes für sein sündiges Volk bereits erlangt, doch begibt er sich Vers 31 ff. wieder auf den Berg, um diese Verzeihung zu erflehen, berichtet dem Herrn von dem Abfall des Volkes und erhält die Versicherung des Strafaufschubes. Vers 35 bezieht sich auf eine Bestrafung des Volkes durch Gott, von der nichts mitgeteilt wird, während in den Versen zwischen 20 und 30 das Strafgericht, das Moses selbst

vollzogen hat, geschildert wurde. Es ist bekannt, daß die historischen Partien des Buches, welches vom Auszug handelt, von
noch auffälligeren Inkongruenzen und Widersprüchen durchsetzt
sind.

Für die Menschen der Renaissance gab es solche kritische Einstellung zum Bibeltexte natürlich nicht, sie mußten den Bericht als
einen zusammenhängenden auffassen und fanden dann wohl, daß
er der darstellenden Kunst keine gute Anknüpfung bot. Der Moses der Bibelstelle war von dem Götzendienst des Volkes bereits
unterrichtet worden, hatte sich auf die Seite der Milde und Verzeihung gestellt und erlag dann doch einem plötzlichen Wutanfall, als
er des goldenen Kalbes und der tanzenden Menge ansichtig wurde.
Es wäre also nicht zu verwundern, wenn der Künstler, der die Reaktion des Helden auf diese schmerzliche Überraschung darstellen
wollte, sich aus inneren Motiven von dem Bibeltext unabhängig
gemacht hätte. Auch war solche Abweichung vom Wortlaut der
Heiligen Schrift aus geringeren Motiven keineswegs ungewöhnlich oder dem Künstler versagt. Ein berühmtes Gemälde des Par-
migianino in seiner Vaterstadt zeigt uns den Moses, wie er auf der
Höhe eines Berges sitzend die Tafeln zu Boden schleudert, obwohl der Bibelvers ausdrücklich besagt: er zerbrach sie am Fuße
des Berges. Schon die Darstellung eines sitzenden Moses findet
keinen Anhalt am Bibeltext und scheint eher jenen Beurteilern
recht zu geben, welche annahmen, daß die Statue Michelangelos
kein bestimmtes Moment aus dem Leben des Helden festzuhalten
beabsichtige.

Wichtiger als die Untreue gegen den heiligen Text ist wohl die Umwandlung, die Michelangelo nach unserer Deutung mit dem Charakter des Moses vorgenommen hat. Der Mann Moses war nach den
Zeugnissen der Tradition jähzornig und Aufwallungen von Leidenschaft unterworfen. In einem solchen Anfalle von heiligem Zorne
hatte er den Ägypter erschlagen, der einen Israeliten mißhandelte,
und mußte deshalb aus dem Lande in die Wüste fliehen. In einem
ähnlichen Affektausbruch zerschmetterte er die beiden Tafeln, die
Gott selbst beschrieben hatte. Wenn die Tradition solche Charakterzüge berichtet, ist sie wohl tendenzlos und hat den Eindruck
einer großen Persönlichkeit, die einmal gelebt hat, erhalten. Aber

Michelangelo hat an das Grabdenkmal des Papstes einen anderen Moses hingesetzt, welcher dem historischen oder traditionellen Moses überlegen ist. Er hat das Motiv der zerbrochenen Gesetzestafeln umgearbeitet, er läßt sie nicht durch den Zorn Moses' zerbrechen, sondern diesen Zorn durch die Drohung, daß sie zerbrechen könnten, beschwichtigen oder wenigstens auf dem Wege zur Handlung hemmen. Damit hat er etwas Neues, Übermenschliches in die Figur des Moses gelegt, und die gewaltige Körpermasse und kraftstrotzende Muskulatur der Gestalt wird nur zum leiblichen Ausdrucksmittel für die höchste psychische Leistung, die einem Menschen möglich ist, für das Niederringen der eigenen Leidenschaft zugunsten und im Auftrage einer Bestimmung, der man sich geweiht hat.

Hier darf die Deutung der Statue Michelangelos ihr Ende erreichen. Man kann noch die Frage aufwerfen, welche Motive in dem Künstler tätig waren, als er den Moses, und zwar einen so umgewandelten Moses, für das Grabdenkmal des Papstes Julius II. bestimmte. Von vielen Seiten wurde übereinstimmend darauf hingewiesen, daß diese Motive in dem Charakter des Papstes und im Verhältnis des Künstlers zu ihm zu suchen seien. Julius II. war Michelangelo darin verwandt, daß er Großes und Gewaltiges zu verwirklichen suchte, vor allem das Große der Dimension. Er war ein Mann der Tat, sein Ziel war angebbar, er strebte nach der Einigung Italiens unter der Herrschaft des Papsttums. Was erst mehrere Jahrhunderte später einem Zusammenwirken von anderen Mächten gelingen sollte, das wollte er allein erreichen, ein einzelner in der kurzen Spanne Zeit und Herrschaft, die im gegönnt war, ungeduldig mit gewalttätigen Mitteln. Er wußte Michelangelo als seinesgleichen zu schätzen, aber er ließ ihn oft leiden unter seinem Jähzorn und seiner Rücksichtslosigkeit. Der Künstler war sich der gleichen Heftigkeit des Strebens bewußt und mag als tiefer blickender Grübler die Erfolglosigkeit geahnt haben, zu der sie beide verurteilt waren. So brachte er seinen Moses an dem Denkmal des Papstes an, nicht ohne Vorwurf gegen den Verstorbenen, zur Mahnung für sich selbst, sich mit dieser Kritik über die eigene Natur erhebend.

Mosesstatuette, Nicholas von Verdun zugeschrieben

IV

Im Jahre 1863 hat ein Engländer W. Watkiss Lloyd dem Moses von Michelangelo ein kleines Büchlein gewidmet.[1] Als es mir gelang, dieser Schrift von 46 Seiten habhaft zu werden, nahm ich ihren Inhalt mit gemischten Empfindungen zur Kenntnis. Es war eine Gelegenheit, wieder an der eigenen Person zu erfahren, was für unwürdige infantile Motive zu unserer Arbeit im Dienste einer großen Sache beizutragen pflegen. Ich bedauerte, daß Lloyd so vieles vorweggenommen hatte, was mir als Ergebnis meiner eigenen Bemühung wertvoll war, und erst in zweiter Instanz konnte ich mich über die unerwartete Bestätigung freuen. An einem entscheidenden Punkte trennen sich allerdings unsere Wege.

Lloyd hat zuerst bemerkt, daß die gewöhnlichen Beschreibungen der Figur unrichtig sind, daß Moses nicht im Begriffe ist aufzustehen[2], daß die rechte Hand nicht in den Bart greift, daß nur deren Zeigefinger noch auf dem Barte ruht.[3] Er hat auch, was weit mehr besagen will, eingesehen, daß die dargestellte Haltung der Gestalt nur durch die Rückbeziehung auf einen früheren, nicht dargestellten, Moment aufgeklärt werden kann und daß das Herüberziehen der linken Bartstränge nach rechts andeuten solle, die rechte Hand und die linke Hälfte des Bartes seien vorher in inniger, natürlich vermittelter Beziehung gewesen. Aber er schlägt einen anderen Weg ein, um diese mit Notwendigkeit erschlossene Nachbarschaft wiederherzustellen, er läßt nicht die Hand in den Bart gefahren, sondern den Bart bei der Hand gewesen sein. Er erklärt, man müsse sich vorstellen, »der Kopf der Statue sei einen Moment vor der plötzlichen Störung voll nach rechts gewendet gewesen über der Hand,

---

1 W. Watkiss Lloyd, The Moses of Michael Angelo. London, Williams and Norgate, 1863.

2 *But he is not rising or preparing to rise; the bust is fully upright, not thrown forward for the alteration of balance preparatory for such a movement...* (S. 10).

3 *Such a description is altogether erroneous; the fillets of the beard are detained by the right hand, but they are not held, nor grasped, enclosed or taken hold of. They are even detained but momentarily – momentarily engaged, they are on the point of being free for disengagement* (S. 11).

welche damals wie jetzt die Gesetztafeln hält«. Der Druck auf die
Hohlhand (durch die Tafeln) läßt deren Finger sich natürlich unter
den herabwallenden Locken öffnen, und die plötzliche Wendung
des Kopfes nach der anderen Seite hat zur Folge, daß ein Teil der
Haarsträhne für einen Augenblick von der nicht bewegten Hand
zurückgehalten wird und jene Haargirlande bildet, die als Wegspur
(*»wake«*) verstanden werden soll.

Von der anderen Möglichkeit einer früheren Annäherung von rech-
ter Hand und linker Barthälfte läßt sich Lloyd durch eine Erwägung
zurückhalten, welche beweist, wie nahe er an unserer Deutung vor-
beigegangen ist. Es sei nicht möglich, daß der Prophet, selbst nicht
in höchster Erregung, die Hand vorgestreckt haben könne, um seinen Bart so beiseitezuziehen. In dem Falle wäre die Haltung der
Finger eine ganz andere geworden, und überdies hätten infolge dieser Bewegung die Tafeln herabfallen müssen, welche nur vom
Druck der rechten Hand gehalten werden, es sei denn, man mute der
Gestalt, um die Tafeln auch dann noch zu erhalten, eine sehr unge-
schickte Bewegung zu, deren Vorstellung eigentlich eine Entwürdi-
gung enthalte. (*»Unless clutched by a gesture so awkward, that to
imagine it is profanation.«*)

Es ist leicht zu sehen, worin die Versäumnis des Autors liegt. Er hat
die Auffälligkeiten des Bartes richtig als Anzeichen einer abgelaufenen Bewegung gedeutet, es aber dann unterlassen, denselben Schluß
auf die nicht weniger gezwungenen Einzelheiten in der Stellung der
Tafeln anzuwenden. Er verwertet nur die Anzeichen vom Bart,
nicht auch die von den Tafeln, deren Stellung er als die ursprüngliche hinnimmt. So verlegt er sich den Weg zu einer Auffassung wie
die unsrige, welche durch die Wertung gewisser unscheinbarer Details zu einer überraschenden Deutung der ganzen Figur und ihrer
Absichten gelangt.

Wie nun aber, wenn wir uns beide auf einem Irrwege befänden?
Wenn wir Einzelheiten schwer und bedeutungsvoll aufnehmen
würden, die dem Künstler gleichgültig waren, die er rein willkürlich
oder auf gewisse formale Anlässe hin nur eben so gestaltet hätte, wie
sie sind, ohne etwas Geheimes in sie hineinzulegen? Wenn wir dem
Los so vieler Interpreten verfallen wären, die deutlich zu sehen glauben, was der Künstler weder bewußt noch unbewußt schaffen ge-

wollt hat? Darüber kann ich nicht entscheiden. Ich weiß nicht zu sagen, ob es angeht, einem Künstler wie Michelangelo, in dessen Werken soviel Gedankeninhalt nach Ausdruck ringt, eine solche naive Unbestimmtheit zuzutrauen, und ob dies gerade für die auffälligen und sonderbaren Züge der Mosesstatue annehmbar ist. Endlich darf man noch in aller Schüchternheit hinzufügen, daß sich in die Verschuldung dieser Unsicherheit der Künstler mit dem Interpreten zu teilen habe. Michelangelo ist oft genug in seinen Schöpfungen bis an die äußerste Grenze dessen, was die Kunst ausdrücken kann, gegangen; vielleicht ist es ihm auch beim Moses nicht völlig geglückt, wenn es seine Absicht war, den Sturm heftiger Erregung aus den Anzeichen erraten zu lassen, die nach seinem Ablauf in der Ruhe zurückblieben.

NACHTRAG ZUR ARBEIT ÜBER DEN
MOSES DES MICHELANGELO

(1927)

Mehrere Jahre nach dem Erscheinen meiner Arbeit über den Moses des Michelangelo, die 1914 in der Zeitschrift »Imago« – ohne Nennung meines Namens – abgedruckt wurde[1], geriet durch die Güte von E. Jones eine Nummer des »Burlington Magazine for Connoisseurs« in meine Hand (Nr. CCXVII, Vol. XXXVIII., April 1921), durch welche mein Interesse von neuem auf die vorgeschlagene Deutung der Statue gelenkt werden mußte. In dieser Nummer findet sich ein kurzer Artikel von H. P. Mitchell über zwei Bronzen des zwölften Jahrhunderts, gegenwärtig im Ashmolean Museum, Oxford, die einem hervorragenden Künstler jener Zeit, Nicholas von Verdun, zugeschrieben werden. Von diesem Manne sind noch andere Werke in Tournay, Arras und Klosterneuburg bei Wien erhalten; als sein Meisterwerk gilt der Schrein der Heiligen Drei Könige in Köln.

Eine der beiden von Mitchell gewürdigten Statuetten ist nun ein Moses (über 23 Zentimeter hoch), über jeden Zweifel gekennzeichnet durch die ihm beigegebenen Gesetzestafeln. Auch dieser Moses ist sitzend dargestellt, von einem faltigen Mantel umhüllt, sein Gesicht zeigt einen leidenschaftlich bewegten, vielleicht bekümmerten Ausdruck, und seine rechte Hand umgreift den langen Kinnbart und preßt dessen Strähne zwischen Hohlhand und Daumen wie in einer Zange zusammen, führt also dieselbe Bewegung aus, die in Figur 2 meiner Abhandlung als Vorstufe jener Stellung supponiert wird, in welcher wir jetzt den Moses des Michelangelo erstarrt sehen.

Ein Blick auf die beistehende Abbildung[2] läßt den Hauptunterschied der beiden, durch mehr als drei Jahrhunderte getrennten Darstellungen erkennen. Der Moses des lothringischen Künstlers hält die Tafeln mit seiner linken Hand bei ihrem oberen Rand und stützt

---

1 Abgedruckt in Band X dieser Gesamtausgabe [der *Gesammelten Werke*].
2 [In dieser Ausgabe gegenüber von S. 80]

sie auf sein Knie; überträgt man die Tafeln auf die andere Seite und vertraut sie dem rechten Arm an, so hat man die Ausgangssituation für den Moses des Michelangelo hergestellt. Wenn meine Auffassung der Geste des In-den-Bart-Greifens zulässig ist, so gibt uns der Moses aus dem Jahre 1180 einen Moment aus dem Sturm der Leidenschaften wieder, die Statue in S. Pietro in Vincoli aber die Ruhe nach dem Sturme.

Ich glaube, daß der hier mitgeteilte Fund die Wahrscheinlichkeit der Deutung erhöht, die ich in meiner Arbeit 1914 versucht habe. Vielleicht ist es einem Kunstkenner möglich, die zeitliche Kluft zwischen dem Moses des Nicholas von Verdun und dem des Meisters der italienischen Renaissance durch den Nachweis von Mosestypen aus der Zwischenzeit auszufüllen.

VERGÄNGLICHKEIT

(1916)

VERGÄNGLICHKEIT

Vor einiger Zeit machte ich in Gesellschaft eines schweigsamen Freundes und eines jungen, bereits rühmlich bekannten Dichters einen Spaziergang durch eine blühende Sommerlandschaft. Der Dichter bewunderte die Schönheit der Natur um uns, aber ohne sich ihrer zu erfreuen. Ihn störte der Gedanke, daß all diese Schönheit dem Vergehen geweiht war, daß sie im Winter dahingeschwunden sein werde, aber ebenso jede menschliche Schönheit und alles Schöne und Edle, was Menschen geschaffen haben und schaffen könnten. Alles, was er sonst geliebt und bewundert hätte, schien ihm entwertet durch das Schicksal der Vergänglichkeit, zu dem es bestimmt war.

Wir wissen, daß von solcher Versenkung in die Hinfälligkeit alles Schönen und Vollkommenen zwei verschiedene seelische Regungen ausgehen können. Die eine führt zu dem schmerzlichen Weltüberdruß des jungen Dichters, die andere zur Auflehnung gegen die behauptete Tatsächlichkeit. Nein, es ist unmöglich, daß all diese Herrlichkeiten der Natur und der Kunst, unserer Empfindungswelt und der Welt draußen, wirklich in Nichts zergehen sollten. Es wäre zu unsinnig und zu frevelhaft, daran zu glauben. Sie müssen in irgendeiner Weise fortbestehen können, allen zerstörenden Einflüssen entrückt.

Allein diese Ewigkeitsforderung ist zu deutlich ein Erfolg unseres Wunschlebens, als daß sie auf einen Realitätswert Anspruch erheben könnte. Auch das Schmerzliche kann wahr sein. Ich konnte mich weder entschließen, die allgemeine Vergänglichkeit zu bestreiten, noch für das Schöne und Vollkommene eine Ausnahme zu erzwingen. Aber ich bestritt dem pessimistischen Dichter, daß die Vergänglichkeit des Schönen eine Entwertung desselben mit sich bringe.

Im Gegenteil, eine Wertsteigerung! Der Vergänglichkeitswert ist ein Seltenheitswert in der Zeit. Die Beschränkung in der Möglichkeit des Genusses erhöht dessen Kostbarkeit. Ich erklärte es für unverständlich, wie der Gedanke an die Vergänglichkeit des Schönen uns die Freude an demselben trüben sollte. Was die Schönheit der Natur betrifft, so kommt sie nach jeder Zerstörung durch den Winter im nächsten Jahre wieder, und diese Wiederkehr darf im Verhältnis zu unserer Lebensdauer als eine ewige bezeichnet werden. Die Schönheit des menschlichen Körpers und Angesichts sehen wir innerhalb unseres eigenen Lebens für immer schwinden, aber diese Kurzlebigkeit fügt zu ihren Reizen einen neuen hinzu. Wenn es eine Blume gibt, welche nur eine einzige Nacht blüht, so erscheint uns ihre Blüte darum nicht minder prächtig. Wie die Schönheit und Vollkommenheit des Kunstwerks und der intellektuellen Leistung durch deren zeitliche Beschränkung entwertet werden sollte, vermochte ich ebensowenig einzusehen. Mag eine Zeit kommen, wenn die Bilder und Statuen, die wir heute bewundern, zerfallen sind, oder ein Menschengeschlecht nach uns, welches die Werke unserer Dichter und Denker nicht mehr versteht, oder selbst eine geologische Epoche, in der alles Lebende auf der Erde verstummt ist, der Wert all dieses Schönen und Vollkommenen wird nur durch seine Bedeutung für unser Empfindungsleben bestimmt, braucht dieses selbst nicht zu überdauern und ist darum von der absoluten Zeitdauer unabhängig.

Ich hielt diese Erwägungen für unanfechtbar, bemerkte aber, daß ich dem Dichter und dem Freunde keinen Eindruck gemacht hatte. Ich schloß aus diesem Mißerfolg auf die Einmengung eines starken affektiven Moments, welches ihr Urteil trübte, und glaubte dies auch später gefunden zu haben. Es muß die seelische Auflehnung gegen die Trauer gewesen sein, welche ihnen den Genuß des Schönen entwertete. Die Vorstellung, daß dieses Schöne vergänglich sei, gab den beiden Empfindsamen einen Vorgeschmack der Trauer um seinen Untergang, und da die Seele von allem Schmerzlichen instinktiv zurückweicht, fühlten sie ihren Genuß am Schönen durch den Gedanken an dessen Vergänglichkeit beeinträchtigt.

Die Trauer über den Verlust von etwas, das wir geliebt oder bewundert haben, erscheint dem Laien so natürlich, daß er sie für selbstverständlich erklärt. Dem Psychologen aber ist die Trauer ein großes Rätsel, eines jener Phänomene, die man selbst nicht klärt, auf die man aber anderes Dunkle zurückführt. Wir stellen uns vor, daß wir ein gewisses Maß von Liebesfähigkeit, genannt Libido, besitzen, welches sich in den Anfängen der Entwicklung dem eigenen Ich zugewendet hatte. Später, aber eigentlich von sehr frühe an, wendet es sich vom Ich ab und den Objekten zu, die wir solcherart gewissermaßen in unser Ich hineinnehmen. Werden die Objekte zerstört oder gehen sie uns verloren, so wird unsere Liebesfähigkeit (Libido) wieder frei. Sie kann sich andere Objekte zum Ersatz nehmen oder zeitweise zum Ich zurückkehren. Warum aber diese Ablösung der Libido von ihren Objekten ein so schmerzhafter Vorgang sein sollte, das verstehen wir nicht und können es derzeit aus keiner Annahme ableiten. Wir sehen nur, daß sich die Libido an ihre Objekte klammert und die verlorenen auch dann nicht aufgeben will, wenn der Ersatz bereitliegt. Das also ist die Trauer.

Die Unterhaltung mit dem Dichter fand im Sommer vor dem Kriege statt. Ein Jahr später brach der Krieg herein und raubte der Welt ihre Schönheiten. Er zerstörte nicht nur die Schönheit der Landschaften, die er durchzog, und die Kunstwerke, an die er auf seinem Wege streifte, er brach auch unseren Stolz auf die Errungenschaften unserer Kultur, unseren Respekt vor so vielen Denkern und Künstlern, unsere Hoffnungen auf eine endliche Überwindung der Verschiedenheiten unter Völkern und Rassen. Er beschmutzte die erhabene Unparteilichkeit unserer Wissenschaft, stellte unser Triebleben in seiner Nacktheit bloß, entfesselte die bösen Geister in uns, die wir durch die Jahrhunderte währende Erziehung von seiten unserer Edelsten dauernd gebändigt glaubten. Er machte unser Vaterland wieder klein und die andere Erde wieder fern und weit. Er raubte uns so vieles, was wir geliebt hatten, und zeigte uns die Hinfälligkeit von manchem, was wir für beständig gehalten hatten.

Es ist nicht zu verwundern, daß unsere an Objekten so verarmte Libido mit um so größerer Intensität besetzt hat, was uns verblieben ist, daß die Liebe zum Vaterland, die Zärtlichkeit für unsere Nächsten und der Stolz auf unsere Gemeinsamkeiten jäh verstärkt worden sind. Aber jene anderen, jetzt verlorenen Güter, sind sie uns wirklich entwertet worden, weil sie sich als so hinfällig und widerstandsunfähig erwiesen haben? Vielen unter uns scheint es so, aber ich meine wiederum, mit Unrecht. Ich glaube, die so denken und zu einem dauernden Verzicht bereit scheinen, weil das Kostbare sich nicht als haltbar bewährt hat, befinden sich nur in der Trauer über den Verlust. Wir wissen, die Trauer, so schmerzhaft sie sein mag, läuft spontan ab. Wenn sie auf alles Verlorene verzichtet hat, hat sie sich auch selbst aufgezehrt, und dann wird unsere Libido wiederum frei, um sich, insofern wir noch jung und lebenskräftig sind, die verlorenen Objekte durch möglichst gleich kostbare oder kostbarere neue zu ersetzen. Es steht zu hoffen, daß es mit den Verlusten dieses Krieges nicht anders gehen wird. Wenn erst die Trauer überwunden ist, wird es sich zeigen, daß unsere Hochschätzung der Kulturgüter unter der Erfahrung von ihrer Gebrechlichkeit nicht gelitten hat. Wir werden alles wieder aufbauen, was der Krieg zerstört hat, vielleicht auf festerem Grund und dauerhafter als vorher.

EINIGE CHARAKTERTYPEN AUS DER PSYCHOANALYTISCHEN ARBEIT

(1916)

EINIGE CHARAKTERTYPEN AUS DER PSYCHOANALYTISCHEN ARBEIT

Wenn der Arzt die psychoanalytische Behandlung eines Nervösen durchführt, so ist sein Interesse keineswegs in erster Linie auf dessen Charakter gerichtet. Er möchte viel eher wissen, was seine Symptome bedeuten, welche Triebregungen sich hinter ihnen verbergen und durch sie befriedigen, und über welche Stationen der geheimnisvolle Weg von jenen Triebwünschen zu diesen Symptomen geführt hat. Aber die Technik, der er folgen muß, nötigt den Arzt bald, seine Wißbegierde vorerst auf andere Objekte zu richten. Er bemerkt, daß seine Forschung durch Widerstände bedroht wird, die ihm der Kranke entgegensetzt, und darf diese Widerstände dem Charakter des Kranken zurechnen. Nun hat dieser Charakter den ersten Anspruch an sein Interesse.

Was sich der Bemühung des Arztes widersetzt, sind nicht immer die Charakterzüge, zu denen sich der Kranke bekennt und die ihm von seiner Umgebung zugesprochen werden. Oft zeigen sich Eigenschaften des Kranken bis zu ungeahnten Intensitäten gesteigert, von denen er nur ein bescheidenes Maß zu besitzen schien, oder es kommen Einstellungen bei ihm zum Vorschein, die sich in anderen Beziehungen des Lebens nicht verraten hatten. Mit der Beschreibung und Zurückführung einiger von diesen überraschenden Charakterzügen werden sich die nachstehenden Zeilen beschäftigen.

I

Die Ausnahmen

Die psychoanalytische Arbeit sieht sich immer wieder vor die Aufgabe gestellt, den Kranken zum Verzicht auf einen naheliegenden und unmittelbaren Lustgewinn zu bewegen. Er soll nicht auf Lust überhaupt verzichten; das kann man vielleicht keinem Menschen zumuten, und selbst die Religion muß ihre Forderung, irdische Lust fahrenzulassen, mit dem Versprechen begründen, dafür ein ungleich höheres Maß von wertvollerer Lust in einem Jenseits zu gewähren. Nein, der Kranke soll bloß auf solche Befriedigungen verzichten, denen eine Schädigung unfehlbar nachfolgt, er soll bloß zeitweilig entbehren, nur den unmittelbaren Lustgewinn gegen einen besser gesicherten, wenn auch aufgeschobenen, eintauschen lernen. Oder mit anderen Worten, er soll unter der ärztlichen Leitung *jenen Fortschritt vom Lustprinzip zum Realitätsprinzip* machen, durch welchen sich der reife Mann vom Kinde scheidet. Bei diesem Erziehungswerk spielt die bessere Einsicht des Arztes kaum eine entscheidende Rolle; er weiß ja in der Regel dem Kranken nichts anderes zu sagen, als was diesem sein eigener Verstand sagen kann. Aber es ist nicht dasselbe, etwas bei sich zu wissen und dasselbe von anderer Seite zu hören; der Arzt übernimmt die Rolle dieses wirksamen anderen; er bedient sich des Einflusses, den ein Mensch auf den anderen ausübt. Oder: erinnern wir uns daran, daß es in der Psychoanalyse üblich ist, das Ursprüngliche und Wurzelhafte anstelle des Abgeleiteten und Gemilderten einzusetzen, und sagen wir, der Arzt bedient sich bei seinem Erziehungswerk irgendeiner Komponente der *Liebe*. Er wiederholt bei solcher Nacherziehung wahrscheinlich nur den Vorgang, der überhaupt die erste Erziehung ermöglicht hat. Neben der Lebensnot ist die Liebe die große Erzieherin, und der unfertige Mensch wird durch die Liebe der ihm Nächsten dazu bewogen, auf die Gebote der Not zu achten und sich die Strafen für deren Übertretung zu ersparen.

Fordert man so von den Kranken einen vorläufigen Verzicht auf irgendeine Lustbefriedigung, ein Opfer, eine Bereitwilligkeit, zeitweilig für ein besseres Ende Leiden auf sich zu nehmen, oder auch nur den Entschluß, sich einer für alle geltenden Notwendigkeit zu unterwerfen, so stößt man auf einzelne Personen, die sich mit einer besonderen Motivierung gegen solche Zumutung sträuben. Sie sagen, sie haben genug gelitten und entbehrt, sie haben Anspruch darauf, von weiteren Anforderungen verschont zu werden, sie unterwerfen sich keiner unliebsamen Notwendigkeit mehr, denn sie seien *Ausnahmen* und gedenken es auch zu bleiben. Bei einem Kranken solcher Art war dieser Anspruch zu der Überzeugung gesteigert, daß eine besondere Vorsehung über ihn wache, die ihn vor derartigen schmerzlichen Opfern bewahren werde. Gegen innere Sicherheiten, die sich mit solcher Stärke äußern, richten die Argumente des Arztes nichts aus, aber auch sein Einfluß versagt zunächst, und er wird darauf hingewiesen, den Quellen nachzuspüren, aus welchen das schädliche Vorurteil gespeist wird.

Nun ist es wohl unzweifelhaft, daß ein jeder sich für eine »Ausnahme« ausgeben und Vorrechte vor den anderen beanspruchen möchte. Aber gerade darum bedarf es einer besonderen und nicht überall vorfindlichen Begründung, wenn er sich wirklich als Ausnahme verkündet und benimmt. Es mag mehr als nur eine solche Begründung geben; in den von mir untersuchten Fällen gelang es, eine gemeinsame Eigentümlichkeit der Kranken in deren *früheren Lebensschicksalen* nachzuweisen: Ihre Neurose knüpfte an ein Erlebnis oder an ein Leiden an, das sie in den ersten Kinderzeiten betroffen hatte, an dem sie sich unschuldig wußten und das sie als eine ungerechte Benachteiligung ihrer Person bewerten konnten. Die Vorrechte, die sie aus diesem Unrecht ableiteten, und die Unbotmäßigkeit, die sich daraus ergab, hatten nicht wenig dazu beigetragen, um die Konflikte, die später zum Ausbruch der Neurose führten, zu verschärfen. Bei einer dieser Patientinnen wurde die besprochene Einstellung zum Leben vollzogen, als sie erfuhr, daß ein schmerzhaftes organisches Leiden, welches sie an der Erreichung ihrer Lebensziele gehindert hatte, kongenitalen Ursprungs war. Solange sie dieses Leiden für eine zufällige spätere Erwerbung hielt, ertrug sie es geduldig; von ihrer Aufklärung an, es sei ein Stück mitgebrachter Erbschaft, wurde sie rebellisch. Der junge Mann, der sich von einer besonderen Vorsehung bewacht glaubte, war als Säugling das Opfer einer zufälligen Infektion durch seine Amme geworden und hatte sein ganzes späteres Leben von seinen Entschädigungsansprüchen wie von einer Unfallsrente gezehrt, ohne zu ahnen, worauf er seine Ansprüche gründete. In seinem Falle wurde die Analyse, welche dieses Ergebnis aus dunklen Erinnerungsresten und Symptomdeutungen konstruierte, durch Mitteilungen der Familie objektiv bestätigt.

Aus leicht verständlichen Gründen kann ich von diesen und anderen Krankengeschichten ein mehreres nicht mitteilen. Ich will auch auf die naheliegende Analogie mit der Charakterverbildung nach langer

Kränklichkeit der Kinderjahre und im Benehmen ganzer Völker mit leidenschwerer Vergangenheit nicht eingehen. Dagegen werde ich es mir nicht versagen, auf jene von dem größten Dichter geschaffene Gestalt hinzuweisen, in deren Charakter der Ausnahmsanspruch mit dem Momente der kongenitalen Benachteiligung so innig verknüpft und durch dieses motiviert ist.

Im einleitenden Monolog zu Shakespeares Richard III. sagt Gloster, der spätere König:

> Doch ich, zu Possenspielen nicht gemacht,
> Noch um zu buhlen mit verliebten Spiegeln;
> Ich, roh geprägt, entblößt von Liebes-Majestät
> Vor leicht sich dreh'nden Nymphen sich zu brüsten;
> Ich, um dies schöne Ebenmaß verkürzt,
> Von der Natur um Bildung falsch betrogen,
> Entstellt, verwahrlost, vor der Zeit gesandt
> In diese Welt des Atmens, halb kaum fertig
> Gemacht, und zwar so lahm und ungeziemend,
> Daß Hunde bellen, hink' ich wo vorbei; [...]
> Und darum, weil ich nicht als ein Verliebter
> Kann kürzen diese fein beredten Tage,
> Bin ich gewillt ein Bösewicht zu werden
> Und Feind den eitlen Freuden dieser Tage.

Unser erster Eindruck von dieser Programmrede wird vielleicht die Beziehung zu unserem Thema vermissen. Richard scheint nichts anderes zu sagen als: Ich langweile mich in dieser müßigen Zeit und ich will mich amüsieren. Weil ich aber wegen meiner Mißgestalt mich nicht als Liebender unterhalten kann, werde ich den Bösewicht spielen, intrigieren, morden und was mir sonst gefällt. Eine so frivole Motivierung müßte jede Spur von Anteilnahme beim Zuschauer ersticken, wenn sich nichts Ernsteres hinter ihr verbärge. Dann wäre aber auch das Stück psychologisch unmöglich, denn der Dichter muß bei uns einen geheimen Hintergrund von Sympathie für seinen Helden zu schaffen verstehen, wenn wir die Bewunderung für seine Kühnheit und Geschicklichkeit ohne inneren Einspruch verspüren sollen, und solche Sympathie kann nur im Verständnis, im Gefühle einer möglichen inneren Gemeinschaft mit ihm, begründet sein.

Ich meine darum, der Monolog Richards sagt nicht alles; er deutet bloß an und überläßt es uns, das Angedeutete auszuführen. Wenn wir aber diese Vervollständigung vornehmen, dann schwindet der Anschein von Frivolität, dann kommt die Bitterkeit und Ausführlichkeit, mit der Richard seine Mißgestalt geschildert hat, zu ihrem Rechte, und uns wird die Gemeinsamkeit klargemacht, die unsere Sympathie auch für den Bösewicht erzwingt. Es heißt dann: Die Natur hat ein schweres Unrecht an mir begangen, indem sie mir die Wohlgestalt versagt hat, welche die Liebe der Menschen gewinnt. Das Leben ist mir eine Entschädigung dafür schuldig, die ich mir holen werde. Ich habe den Anspruch darauf, eine Ausnahme zu sein, mich über die Bedenken hinwegzusetzen, durch die sich andere hindern lassen. Ich darf selbst Unrecht tun, denn an mir ist Unrecht geschehen, – und nun fühlen wir, daß wir selbst so werden könnten wie Richard, ja daß wir es im kleinen Maßstabe bereits sind. Richard ist eine gigantische Vergrößerung dieser einen Seite, die wir auch in uns finden. Wir glauben alle Grund zu haben, daß wir mit Natur und Schicksal wegen kongenitaler und infantiler Benachteiligung grollen; wir fordern alle Entschädigung für frühzeitige Kränkungen unseres Narzißmus, unserer Eigenliebe. Warum hat uns die Natur nicht die goldenen Locken Balders geschenkt oder die Stärke Siegfrieds oder die hohe Stirne des Genies, den edlen Gesichtsschnitt des Aristokraten? Warum sind wir in der Bürgerstube geboren anstatt im Königsschloß? Wir würden es ebensogut treffen, schön und vornehm zu sein wie alle, die wir jetzt darum beneiden müssen.

Es ist aber eine feine ökonomische Kunst des Dichters, daß er seinen Helden nicht alle Geheimnisse seiner Motivierung laut und restlos aussprechen läßt. Dadurch nötigt er uns, sie zu ergänzen, beschäftigt unsere geistige Tätigkeit, lenkt sie vom kritischen Denken ab und hält uns in der Identifizierung mit dem Helden fest. Ein Stümper an seiner Stelle würde alles, was er uns mitteilen will, in bewußten Ausdruck fassen und fände sich dann unserer kühlen, frei beweglichen Intelligenz gegenüber, die eine Vertiefung der Illusion unmöglich macht.

Wir wollen aber die »Ausnahmen« nicht verlassen, ohne zu bedenken, daß der Anspruch der Frauen auf Vorrechte und Befreiung von soviel Nötigungen des Lebens auf demselben Grunde ruht. Wie wir aus der psychoanalytischen Arbeit erfahren, betrachten sich die Frauen als infantil geschädigt, ohne ihre Schuld um ein Stück verkürzt und zurückgesetzt, und die Erbitterung so mancher Tochter gegen ihre Mutter hat zur letzten Wurzel den Vorwurf, daß sie sie als Weib anstatt als Mann zur Welt gebracht hat.

II
Die am Erfolge scheitern

Die psychoanalytische Arbeit hat uns den Satz geschenkt: Die Menschen erkranken neurotisch infolge der *Versagung*. Die Versagung der Befriedigung für ihre libidinösen Wünsche ist gemeint, und ein längerer Umweg ist nötig, um den Satz zu verstehen. Denn zur Entstehung der Neurose bedarf es eines Konflikts zwischen den libidinösen Wünschen eines Menschen und jenem Anteil seines Wesens, den wir sein Ich heißen, der Ausdruck seiner Selbsterhaltungstriebe ist und seine Ideale von seinem eigenen Wesen einschließt. Ein solcher pathogener Konflikt kommt nur dann zustande, wenn sich die Libido auf Wege und Ziele werfen will, die vom Ich längst überwunden und geächtet sind, die es also auch für alle Zukunft verboten hat, und das tut die Libido erst dann, wenn ihr die Möglichkeit einer ichgerechten idealen Befriedigung benommen ist. Somit wird die Entbehrung, die Versagung einer realen Befriedigung, die erste Bedingung für die Entstehung der Neurose, wenn auch lange nicht die einzige.

Um so mehr muß es überraschend, ja verwirrend wirken, wenn man als Arzt die Erfahrung macht, daß Menschen gelegentlich gerade dann erkranken, wenn ihnen ein tief begründeter und lange gehegter Wunsch in Erfüllung gegangen ist. Es sieht dann so aus, als ob sie ihr Glück nicht vertragen würden, denn an dem ursächlichen Zusammenhange zwischen dem Erfolge und der Erkrankung kann man nicht zweifeln. So hatte ich Gelegenheit, in das Schicksal einer Frau Einsicht zu nehmen, das ich als vorbildlich für solche tragische Wendungen beschreiben will.

Von guter Herkunft und wohlerzogen, konnte sie als ganz junges

Mädchen ihre Lebenslust nicht zügeln, riß sich vom Elternhause los und trieb sich abenteuernd in der Welt herum, bis sie die Bekanntschaft eines Künstlers machte, der ihren weiblichen Reiz zu schätzen wußte, aber auch die feinere Anlage an der Herabgewürdigten zu ahnen verstand. Er nahm sie in sein Haus und gewann an ihr eine treue Lebensgefährtin, der zum vollen Glück nur die bürgerliche Rehabilitierung zu fehlen schien. Nach jahrelangem Zusammenleben setzte er es durch, daß seine Familie sich mit ihr befreundete und war nun bereit, sie zu seiner Frau vor dem Gesetze zu machen. In diesem Moment begann sie zu versagen. Sie vernachlässigte das Haus, dessen rechtmäßige Herrin sie nun werden sollte, hielt sich für verfolgt von den Verwandten, die sie in die Familie aufnehmen wollten, sperrte dem Manne durch sinnlose Eifersucht jeden Verkehr, hinderte ihn an seiner künstlerischen Arbeit und verfiel bald in unheilbare seelische Erkrankung.

Eine andere Beobachtung zeigte mir einen höchst respektablen Mann, der, selbst akademischer Lehrer, durch viele Jahre den begreiflichen Wunsch genährt hatte, der Nachfolger seines Meisters zu werden, der ihn selbst in die Wissenschaft eingeführt hatte. Als nach dem Rücktritte jenes Alten die Kollegen ihm mitteilten, daß kein anderer als er zu dessen Nachfolger ausersehen sei, begann er zaghaft zu werden, verkleinerte seine Verdienste, erklärte sich für unwürdig, die ihm zugedachte Stellung auszufüllen, und verfiel in eine Melancholie, die ihn für die nächsten Jahre von jeder Tätigkeit ausschaltete.

So verschieden diese beiden Fälle sonst sind, so treffen sie doch in dem einen zusammen, daß die Erkrankung auf die Wunscherfüllung hin auftritt und den Genuß derselben zunichte macht.

Der Widerspruch zwischen solchen Erfahrungen und dem Satze, der Mensch erkranke an Versagung, ist nicht unlösbar. Die Unterscheidung einer *äußerlichen* von einer *inneren* Versagung hebt ihn auf. Wenn in der Realität das Objekt weggefallen ist, an dem die Libido ihre Befriedigung finden kann, so ist dies eine äußerliche Versagung. Sie ist an sich wirkungslos, noch nicht pathogen, solange sich nicht eine innere Versagung zu ihr gesellt. Diese muß vom Ich ausgehen und der Libido andere Objekte streitig machen, deren sie sich nun bemächtigen will. Erst dann entsteht ein Konflikt und die Möglichkeit einer neurotischen Erkrankung, d. h. einer Ersatzbefriedigung auf dem Umwege über das verdrängte Unbewußte. Die innere Versagung kommt also in allen Fällen in Betracht, nur tritt sie nicht eher in Wirkung, als bis die äußerliche reale Versagung die Situation für sie vorbereitet hat. In den Ausnahmsfällen, wenn die Menschen am Erfolge erkranken, hat die innere Versagung für sich allein gewirkt, ja sie ist erst hervorgetreten, nachdem die äußerliche Versagung der Wunscherfüllung Platz gemacht hat. Daran bleibt etwas für den ersten Anschein Auffälliges, aber bei näherer Erwägung besinnen wir uns doch, es sei gar nicht ungewöhnlich, daß das Ich einen Wunsch als harmlos toleriert, solange er ein Dasein als Phantasie führt und ferne von der Erfüllung scheint, während es sich scharf gegen ihn zur Wehr setzt, sobald er sich der Erfüllung nähert und Realität zu werden droht. Der Unterschied gegen wohlbekannte Situationen der Neurosenbildung liegt nur darin, daß sonst innerliche Steigerungen der Libidobesetzung die bisher geringgeschätzte und geduldete Phantasie zum gefürchteten Gegner machen, während in unseren Fällen das Signal zum Ausbruch des Konflikts durch eine reale äußere Wandlung gegeben wird.

Die analytische Arbeit zeigt uns leicht, daß es *Gewissensmächte* sind, welche der Person verbieten, aus der glücklichen realen Veränderung den lange erhofften Gewinn zu ziehen. Eine schwierige Aufgabe aber ist es, Wesen und Herkunft dieser richtenden und strafenden Tendenzen zu erkunden, die uns durch ihre Existenz oft dort überraschen, wo wir sie zu finden nicht erwarteten. Was wir darüber wissen oder vermuten, will ich aus den bekannten Gründen nicht an Fällen der ärztlichen Beobachtung, sondern an Gestalten erörtern, die große Dichter aus der Fülle ihrer Seelenkenntnis erschaffen haben.

Eine Person, die nach erreichtem Erfolge zusammenbricht, nachdem sie mit unbeirrter Energie um ihn gerungen hat, ist Shakespeares Lady Macbeth. Es ist vorher kein Schwanken und kein Anzeichen eines inneren Kampfes in ihr, kein anderes Streben, als die Bedenken ihres ehrgeizigen und doch mildfühlenden Mannes zu besiegen. Dem Mordvorsatz will sie selbst ihre Weiblichkeit opfern, ohne zu erwägen, welche entscheidende Rolle dieser Weiblichkeit zufallen muß, wenn es dann gelten soll, das durch Verbrechen erreichte Ziel ihres Ehrgeizes zu behaupten.

(Akt I, Szene 5):
»Kommt, ihr Geister,
Die ihr auf Mordgedanken lauscht, entweibt mich.
– – – – – – – – An meine Brüste,
Ihr Mordhelfer! Saugt mir Milch zu Galle!«

(Akt I, Szene 7):
»Ich gab die Brust und weiß,
Wie zärtlich man das Kind liebt, das man tränkt.
Und doch, dieweil es mir ins Antlitz lächelt,
Wollt' reißen ich von meinem Mutterbusen
Sein zahnlos Mündlein, und sein Hirn ausschmettern,
Hätt' ich's geschworen, wie du jenes schwurst!«

Eine einzige leise Regung des Widerstrebens ergreift sie vor der Tat:

(Akt II, Szene 2):
»Hätt' er geglichen meinem Vater nicht
Als er so schlief, ich hätt's getan.«

Nun, da sie Königin geworden durch den Mord an Duncan, meldet sich flüchtig etwas wie eine Enttäuschung, wie ein Überdruß. Wir wissen nicht, woher.

(Akt III, Szene 2):
»Nichts hat man, alles Lüge,
Gelingt der Wunsch, und fehlt doch die Genüge,
's ist sichrer das zu sein, was wir zerstören,
Als durch Zerstörung ew'ger Angst zu schwören.«

Doch hält sie aus. In der nach diesen Worten folgenden Szene des Banketts bewahrt sie allein die Besinnung, deckt die Verwirrung ihres Mannes, findet einen Vorwand, um die Gäste zu entlassen. Und dann entschwindet sie uns. Wir sehen sie (in der ersten Szene des fünften Aktes) als Somnambule wieder, an die Eindrücke jener Mordnacht fixiert. Sie spricht ihrem Manne wieder Mut zu wie damals:

»Pfui, mein Gemahl, pfui, ein Soldat und furchtsam? – Was haben wir zu fürchten, wer es weiß? Niemand zieht unsere Macht zur Rechenschaft.« – – –

Sie hört das Klopfen ans Tor, das ihren Mann nach der Tat erschreckte. Daneben aber bemüht sie sich, »die Tat ungeschehen zu machen, die nicht mehr ungeschehen werden« kann. Sie wäscht ihre Hände, die mit Blut befleckt sind und nach Blut riechen, und wird der Vergeblichkeit dieser Bemühung bewußt. Die Reue scheint sie niedergeworfen zu haben, die so reuelos schien. Als sie stirbt, findet Macbeth, der unterdes so unerbittlich geworden ist, wie sie sich anfänglich zeigte, nur die eine kurze Nachrede für sie:

(Akt V, Szene 5):
»Sie konnte später sterben.
Es war noch Zeit genug für solch ein Wort.«

Und nun fragt man sich, was hat diesen Charakter zerbrochen, der aus dem härtesten Metall geschmiedet schien? Ist's nur die Enttäuschung, das andere Gesicht, das die vollzogene Tat zeigt, sollen wir rückschließen, daß auch in der Lady Macbeth ein ursprünglich weiches und weiblich mildes Seelenleben sich zu einer Konzentration und Hochspannung emporgearbeitet hatte, der keine Andauer beschieden sein konnte, oder dürfen wir nach Anzeichen forschen, die uns diesen Zusammenbruch durch eine tiefere Motivierung menschlich näherbringen?

Ich halte es für unmöglich, hier eine Entscheidung zu treffen. Shakespeares *Macbeth* ist ein Gelegenheitsstück, zur Thronbesteigung des bisherigen Schottenkönigs James gedichtet. Der Stoff war gegeben und gleichzeitig von anderen Autoren behandelt worden, deren Arbeit Shakespeare wahrscheinlich in gewohnter Weise genützt hat. Er bot merkwürdige Anspielungen an die gegenwärtige Situation. Die »jungfräuliche« Elisabeth, von der ein Gerede wissen wollte, daß sie nie imstande gewesen wäre, ein Kind zu gebären, die sich einst bei der Nachricht von James' Geburt im schmerzlichen Aufschrei als »einen dürren Stamm« bezeichnet hatte[1], war eben durch

---

1 Vgl. Macbeth (Akt II, Szene 1):
»Auf mein Haupt setzten sie unfruchtbar Gold,
Ein dürres Zepter reichten sie der Faust,
Daß es entgleite dann in fremde Hand,
Da nicht mein Sohn mir nachfolgt.« – – –

ihre Kinderlosigkeit genötigt worden, den Schottenkönig zu ihrem Nachfolger werden zu lassen. Der war aber der Sohn jener Maria, deren Hinrichtung sie, wenn auch widerwillig, angeordnet hatte und die trotz aller Trübung der Beziehungen durch politische Rücksichten doch ihre Blutsverwandte und ihr Gast genannt werden konnte.

Die Thronbesteigung Jakobs I. war wie eine Demonstration des Fluches der Unfruchtbarkeit und der Segnungen der fortlaufenden Generation. Und auf diesen nämlichen Gegensatz ist die Entwicklung in Shakespeares Macbeth eingestellt. Die Schicksalsschwestern haben ihm verheißen, daß er selbst König werden, dem Banquo aber, daß seine Kinder die Krone überkommen sollen. Macbeth empört sich gegen diesen Schicksalsspruch, er begnügt sich nicht mit der Befriedigung des eigenen Ehrgeizes, er will Gründer einer Dynastie sein und nicht zum Vorteile Fremder gemordet haben. Man übersieht diesen Punkt, wenn man in Shakespeares Stück nur die Tragödie des Ehrgeizes erblicken will. Es ist klar, da Macbeth selbst nicht ewig leben kann, so gibt es für ihn nur einen Weg, den Teil der Prophezeiung, der ihm widerstrebt, zu entkräften, wenn er nämlich selbst Kinder hat, die ihm nachfolgen können. Er scheint sie auch von seinem starken Weibe zu erwarten:

(Akt I, Szene 7):
»Du, gebier nur Söhne,
Nur Männer sollte dein unschreckbar Mark
Zusammensetzen.« – – – – – – –

Und ebenso klar ist, wenn er in dieser Erwartung getäuscht wird, dann muß er sich dem Schicksal unterwerfen, oder sein Handeln verliert Ziel und Zweck und verwandelt sich in das blinde Wüten eines zum Untergange Verurteilten, der vorher noch, was ihm erreichbar ist, vernichten will. Wir sehen, daß Macbeth diese Entwicklung durchmacht, und auf der Höhe der Tragödie finden wir jenen erschütternden, so oft schon als vieldeutig erkannten Ausruf, der den Schlüssel für seine Wandlung enthalten könnte, den Ausruf Macduffs:

(Akt IV, Szene 3):
»Er hat keine Kinder.«

Das heißt gewiß: Nur weil er selbst kinderlos ist, konnte er meine Kinder morden, aber es kann auch mehr in sich fassen und vor allem könnte es das tiefste Motiv bloßlegen, welches sowohl Macbeth weit über seine Natur hinausdrängt, als auch den Charakter der harten Frau an seiner einzigen schwachen Stelle trifft. Hält man aber Umschau von dem Gipfelpunkt, den diese Worte Macduffs bezeichnen, so sieht man das ganze Stück von Beziehungen auf das Vater-Kinderverhältnis durchsetzt. Der Mord des gütigen Duncan ist wenig anders als ein Vatermord; im Falle Banquos hat Macbeth den Vater getötet, während ihm der Sohn entgeht; bei Macduff tötet er die Kinder, weil ihm der Vater entflohen ist. Ein blutiges und gekröntes Kind lassen ihm die Schicksalsschwestern in der Beschwörungsszene erscheinen; das bewaffnete Haupt vorher ist wohl Macbeth selbst. Im Hintergrunde aber erhebt sich die düstere Gestalt des Rächers Macduff, der selbst eine Ausnahme von den Gesetzen der Generation ist, da er nicht von seiner Mutter geboren, sondern aus ihrem Leib geschnitten wurde.

Es wäre nun durchaus im Sinne der auf Talion aufgebauten poetischen Gerechtigkeit, wenn die Kinderlosigkeit Macbeths und die Unfruchtbarkeit seiner Lady die Strafe wären für ihre Verbrechen gegen die Heiligkeit der Generation, wenn Macbeth nicht Vater werden könnte, weil er den Kindern den Vater und dem Vater die Kinder geraubt, und wenn sich so an der Lady Macbeth die Entweibung vollzogen hätte, zu der sie die Geister des Mordes aufgerufen hat. Ich glaube, man verstünde ohneweiters die Erkrankung der Lady, die Verwandlung ihres Frevelmuts in Reue, als Reaktion auf ihre Kinderlosigkeit, durch die sie von ihrer Ohnmacht gegen die Satzungen der Natur überzeugt und gleichzeitig daran gemahnt wird, daß ihr Verbrechen durch ihr eigenes Verschulden um den besseren Teil seines Ertrags gebracht worden ist.

In der Chronik von Holinshed (1577), aus welcher Shakespeare den Stoff des *Macbeth* schöpfte, findet die Lady nur eine einzige Erwähnung als Ehrgeizige, die ihren Mann zum Morde aufstachelt, um selbst Königin zu werden. Von ihren weiteren Schicksalen und von einer Entwicklung ihres Charakters ist nicht die Rede. Dagegen scheint es, als ob dort die Wandlung im Charakter Macbeths zum blutigen Wüterich ähnlich motiviert werden sollte, wie wir es eben versucht haben. Denn bei Holinshed liegen zwischen dem Morde an Duncan, durch den Macbeth König wird, und seinen weiteren Missetaten *zehn Jahre*, in denen er sich als strenger, aber gerechter Herrscher erweist. Erst nach diesem Zeitraume tritt bei ihm die Änderung ein, unter dem Einflusse der quälenden Befürchtung, daß die Banquo erteilte Prophezeiung sich ebenso erfüllen könne wie die seines eigenen Schicksals. Nun erst läßt er Banquo töten und wird wie bei Shakespeare von einem Verbrechen zum andern fortgerissen. Es wird auch bei Holinshed nicht ausdrücklich gesagt, daß es seine Kinderlosigkeit ist, welche ihn auf diesen Weg treibt, aber es bleibt Zeit und Raum für diese naheliegende Motivierung. Anders bei Shakespeare. In atemraubender Hast jagen in der Tragödie die Ereignisse an uns vorüber, so daß sich aus den Angaben der Personen im Stücke etwa *eine Woche* als die Zeitdauer ihres Ablaufes berechnen läßt.[1] Durch diese Beschleunigung wird all unseren Konstruktionen über die Motivierung des Umschwungs im Charakter Macbeths und seiner Lady der Boden entzogen. Es fehlt die Zeit, innerhalb welcher die fortgesetzte Enttäuschung der Kinderhoffnung das Weib zermürben und den Mann in trotzige Raserei treiben könnte, und es bleibt der Widerspruch bestehen, daß so viele feine Zusammenhänge innerhalb des Stückes und zwischen ihm und seinem Anlaß ein Zusammentreffen im Motiv der Kinderlosigkeit anstreben, während die zeitliche Ökonomie der Tragödie eine Charakterentwicklung aus anderen als den innerlichsten Motiven ausdrücklich ablehnt.

Welches aber diese Motive sein können, die in so kurzer Zeit aus dem zaghaften Ehrgeizigen einen hemmungslosen Wüterich und aus der stahlharten Anstifterin eine von Reue zerknirschte Kranke machen, das läßt sich meines Erachtens nicht erraten. Ich meine, wir müssen darauf verzichten, das dreifach geschichtete Dunkel zu durchdringen, zu dem sich die schlechte Erhaltung des Textes, die unbekannte Intention des Dichters und der geheime Sinn der Sage hier verdichtet haben. Ich möchte es auch nicht gelten lassen, daß jemand einwende, solche Untersuchungen seien müßig angesichts

---

1 J. Darmstetter [Hrsg.], Macbeth, Edition classique, S. LXXV, Paris 1887 [1881].

der großartigen Wirkung, die die Tragödie auf den Zuschauer ausübt. Der Dichter kann uns zwar durch seine Kunst während der Darstellung überwältigen und unser Denken dabei lähmen, aber er kann uns nicht daran hindern, daß wir uns nachträglich bemühen, diese Wirkung aus ihrem psychologischen Mechanismus zu begreifen. Auch die Bemerkung, es stehe dem Dichter frei, die natürliche Zeitfolge der von ihm vorgeführten Begebenheiten in beliebiger Weise zu verkürzen, wenn er durch das Opfer der gemeinen Wahrscheinlichkeit eine Steigerung des dramatischen Effekts erzielen kann, scheint mir hier nicht an ihrem Platze. Denn ein solches Opfer ist doch nur zu rechtfertigen, wo es bloß die Wahrscheinlichkeit stört[1], aber nicht, wo es die kausale Verknüpfung aufhebt, und der dramatischen Wirkung wäre kaum Abbruch geschehen, wenn der Zeitablauf unbestimmt gelassen wäre, anstatt durch ausdrückliche Äußerungen auf wenige Tage eingeengt zu werden.

Es fällt so schwer, ein Problem wie das des Macbeth als unlösbar zu verlassen, daß ich noch den Versuch wage, eine Bemerkung anzufügen, die nach einem neuen Ausweg weist. Ludwig Jekels hat kürzlich in einer Shakespeare-Studie ein Stück der Technik des Dichters zu erraten geglaubt, welches auch für Macbeth in Betracht kommen könnte. Er meint, daß Shakespeare häufig einen Charakter in zwei Personen zerlegt, von denen dann jede unvollkommen begreiflich erscheint, solange man sie nicht mit der anderen wiederum zur Einheit zusammensetzt. So könnte es auch mit Macbeth und der Lady sein, und dann würde es natürlich zu nichts führen, wollte man sie als selbständige Person fassen und nach der Motivierung ihrer Umwandlung forschen, ohne auf den sie ergänzenden Macbeth Rücksicht zu nehmen. Ich folge dieser Spur nicht weiter, aber ich will doch anführen, was in so auffälliger Weise diese Auffassung stützt, daß die Angstkeime, die in der Mordnacht bei Macbeth hervorbrechen, nicht bei ihm, sondern bei der Lady zur Entwicklung gelangen.[2] Er ist es, der vor der Tat die Halluzination des Dolches gehabt hat, aber sie, die später der geistigen Erkrankung verfällt; er hat nach

---

1 Wie in der Werbung Richards III. um Anna an der Bahre des von ihm ermordeten Königs.
2 Vgl. Darmstetter a. a. O.

dem Morde im Hause schreien gehört: Schlaft nicht mehr, Macbeth mordet den Schlaf und also soll Macbeth nicht mehr schlafen, aber wir vernehmen nichts davon, daß König Macbeth nicht mehr schläft, während wir sehen, daß die Königin aus ihrem Schlafe aufsteht und nachtwandelnd ihre Schuld verrät; er stand hilflos da mit blutigen Händen und klagte, daß all des Meergottes Flut nicht reinwasche seine Hand; sie tröstete damals: Ein wenig Wasser spült uns ab die Tat, aber dann ist sie es, die eine Viertelstunde lang ihre Hände wäscht und die Befleckung des Blutes nicht beseitigen kann. »Alle Wohlgerüche Arabiens machen nicht süßduftend diese kleine Hand.« (Akt V, Szene 1.) So erfüllt sich an ihr, was er in seiner Gewissensangst gefürchtet; sie wird die Reue nach der Tat, er wird der Trotz, sie erschöpfen miteinander die Möglichkeiten der Reaktion auf das Verbrechen, wie zwei uneinige Anteile einer einzigen psychischen Individualität und vielleicht Nachbilder eines einzigen Vorbildes.

Haben wir an der Gestalt der Lady Macbeth die Frage nicht beantworten können, warum sie nach dem Erfolge als Kranke zusammenbricht, so winkt uns vielleicht eine bessere Aussicht bei der Schöpfung eines anderen großen Dramatikers, der die Aufgabe der psychologischen Rechenschaft mit unnachsichtiger Strenge zu verfolgen liebt.

Rebekka Gamvik, die Tochter einer Hebamme, ist von ihrem Adoptivvater Doktor West zur Freidenkerin und Verächterin jener Fesseln erzogen worden, welche eine auf religiösem Glauben gegründete Sittlichkeit den Lebenswünschen anlegen möchte. Nach dem Tode des Doktors verschafft sie sich Aufnahme in Rosmersholm, dem Stammsitze eines alten Geschlechtes, dessen Mitglieder das Lachen nicht kennen und die Freude einer starren Pflichterfüllung geopfert haben. Auf Rosmersholm hausen der Pastor Johannes Rosmer und seine kränkliche, kinderlose Gattin Beate. »Von wildem, unbezwinglichem Gelüst« nach der Liebe des adeligen Mannes ergriffen, beschließt Rebekka, die Frau, die ihr im Wege steht, wegzuräumen, und bedient sich dabei ihres »mutigen, freigeborenen«, durch keine Rücksichten gehemmten Willens. Sie spielt ihr ein ärztliches Buch in die Hand, in dem die Kindererzeugung als der Zweck der Ehe hingestellt wird, so daß die Arme an der Berechtigung ihrer

Ehe irre wird, sie läßt sie erraten, daß Rosmer, dessen Lektüre und Gedankengänge sie teilt, im Begriffe ist, sich vom alten Glauben loszumachen und die Partei der Aufklärung zu nehmen, und nachdem sie so das Vertrauen der Frau in die sittliche Verläßlichkeit ihres Mannes erschüttert hat, gibt sie ihr endlich zu verstehen, daß sie selbst, Rebekka, bald das Haus verlassen wird, um die Folgen eines unerlaubten Verkehrs mit Rosmer zu verheimlichen. Der verbrecherische Plan gelingt. Die arme Frau, die für schwermütig und unzurechnungsfähig gegolten hat, stürzt sich vom Mühlensteg herab ins Wasser, im Gefühle des eigenen Unwertes und um dem Glücke des geliebten Mannes nicht im Wege zu sein.

Seit Jahr und Tag leben nun Rebekka und Rosmer allein auf Rosmersholm in einem Verhältnis, welches er für eine rein geistige und ideelle Freundschaft halten will. Als aber von außen her die ersten Schatten der Nachrede auf dieses Verhältnis fallen und gleichzeitig quälende Zweifel in Rosmer regegemacht werden, aus welchen Motiven seine Frau in den Tod gegangen ist, bittet er Rebekka, seine zweite Frau zu werden, um der traurigen Vergangenheit eine neue lebendige Wirklichkeit entgegenstellen zu können. (Akt II.) Sie jubelt bei diesem Antrage einen Augenblick lang auf, aber schon im nächsten erklärt sie, es sei unmöglich, und wenn er weiter in sie dringe, werde sie »den Weg gehen, den Beate gegangen ist«. Verständnislos nimmt Rosmer die Abweisung entgegen; noch unverständlicher aber ist sie für uns, die wir mehr von Rebekkas Tun und Absichten wissen. Wir dürfen bloß nicht daran zweifeln, daß ihr Nein ernst gemeint ist.

Wie konnte es kommen, daß die Abenteurerin mit dem mutigen, freigeborenen Willen, die sich ohne jede Rücksicht den Weg zur Verwirklichung ihrer Wünsche gebahnt, nun nicht zugreifen will, da ihr angeboten wird, die Frucht des Erfolges zu pflücken? Sie gibt uns selbst die Aufklärung im vierten Akt: »Das ist doch eben das Furchtbare, jetzt, da alles Glück der Welt mir mit vollen Händen geboten wird – jetzt bin ich eine solche geworden, daß meine eigene Vergangenheit mir den Weg zum Glück versperrt.« Sie ist also eine andere geworden unterdes, ihr Gewissen ist erwacht, sie hat ein Schuldbewußtsein bekommen, welches ihr den Genuß versagt.

Und wodurch wurde ihr Gewissen geweckt? Hören wir sie selbst und überlegen wir dann, ob wir ihr voll Glauben schenken dürfen: »Es ist die Lebensanschauung des Hauses Rosmer – oder wenigstens deine Lebensanschauung –, die meinen Willen angesteckt hat... Und ihn krank gemacht hat. Ihn geknechtet hat mit Gesetzen, die früher für mich nicht gegolten haben. Das Zusammenleben mit dir – du, das hat meinen Sinn geadelt.«

Dieser Einfluß, ist hinzuzunehmen, hat sich erst geltend gemacht, als sie mit Rosmer allein zusammenleben durfte: »– in Stille – in Einsamkeit –, als du mir deine Gedanken alle ohne Vorbehalt gabst – eine jegliche Stimmung, so weich und so fein, wie du sie fühltest –, da trat die große Umwandlung ein.«

Kurz vorher hatte sie die andere Seite dieser Wandlung beklagt: »Weil Rosmersholm mir die Kraft genommen hat, hier ist mein mutiger Wille gelähmt worden. Und verschandelt! Für mich ist die Zeit vorbei, da ich alles und jedes wagen durfte. Ich habe die Energie zum Handeln verloren, Rosmer.«

Diese Erklärung gibt Rebekka, nachdem sie sich durch ein freiwilliges Geständnis vor Rosmer und dem Rektor Kroll, dem Bruder der von ihr beseitigten Frau, als Verbrecherin bloßgestellt hat. Ibsen hat durch kleine Züge von meisterhafter Feinheit festgelegt, daß diese Rebekka nicht lügt, aber auch nie ganz aufrichtig ist. Wie sie trotz aller Freiheit von Vorurteilen ihr Alter um ein Jahr herabgesetzt hat, so ist auch ihr Geständnis vor den beiden Männern unvollständig und wird durch das Drängen Krolls in einigen wesentlichen Punkten ergänzt. Auch uns bleibt die Freiheit anzunehmen, daß die Aufklärung ihres Verzichts das eine nur preisgibt, um ein anderes zu verschweigen.

Gewiß, wir haben keinen Grund, ihrer Aussage zu mißtrauen, daß die Luft auf Rosmersholm, ihr Umgang mit dem edlen Rosmer, veredelnd und – lähmend auf sie gewirkt hat. Sie sagt damit, was sie weiß und empfunden hat. Aber es brauchte nicht alles zu sein, was in ihr vorgegangen ist; auch ist es nicht notwendig, daß sie sich über alles Rechenschaft geben konnte. Der Einfluß Rosmers konnte auch nur ein Deckmantel sein, hinter dem sich eine andere Wirkung verbirgt, und nach dieser anderen Richtung weist ein bemerkenswerter Zug.

Noch nach ihrem Geständnis, in der letzten Unterredung, die das

Stück beendet, bittet sie Rosmer nochmals, seine Frau zu werden. Er verzeiht ihr, was sie aus Liebe zu ihm verbrochen hat. Und nun antwortet sie nicht, was sie sollte, daß keine Verzeihung ihr das Schuldgefühl nehmen könne, das sie durch den tückischen Betrug an der armen Beate erworben, sondern sie belastet sich mit einem anderen Vorwurf, der uns bei der Freidenkerin fremdartig berühren muß, keinesfalls die Stelle verdient, an die er von Rebekka gesetzt wird: »Ach, mein Freund – komm nie wieder darauf! Es ist ein Ding der Unmöglichkeit –! Denn du mußt wissen, Rosmer, ich habe eine Vergangenheit.« Sie will natürlich andeuten, daß sie sexuelle Beziehungen zu einem anderen Manne gehabt hat, und wir wollen uns merken, daß ihr diese Beziehungen zu einer Zeit, da sie frei und niemandem verantwortlich war, ein stärkeres Hindernis der Vereinigung mit Rosmer dünken als ihr wirklich verbrecherisches Benehmen gegen seine Frau.

Rosmer lehnt es ab, von dieser Vergangenheit zu hören. Wir können sie erraten, obwohl alles, was dahin weist, im Stücke sozusagen unterirdisch bleibt und aus Andeutungen erschlossen werden muß. Aus Andeutungen freilich, die mit solcher Kunst eingefügt sind, daß ein Mißverständnis derselben unmöglich wird.

Zwischen Rebekkas erster Ablehnung und ihrem Geständnis geht etwas vor, was von entscheidender Bedeutung für ihr weiteres Schicksal ist. Der Rektor Kroll besucht sie, um sie durch die Mitteilung zu demütigen, er wisse, daß sie ein illegitimes Kind sei, die Tochter eben jenes Doktors West, der sie nach dem Tode ihrer Mutter adoptiert hat. Der Haß hat seinen Spürsinn geschärft, aber er meint nicht, ihr damit etwas Neues zu sagen. »In der Tat, ich meinte, Sie wüßten ganz genau Bescheid. Es wäre doch sonst recht merkwürdig gewesen, daß Sie sich von Dr. West adoptieren ließen –.« »Und da nimmt er Sie zu sich – gleich nach dem Tode Ihrer Mutter. Er behandelt Sie hart. Und doch bleiben Sie bei ihm. Sie wissen, daß er Ihnen nicht einen Pfennig hinterlassen wird. Sie haben ja auch nur eine Kiste Bücher bekommen. Und doch halten Sie bei ihm aus. Ertragen seine Launen. Pflegen ihn bis zum letzten Augenblick.« – »Was Sie für ihn getan haben, das leite ich aus dem natürlichen Instinkt der Tochter her. Ihr ganzes übriges Auftreten halte ich für ein natürliches Ergebnis Ihrer Herkunft.«

Aber Kroll war im Irrtum. Rebekka hatte nichts davon gewußt, daß sie die Tochter des Dr. West sein sollte. Als Kroll mit dunklen Anspielungen auf ihre Vergangenheit begann, mußte sie annehmen, er meine etwas anderes. Nachdem sie begriffen hat, worauf er sich bezieht, kann sie noch eine Weile ihre Fassung bewahren, denn sie darf glauben, daß ihr Feind seiner Berechnung jenes Alter zugrunde gelegt hat, das sie ihm bei einem früheren Besuche fälschlich angegeben. Aber nachdem Kroll diese Einwendung siegreich zurückgewiesen: »Mag sein. Aber die Rechnung mag dennoch richtig sein, denn ein Jahr, ehe er angestellt wurde, ist West dort oben vorübergehend zu Besuch gewesen«, nach dieser neuen Mitteilung verliert sie jeden Halt. »Das ist nicht wahr.« – Sie geht umher und ringt die Hände: »Es ist unmöglich. Sie wollen mir das bloß einreden. Das kann ja nun und nimmermehr wahr sein. Kann nicht wahr sein! Nun und nimmermehr –!« Ihre Ergriffenheit ist so arg, daß Kroll sie nicht auf seine Mitteilung zurückzuführen vermag.

Kroll: »Aber, meine Liebe – warum, um Gottes willen, werden Sie denn so heftig? Sie machen mir geradezu Angst? Was soll ich glauben und denken –!«

Rebekka: »Nichts. Sie sollen weder etwas glauben noch etwas denken.«

Kroll: »Dann müßten Sie mir aber wirklich erklären, warum Sie sich diese Sache – diese Möglichkeit so zu Herzen nehmen.«

Rebekka (faßt sich wieder): »Das ist doch sehr einfach, Herr Rektor. Ich habe doch keine Lust, für ein uneheliches Kind zu gelten.«

Das Rätsel im Benehmen Rebekkas läßt nur eine Lösung zu. Die Mitteilung, daß Dr. West ihr Vater sein kann, ist der schwerste Schlag, der sie betreffen konnte, denn sie war nicht nur die Adoptivtochter, sondern auch die Geliebte dieses Mannes. Als Kroll seine Reden begann, meinte sie, er wolle auf diese Beziehungen anspielen, die sie wahrscheinlich unter Berufung auf ihre Freiheit einbekannt hätte. Aber das lag dem Rektor ferne; er wußte nichts von dem Liebesverhältnis mit Dr. West, wie sie nichts von dessen Vaterschaft. Nichts anderes als dieses Liebesverhältnis *kann* sie im Sinne haben, wenn sie bei der letzten Weigerung gegen Rosmer vorschützt, sie habe eine Vergangenheit, die sie unwürdig mache, seine Frau zu werden. Wahrscheinlich hätte sie Rosmer, wenn er gewollt hätte, auch nur die eine Hälfte ihres Geheimnisses mitgeteilt und den schwereren Anteil desselben verschwiegen.

Aber nun verstehen wir freilich, daß diese Vergangenheit ihr als das schwerere Hindernis der Eheschließung erscheint, als das schwerere – Verbrechen.

Nachdem sie erfahren hat, daß sie die Geliebte ihres eigenen Vaters gewesen ist, unterwirft sie sich ihrem jetzt übermächtig hervorbrechenden Schuldgefühl. Sie legt vor Rosmer und Kroll das Geständnis ab, durch das sie sich zur Mörderin stempelt, verzichtet endgültig auf das Glück, zu dem sie sich durch Verbrechen den Weg gebahnt hatte, und rüstet zur Abreise. Aber das eigentliche Motiv ihres Schuldbewußtseins, welches sie am Erfolge scheitern läßt, bleibt geheim. Wir haben gesehen, es ist noch etwas ganz anderes als die Atmosphäre von Rosmersholm und der sittigende Einfluß Rosmers.

Wer uns so weit gefolgt ist, wird jetzt nicht versäumen, einen Einwand vorzubringen, der dann manchen Zweifel rechtfertigen kann. Die erste Abweisung Rosmers durch Rebekka erfolgt ja vor dem zweiten Besuch Krolls, also vor seiner Aufdeckung ihrer unehelichen Geburt, und zu einer Zeit, da sie um ihren Inzest noch nicht weiß – wenn wir den Dichter richtig verstanden haben. Doch ist diese Abweisung energisch und ernst gemeint. Das Schuldbewußtsein, das sie auf den Gewinn aus ihren Taten verzichten heißt, ist also schon vor ihrer Kenntnis um ihr Kapitalverbrechen wirksam, und wenn wir so viel zugeben, dann ist der Inzest als Quelle des Schuldbewußtseins vielleicht überhaupt zu streichen.

Wir haben bisher Rebekka West behandelt, als wäre sie eine lebende Person und nicht eine Schöpfung der von dem kritischsten Verstand geleiteten Phantasie des Dichters Ibsen. Wir dürfen versuchen, bei der Erledigung dieses Einwandes denselben Standpunkt festzuhalten. Der Einwand ist gut, ein Stück Gewissen war auch vor der Kenntnis des Inzests bei Rebekka erwacht. Es steht nichts im Wege, für diese Wandlung den Einfluß verantwortlich zu machen, den Rebekka selbst anerkennt und anklagt. Aber damit kommen wir von der Anerkennung des zweiten Motivs nicht frei. Das Benehmen Rebekkas bei der Mitteilung des Rektors, ihre unmittelbar darauffolgende Reaktion durch das Geständnis lassen keinen Zweifel daran, daß erst jetzt das stärkere und das entscheidende Motiv des Verzichts in Wirkung tritt. Es liegt eben ein Fall von mehrfacher Motivierung vor, bei dem hinter dem oberflächlicheren Motiv ein tieferes zum Vorschein kommt. Gebote der poetischen Ökonomie hießen den Fall so gestalten, denn dies tiefere Motiv sollte nicht laut erörtert werden, es mußte gedeckt bleiben, der bequemen Wahrnehmung des Zuhörers im Theater oder des Lesers entzogen, sonst hätten sich bei diesem schwere Widerstände erhoben, auf die peinlichsten Gefühle begründet, welche die Wirkung des Schauspiels in Frage stellen könnten.

Mit Recht dürfen wir aber verlangen, daß das vorgeschobene Motiv nicht ohne inneren Zusammenhang mit dem von ihm gedeckten sei, sondern sich als eine Milderung und Ableitung aus dem letzteren erweise. Und wenn wir dem Dichter zutrauen dürfen, daß seine bewußte poetische Kombination folgerichtig aus unbewußten Voraussetzungen hervorgegangen ist, so können wir auch den Versuch machen zu zeigen, daß er diese Forderung erfüllt hat. Rebekkas Schuldbewußtsein entspringt aus der Quelle des Inzestvorwurfs, noch ehe der Rektor ihr diesen mit analytischer Schärfe zum Bewußtsein gebracht hat. Wenn wir ausführend und ergänzend ihre vom Dichter angedeutete Vergangenheit rekonstruieren, so werden wir sagen, sie kann nicht ohne Ahnung der intimen Beziehung zwischen ihrer Mutter und dem Doktor West gewesen sein. Es muß ihr einen großen Eindruck gemacht haben, als sie die Nachfolgerin der Mutter bei diesem Manne wurde, und sie stand unter der Herrschaft des Ödipus-Komplexes, auch wenn sie nicht wußte, daß diese allgemeine Phantasie in ihrem Falle zur Wirklichkeit geworden war. Als sie nach Rosmersholm kam, trieb sie die innere Gewalt jenes ersten Erlebnisses dazu an, durch tatkräftiges Handeln dieselbe Situation herbeizuführen, die sich das erstemal ohne ihr Dazutun verwirklicht hatte, die Frau und Mutter zu beseitigen, um beim Manne und Vater ihre Stelle einzunehmen. Sie schildert mit überzeugender Eindringlichkeit, wie sie gegen ihren Willen genötigt wurde, Schritt um Schritt zur Beseitigung Beatens zu tun.

»Aber glaubt Ihr denn, ich ging und handelte mit kühler Überlegung! Damals war ich doch nicht, was ich heute bin, wo ich vor

Euch stehe und erzähle. Und dann gibt es doch auch, sollte ich meinen, zwei Arten Willen in einem Menschen. Ich wollte Beate weg haben! Auf irgendeine Art. Aber ich glaubte doch nicht, es würde jemals dahin kommen. Bei jedem Schritt, den es mich reizte, vorwärts zu wagen, war es mir, als schrie etwas in mir: Nun nicht weiter! Keinen Schritt mehr! – Und doch konnte ich es nicht lassen. Ich mußte noch ein winziges Spürchen weiter. Und noch ein einziges Spürchen. Und dann noch eins – und immer noch eins –. Und so ist es geschehen. Auf diese Weise geht so etwas vor sich.«

Das ist nicht Beschönigung, sondern wahrhafte Rechenschaft. Alles, was auf Rosmersholm mit ihr vorging, die Verliebtheit in Rosmer und die Feindseligkeit gegen seine Frau, war bereits Erfolg des Ödipus-Komplexes, erzwungene Nachbildung ihres Verhältnisses zu ihrer Mutter und zu Dr. West.

Und darum ist das Schuldgefühl, das sie zuerst die Werbung Rosmers abweisen läßt, im Grunde nicht verschieden von jenem größeren, das sie nach der Mitteilung Krolls zum Geständnis zwingt. Wie sie aber unter dem Einfluß des Dr. West zur Freidenkerin und Verächterin der religiösen Moral geworden war, so wandelte sie sich durch die neue Liebe zu Rosmer zum Gewissens- und Adelsmenschen. Soviel verstand sie selbst von ihren inneren Vorgängen, und darum durfte sie mit Recht den Einfluß Rosmers als das ihr zugänglich gewordene Motiv ihrer Änderung bezeichnen.

Der psychoanalytisch arbeitende Arzt weiß, wie häufig oder wie regelmäßig das Mädchen, welches als Dienerin, Gesellschafterin, Erzieherin in ein Haus eintritt, dort bewußt oder unbewußt am Tagtraum spinnt, dessen Inhalt dem Ödipus-Komplex entnommen ist, daß die Frau des Hauses irgendwie wegfallen und der Herr an deren Stelle sie zur Frau nehmen wird. »Rosmersholm« ist das höchste Kunstwerk der Gattung, welche diese alltägliche Phantasie der Mädchen behandelt. Es wird eine tragische Dichtung durch den Zusatz, daß dem Tagtraum der Heldin die ganz entsprechende Wirklichkeit in ihrer Vorgeschichte vorausgegangen ist.[1]

---

1 Der Nachweis des Inzestthemas in »Rosmersholm« ist bereits mit denselben Mitteln wie hier in dem überaus reichhaltigen Werke von O. Rank, Das Inzestmotiv in Dichtung und Sage, 1912, erbracht worden.

Nach langem Aufenthalte bei der Dichtung kehren wir nun zur ärztlichen Erfahrung zurück. Aber nur, um mit wenigen Worten die volle Übereinstimmung beider festzustellen. Die psychoanalytische Arbeit lehrt, daß die Gewissenskräfte, welche am Erfolg erkranken lassen anstatt wie sonst an der Versagung, in intimer Weise mit dem Ödipus-Komplex zusammenhängen, mit dem Verhältnis zu Vater und Mutter, wie vielleicht unser Schuldbewußtsein überhaupt.

III
Die Verbrecher aus Schuldbewußtsein

In den Mitteilungen über ihre Jugend, besonders über die Jahre der Vorpubertät, haben mir oft später sehr anständige Personen von unerlaubten Handlungen berichtet, die sie sich damals hatten zuschulden kommen lassen, von Diebstählen, Betrügereien und selbst Brandstiftungen. Ich pflegte über diese Angaben mit der Auskunft hinwegzugehen, daß die Schwäche der moralischen Hemmungen in dieser Lebenszeit bekannt sei, und versuchte nicht, sie in einen bedeutsameren Zusammenhang einzureihen. Aber endlich wurde ich durch grelle und günstigere Fälle, bei denen solche Vergehen begangen wurden, während die Kranken sich in meiner Behandlung befanden, und wo es sich um Personen jenseits jener jungen Jahre handelte, zum gründlicheren Studium solcher Vorfälle aufgefordert. Die analytische Arbeit brachte dann das überraschende Ergebnis, daß solche Taten vor allem darum vollzogen wurden, weil sie verboten und weil mit ihrer Ausführung eine seelische Erleichterung für den Täter verbunden war. Er litt an einem drückenden Schuldbewußtsein unbekannter Herkunft, und nachdem er ein Vergehen begangen hatte, war der Druck gemildert. Das Schuldbewußtsein war wenigstens irgendwie untergebracht.

So paradox es klingen mag, ich muß behaupten, daß das Schuldbewußtsein früher da war als das Vergehen, daß es nicht aus diesem hervorging, sondern umgekehrt das Vergehen aus dem Schuldbewußtsein. Diese Personen durfte man mit gutem Recht als Verbrecher aus Schuldbewußtsein bezeichnen. Die Präexistenz des Schuldgefühls hatte sich natürlich durch eine ganze Reihe von anderen Äußerungen und Wirkungen nachweisen lassen.

Die Feststellung eines Kuriosums setzt der wissenschaftlichen Arbeit aber kein Ziel. Es sind zwei weitere Fragen zu beantworten, woher das dunkle Schuldgefühl vor der Tat stammt und ob es wahrscheinlich ist, daß eine solche Art der Verursachung an den Verbrechen der Menschen einen größeren Anteil hat.

Die Verfolgung der ersten Frage versprach eine Auskunft über die Quelle des menschlichen Schuldgefühls überhaupt. Das regelmäßige Ergebnis der analytischen Arbeit lautete, daß dieses dunkle Schuldgefühl aus dem Ödipus-Komplex stamme, eine Reaktion sei auf die beiden großen verbrecherischen Absichten, den Vater zu töten und mit der Mutter sexuell zu verkehren. Im Vergleich mit diesen beiden waren allerdings die zur Fixierung des Schuldgefühls begangenen Verbrechen Erleichterungen für den Gequälten. Man muß sich hier daran erinnern, daß Vatermord und Mutterinzest die beiden großen Verbrechen der Menschen sind, die einzigen, die in primitiven Gesellschaften als solche verfolgt und verabscheut werden. Auch daran, wie nahe wir durch andere Untersuchungen der Annahme gekommen sind, daß die Menschheit ihr Gewissen, das nun als vererbte Seelenmacht auftritt, am *Ödipus-Komplex* erworben hat.

Die Beantwortung der zweiten Frage geht über die psychoanalytische Arbeit hinaus. Bei Kindern kann man ohneweiters beobachten, daß sie »schlimm« werden, um Strafe zu provozieren, und nach der Bestrafung beruhigt und zufrieden sind. Eine spätere analytische Untersuchung führt oft auf die Spur des Schuldgefühls, welches sie die Strafe suchen hieß. Von den erwachsenen Verbrechern muß man wohl alle die abziehen, die ohne Schuldgefühl Verbrechen begehen, die entweder keine moralischen Hemmungen entwickelt haben oder sich im Kampf mit der Gesellschaft zu ihrem Tun berechtigt glauben. Aber bei der Mehrzahl der anderen Verbrecher, bei denen, für die die Strafsatzungen eigentlich gemacht sind, könnte eine solche Motivierung des Verbrechens sehr wohl in Betracht kommen, manche dunkle Punkte in der Psychologie des Verbrechers erhellen und der Strafe eine neue psychologische Fundierung geben.

Ein Freund hat mich dann darauf aufmerksam gemacht, daß der »Verbrecher aus Schuldgefühl« auch Nietzsche bekannt war. Die Präexistenz des Schuldgefühls und die Verwendung der Tat zur Rationalisierung desselben schimmern uns aus den Reden Zarathustras »Über den bleichen Verbrecher« entgegen. Überlassen wir es zukünftiger Forschung zu entscheiden, wie viele von den Verbrechern zu diesen »bleichen« zu rechnen sind.

EINE KINDHEITSERINNERUNG AUS ›DICHTUNG UND WAHRHEIT‹

(1917)

EINE KINDHEITSERINNERUNG AUS
›DICHTUNG UND WAHRHEIT‹

»Wenn man sich erinnern will, was uns in der frühsten Zeit der Kindheit[1] begegnet ist, so kommt man oft in den Fall, dasjenige, was wir von andern gehört, mit dem zu verwechseln, was wir wirklich aus eigner anschauender Erfahrung besitzen.« Diese Bemerkung macht Goethe auf einem der ersten Blätter der Lebensbeschreibung, die er im Alter von sechzig Jahren aufzuzeichnen begann. Vor ihr stehen nur einige Mitteilungen über seine »am 28. August 1749, mittags mit dem Glockenschlag zwölf« erfolgte Geburt. Die Konstellation der Gestirne war ihm günstig und mag wohl Ursache seiner Erhaltung gewesen sein, denn er kam »für tot« auf die Welt, und nur durch vielfache Bemühungen brachte man es dahin, daß er das Licht erblickte. Nach dieser Bemerkung folgt eine kurze Schilderung des Hauses und der Räumlichkeit, in welcher sich die Kinder – er und seine jüngere Schwester – am liebsten aufhielten. Dann aber erzählt Goethe eigentlich nur eine *einzige* Begebenheit, die man in die »früheste Zeit der Kindheit« (in die Jahre bis vier?) versetzen kann und an welche er eine eigene Erinnerung bewahrt zu haben scheint.

Der Bericht hierüber lautet: »[…] und mich gewannen drei gegenüber wohnende Brüder von Ochsenstein, hinterlassene Söhne des verstorbenen Schultheißen, gar lieb, und beschäftigten und neckten sich mit mir auf mancherlei Weise.«

»Die Meinigen erzählten gern allerlei Eulenspiegeleien, zu denen mich jene sonst ernsten und einsamen Männer angereizt. Ich führe nur einen von diesen Streichen an. Es war eben Topfmarkt gewesen, und man hatte nicht allein die Küche für die nächste Zeit mit solchen Waren versorgt, sondern auch uns Kindern dergleichen Geschirr im kleinen zu spielender Beschäftigung eingekauft. An einem schönen Nachmittag, da alles ruhig im Hause war, trieb ich im Geräms« (der

---

1 [In Goethes Original »Jugend«; einige kleine Korrekturen in den Goethe-Zitaten wurden entsprechend der Ausgabe des Insel Verlages von 1914 vorgenommen – *Goethes Werke*, hrsg. von Erich Schmidt, Bd. 5.]

erwähnten, gegen die Straße gerichteten Örtlichkeit) »mit meinen Schüsseln und Töpfen mein Wesen, und da weiter nichts dabei herauskommen wollte, warf ich ein Geschirr auf die Straße und freute mich, daß es so lustig zerbrach. Die von Ochsenstein, welche sahen, wie ich mich daran ergötzte, daß ich so gar fröhlich in die Händchen patschte, riefen: Noch mehr! Ich säumte nicht, sogleich einen Topf und auf immer fortwährendes Rufen: Noch mehr! nach und nach sämtliche Schüsselchen, Tiegelchen, Kännchen gegen das Pflaster zu schleudern. Meine Nachbarn fuhren fort, ihren Beifall zu bezeigen, und ich war höchlich froh, ihnen Vergnügen zu machen. Mein Vorrat aber war aufgezehrt, und sie riefen immer: Noch mehr! Ich eilte daher stracks in die Küche und holte die irdenen Teller, welche nun freilich im Zerbrechen ein noch lustigeres Schauspiel gaben; und so lief ich hin und wider, brachte einen Teller nach dem anderen, wie ich sie auf dem Topfbrett der Reihe nach erreichen konnte, und weil sich jene gar nicht zufrieden gaben, so stürzte ich alles, was ich von Geschirr erschleppen konnte, in gleiches Verderben. Nur später erschien jemand, zu hindern und zu wehren. Das Unglück war geschehen, und man hatte für so viel zerbrochene Töpferware wenigstens eine lustige Geschichte, an der sich besonders die schalkischen Urheber bis an ihr Lebensende ergötzten.«

Dies konnte man in voranalytischen Zeiten ohne Anlaß zum Verweilen und ohne Anstoß lesen; aber später wurde das analytische Gewissen rege. Man hatte sich ja über Erinnerungen aus der frühesten Kindheit bestimmte Meinungen und Erwartungen gebildet, für die man gerne allgemeine Gültigkeit in Anspruch nahm. Es sollte nicht gleichgültig oder bedeutungslos sein, welche Einzelheit des Kindheitslebens sich dem allgemeinen Vergessen der Kindheit entzogen hatte. Vielmehr durfte man vermuten, daß dies im Gedächtnis Erhaltene auch das Bedeutsamste des ganzen Lebensabschnittes sei, und zwar entweder so, daß es solche Wichtigkeit schon zu seiner Zeit besessen oder anders, daß es sie durch den Einfluß späterer Erlebnisse nachträglich erworben habe.

Allerdings war die hohe Wertigkeit solcher Kindheitserinnerungen nur in seltenen Fällen offensichtlich. Meist erschienen sie gleichgültig, ja nichtig, und es blieb zunächst unverstanden, daß es gerade ihnen gelungen war, der Amnesie zu trotzen; auch wußte derjenige, der sie als sein eigenes Erinnerungsgut seit langen Jahren bewahrt hatte, sie sowenig zu würdigen wie der Fremde, dem er sie erzählte. Um sie in ihrer Bedeutsamkeit zu erkennen, bedurfte es einer gewissen Deutungsarbeit, die entweder nachwies, wie ihr Inhalt durch einen anderen zu ersetzen sei, oder ihre Beziehung zu anderen, unverkennbar wichtigen Erlebnissen aufzeigte, für welche sie als sogenannte *Deckerinnerungen* eingetreten waren.

In jeder psychoanalytischen Bearbeitung einer Lebensgeschichte gelingt es, die Bedeutung der frühesten Kindheitserinnerungen in solcher Weise aufzuklären. Ja, es ergibt sich in der Regel, daß gerade diejenige Erinnerung, die der Analysierte voranstellt, die er zuerst erzählt, mit der er seine Lebensbeichte einleitet, sich als die wichtigste erweist, als diejenige, welche die Schlüssel zu den Geheimfächern seines Seelenlebens in sich birgt. Aber im Falle jener kleinen Kinderbegebenheit, die in »Dichtung und Wahrheit« erzählt wird, kommt unseren Erwartungen zuwenig entgegen. Die Mittel und Wege, die bei unseren Patienten zur Deutung führen, sind uns hier natürlich unzugänglich; der Vorfall an sich scheint einer aufspürbaren Beziehung zu wichtigen Lebenseindrücken späterer Zeit nicht fähig zu sein. Ein Schabernack zum Schaden der häuslichen Wirtschaft, unter fremdem Einfluß verübt, ist sicherlich keine passende Vignette für all das, was Goethe aus seinem reichen Leben mitzuteilen hat. Der Eindruck der vollen Harmlosigkeit und Beziehungslosigkeit will sich für diese Kindererinnerung behaupten, und wir mögen die Mahnung mitnehmen, die Anforderungen der Psychoanalyse nicht zu überspannen oder am ungeeigneten Orte vorzubringen.

So hatte ich denn das kleine Problem längst aus meinen Gedanken fallenlassen, als mir der Zufall einen Patienten zuführte, bei dem sich eine ähnliche Kindheitserinnerung in durchsichtigerem Zusammenhange ergab. Es war ein siebenundzwanzigjähriger, hochgebildeter und begabter Mann, dessen Gegenwart durch einen Konflikt mit seiner Mutter ausgefüllt war, der sich so ziemlich auf alle Interessen des Lebens erstreckte, unter dessen Wirkung die Entwicklung seiner Liebesfähigkeit und seiner selbständigen Lebensführung schwer gelitten hatte. Dieser Konflikt ging weit in die Kindheit zurück; man kann wohl sagen, bis in sein viertes Lebensjahr. Vorher war er ein sehr schwächliches, immer kränkelndes Kind gewesen, und doch hatten seine Erinnerungen diese üble Zeit zum Paradies verklärt, denn damals besaß er die uneingeschränkte, mit niemandem geteilte Zärtlichkeit der Mutter. Als er noch nicht vier Jahre war, wurde ein – heute noch lebender – Bruder geboren, und in der Reaktion auf diese Störung wandelte er sich zu einem eigensinnigen, unbotmäßigen Jungen, der unausgesetzt die Strenge der Mutter herausforderte. Er kam auch nie mehr in das richtige Geleise.

Als er in meine Behandlung trat – nicht zum mindesten darum, weil die bigotte Mutter die Psychoanalyse verabscheute – war die Eifersucht auf den nachgeborenen Bruder, die sich seinerzeit selbst in einem Attentat auf den Säugling in der Wiege geäußert hatte, längst vergessen. Er behandelte jetzt seinen jüngeren Bruder sehr rücksichtsvoll, aber sonderbare Zufallshandlungen, durch die er sonst geliebte Tiere wie seinen Jagdhund oder sorgsam von ihm gepflegte Vögel plötzlich zu schwerem Schaden brachte, waren wohl als Nachklänge jener feindseligen Impulse gegen den kleinen Bruder zu verstehen.

Dieser Patient berichtete nun, daß er um die Zeit des Attentats gegen das ihm verhaßte Kind einmal alles ihm erreichbare Geschirr aus dem Fenster des Landhauses auf die Straße geworfen. Also dasselbe, was Goethe in Dichtung und Wahrheit aus seiner Kindheit erzählt! Ich bemerke, daß mein Patient von fremder Nationalität und nicht in deutscher Bildung erzogen war; er hatte Goethes Lebensbeschreibung niemals gelesen.

Diese Mitteilung mußte mir den Versuch nahelegen, die Kindheitserinnerung Goethes in dem Sinne zu deuten, der durch die Geschichte meines Patienten unabweisbar geworden war. Aber waren in der Kindheit des Dichters die für solche Auffassung erforderlichen Bedingungen nachzuweisen? Goethe selbst macht zwar die Aneiferung der Herren von Ochsenstein für seinen Kinderstreich verantwortlich. Aber seine Erzählung selbst läßt erkennen, daß die erwachsenen Nachbarn ihn nur zur Fortsetzung seines Treibens aufgemuntert hatten. Den Anfang dazu hatte er spontan gemacht, und die Motivierung, die er für dies Beginnen gibt: »Da weiter nichts dabei« (beim Spiele) »herauskommen wollte«, läßt sich wohl ohne Zwang als Geständnis deuten, daß ihm ein wirksames Motiv seines Handelns zur Zeit der Niederschrift und wahrscheinlich auch lange Jahre vorher nicht bekannt war.

Es ist bekannt, daß Joh. Wolfgang und seine Schwester Cornelia die ältesten Überlebenden einer größeren, recht hinfälligen Kinderreihe waren. Dr. Hanns Sachs war so freundlich, mir die Daten zu verschaffen, die sich auf diese früh verstorbenen Geschwister Goethes beziehen.

Geschwister Goethes:

a) Hermann Jakob, getauft Montag, den 27. November 1752, erreichte ein Alter von sechs Jahren und sechs Wochen, beerdigt 13. Jänner 1759.

b) Katharina Elisabetha, getauft Montag, den 9. September 1754, beerdigt Donnerstag, den 22. Dezember 1755 (ein Jahr, vier Monate alt).

c) Johanna Maria, getauft Dienstag, den 29. März 1757, und beerdigt Samstag, den 11. August 1759 (zwei Jahre, vier Monate alt). (Dies war jedenfalls das von ihrem Bruder gerühmte sehr schöne und angenehme Mädchen.)

d) Georg Adolph, getauft Sonntag, den 15. Juni 1760; beerdigt, acht Monate alt, Mittwoch, den 18. Februar 1761.

Goethes nächste Schwester, Cornelia Friederica Christiana, war am 7. Dezember 1750 geboren, als er fünfviertel Jahre alt war. Durch diese geringe Altersdifferenz ist sie als Objekt der Eifersucht so gut wie ausgeschlossen. Man weiß, daß Kinder, wenn ihre Leidenschaften erwachen, niemals so heftige Reaktionen gegen die Geschwister entwickeln, welche sie vorfinden, sondern ihre Abneigung gegen die neu Ankommenden richten. Auch ist die Szene, um deren Deutung wir uns bemühen, mit dem zarten Alter Goethes bei oder bald nach der Geburt Cornelias unvereinbar.

Bei der Geburt des ersten Brüderchens Hermann Jakob war Joh. Wolfgang dreieinviertel Jahre alt. Ungefähr zwei Jahre später, als er etwa fünf Jahre alt war, wurde die zweite Schwester geboren. Beide Altersstufen kommen für die Datierung des Geschirrhinauswerfens in Betracht; die erstere verdient vielleicht den Vorzug, sie würde auch die bessere Übereinstimmung mit dem Falle meines Patienten ergeben, der bei der Geburt seines Bruders etwa dreidreiviertel Jahre zählte.

Der Bruder Hermann Jakob, auf den unser Deutungsversuch in solcher Art hingelenkt wird, war übrigens kein so flüchtiger Gast in der Goetheschen Kinderstube wie die späteren Geschwister. Man könnte sich verwundern, daß die Lebensgeschichte seines großen Bruders nicht ein Wörtchen des Gedenkens an ihn bringt.[1] Er wurde über sechs Jahre alt, und Joh. Wolfgang war nahe an zehn Jahre, als er starb. Dr. Ed. Hitschmann, der so freundlich war, mir seine Notizen über diesen Stoff zur Verfügung zu stellen, meint: *»Auch der kleine Goethe hat ein Brüderchen nicht ungern sterben gesehen.* Wenigstens berichtete seine Mutter nach Bettina Brentanos Wiedererzählung folgendes: ›Sonderbar fiel es der Mutter auf, daß er bei dem Tode seines jüngeren Bruders Jakob, der sein Spielkamerad war, keine Träne vergoß, er schien vielmehr eine Art Ärger über die Klagen der Eltern und Geschwister zu haben; da die Mutter nun später den Trotzigen fragte, ob er den Bruder nicht lieb gehabt habe, lief er in seine Kammer, brachte unter dem Bett hervor eine Menge Papiere, die mit Lektionen und Geschichtchen beschrieben waren, er sagte ihr, daß er dies alles gemacht habe, um es dem Bruder zu lehren.‹ Der ältere Bruder hätte also immerhin gern Vater mit dem Jüngeren gespielt und ihm seine Überlegenheit gezeigt.«

Wir könnten uns also die Meinung bilden, das Geschirrhinauswerfen sei eine symbolische, oder sagen wir es richtiger: eine *magische* Handlung, durch welche das Kind (Goethe sowie mein Patient) seinen Wunsch nach Beseitigung des störenden Eindringlings zu kräftigem Ausdruck bringt. Wir brauchen das Vergnügen des Kindes beim Zerschellen der Gegenstände nicht zu bestreiten; wenn eine Handlung bereits an sich lustbringend ist, so ist dies keine Abhaltung, sondern eher eine Verlockung, sie auch im Dienste anderer Absichten zu wiederholen. Aber wir glauben nicht, daß es die Lust am Klirren und Brechen war, welche solchen Kinderstreichen

---

1 (*Zusatz 1924*): Ich bediene mich dieser Gelegenheit, um eine unrichtige Behauptung, die nicht hätte vorfallen sollen, zurückzunehmen. An einer späteren Stelle dieses ersten Buches wird der jüngere Bruder doch erwähnt und geschildert. Es geschieht bei der Erinnerung an die lästigen Kinderkrankheiten, unter denen auch dieser Bruder »nicht wenig litt«. »Er war von zarter Natur, still und eigensinnig, und wir hatten niemals ein eigentliches Verhältnis zusammen. Auch überlebte er kaum die Kinderjahre.«

einen dauernden Platz in der Erinnerung des Erwachsenen sichern konnte. Wir sträuben uns auch nicht, die Motivierung der Handlung um einen weiteren Beitrag zu komplizieren. Das Kind, welches das Geschirr zerschlägt, weiß wohl, daß es etwas Schlechtes tut, worüber die Erwachsenen schelten werden, und wenn es sich durch dieses Wissen nicht zurückhalten läßt, so hat es wahrscheinlich einen Groll gegen die Eltern zu befriedigen; es will sich schlimm zeigen.

Der Lust am Zerbrechen und am Zerbrochenen wäre auch Genüge getan, wenn das Kind die gebrechlichen Gegenstände einfach auf den Boden würfe. Die Hinausbeförderung durch das Fenster auf die Straße bliebe dabei ohne Erklärung. Dies »*Hinaus*« scheint aber ein wesentliches Stück der magischen Handlung zu sein und dem verborgenen Sinn derselben zu entstammen. Das neue Kind soll *fortgeschafft* werden, durchs Fenster möglicherweise darum, weil es durchs Fenster gekommen ist. Die ganze Handlung wäre dann gleichwertig jener uns bekanntgewordenen wörtlichen Reaktion eines Kindes, als man ihm mitteilte, daß der Storch ein Geschwisterchen gebracht. »Er soll es wieder mitnehmen«, lautete sein Bescheid.

Indes, wir verhehlen uns nicht, wie mißlich es – von allen inneren Unsicherheiten abgesehen – bleibt, die Deutung einer Kinderhandlung auf eine einzige Analogie zu begründen. Ich hatte darum auch meine Auffassung der kleinen Szene aus »Dichtung und Wahrheit« durch Jahre zurückgehalten. Da bekam ich eines Tages einen Patienten, der seine Analyse mit folgenden, wortgetreu fixierten Sätzen einleitete:

»Ich bin das älteste von acht oder neun Geschwistern.[1] Eine meiner ersten Erinnerungen ist, daß der Vater, in Nachtkleidung auf seinem Bette sitzend, mir lachend erzählt, daß ich einen Bruder bekommen habe. Ich war damals dreidreiviertel Jahre alt; so groß ist der Altersunterschied zwischen mir und meinem nächsten Bruder. Dann weiß

---

1 Ein flüchtiger Irrtum auffälliger Natur. Es ist nicht abzuweisen, daß er bereits durch die Beseitigungstendenz gegen den Bruder induziert ist. (Vgl. Ferenczi: Über passagère Symptombildungen während der Analyse. Zentralbl. f. Psychoanalyse II, 1912.)

ich, daß ich kurze Zeit nachher (oder war es ein Jahr vorher?)[1] einmal verschiedene Gegenstände, Bürsten – oder war es nur eine Bürste? – Schuhe und anderes aus dem Fenster auf die Straße geworfen habe. Ich habe auch noch eine frühere Erinnerung. Als ich zwei Jahre alt war, übernachtete ich mit den Eltern in einem Hotelzimmer in Linz auf der Reise ins Salzkammergut. Ich war damals so unruhig in der Nacht und machte ein solches Geschrei, daß mich der Vater schlagen mußte.«

Vor dieser Aussage ließ ich jeden Zweifel fallen. Wenn bei analytischer Einstellung zwei Dinge unmittelbar nacheinander, wie in einem Atem vorgebracht werden, so sollen wir diese Annäherung auf Zusammenhang umdeuten. Es war also so, als ob der Patient gesagt hätte: *Weil* ich erfahren, daß ich einen Bruder bekommen habe, habe ich einige Zeit nachher jene Gegenstände auf die Straße geworfen. Das Hinauswerfen der Bürsten, Schuhe usw. gibt sich als Reaktion auf die Geburt des Bruders zu erkennen. Es ist auch nicht unerwünscht, daß die fortgeschafften Gegenstände in diesem Falle nicht Geschirr, sondern andere Dinge waren, wahrscheinlich solche, wie sie das Kind eben erreichen konnte... Das Hinausbefördern (durchs Fenster auf die Straße) erweist sich so als das Wesentliche der Handlung, die Lust am Zerbrechen, am Klirren und die Art der Dinge, an denen »die Exekution vollzogen wird«, als inkonstant und unwesentlich.

Natürlich gilt die Forderung des Zusammenhanges auch für die dritte Kindheitserinnerung des Patienten, die, obwohl die früheste, an das Ende der kleinen Reihe gerückt ist. Es ist leicht, sie zu erfüllen. Wir verstehen, daß das zweijährige Kind darum so unruhig war, weil es das Beisammensein von Vater und Mutter im Bette nicht leiden wollte. Auf der Reise war es wohl nicht anders möglich, als das Kind zum Zeugen dieser Gemeinschaft werden zu lassen. Von den Gefühlen, die sich damals in dem kleinen Eifersüchtigen regten, ist ihm die Erbitterung gegen das Weib verblieben, und diese hat eine dauernde Störung seiner Liebesentwicklung zur Folge gehabt.

---

1 Dieser den wesentlichen Punkt der Mitteilung als Widerstand annagende Zweifel wurde vom Patienten bald nachher selbständig zurückgezogen.

Als ich nach diesen beiden Erfahrungen im Kreise der psychoanalytischen Gesellschaft die Erwartung äußerte, Vorkommnisse solcher Art dürften bei kleinen Kindern nicht zu den Seltenheiten gehören, stellte mir Frau Dr. v. Hug-Hellmuth zwei weitere Beobachtungen zur Verfügung, die ich hier folgen lasse:

I

»Mit zirka dreieinhalb Jahren hatte der kleine Erich ›urplötzlich‹ die Gewohnheit angenommen, alles, was ihm nicht paßte, zum Fenster hinauszuwerfen. Aber er tat es auch mit Gegenständen, die ihm nicht im Wege waren und ihn nichts angingen. Gerade am Geburtstag des Vaters – da zählte er drei Jahre viereinhalb Monate – warf er eine schwere Teigwalze, die er flugs aus der Küche ins Zimmer geschleppt hatte, aus einem Fenster der im dritten Stockwerk gelegenen Wohnung auf die Straße. Einige Tage später ließ er den Mörserstößel, dann ein Paar schwerer Bergschuhe des Vaters, die er erst aus dem Kasten nehmen mußte, folgen.[1]

Damals machte die Mutter im siebenten oder achten Monate ihrer Schwangerschaft eine *fausse couche*, nach der das Kind ›wie ausgewechselt brav und zärtlich still‹ war. Im fünften oder sechsten Monate sagte er wiederholt zur Mutter: ›Mutti, ich spring' dir auf den Bauch‹ oder ›Mutti, ich drück' dir den Bauch ein‹. Und kurz vor der *fausse couche*, im Oktober: ›Wenn ich schon einen Bruder bekommen soll, so wenigstens erst nach dem Christkindl.‹«

II

»Eine junge Dame von neunzehn Jahren gibt spontan als früheste Kindheitserinnerung folgende:
›Ich sehe mich furchtbar ungezogen, zum Hervorkriechen bereit, unter dem Tische im Speisezimmer sitzen. Auf dem Tische steht meine Kaffeeschale – ich sehe noch jetzt deutlich das Muster des Porzellans vor mir –, die ich in dem Augenblick, als Großmama ins Zimmer trat, zum Fenster hinauswerfen wollte.

---

1 »Immer wählte er schwere Gegenstände.«

Es hatte sich nämlich niemand um mich gekümmert, und indessen hatte sich auf dem Kaffee eine »Haut« gebildet, was mir immer fürchterlich war und heute noch ist.

An diesem Tage wurde mein um zweieinhalb Jahre jüngerer Bruder geboren, deshalb hatte niemand Zeit für mich.

Man erzählt mir noch immer, daß ich an diesem Tage unausstehlich war; zu Mittag hatte ich das Lieblingsglas des Papas vom Tische geworfen, tagsüber mehrmals mein Kleidchen beschmutzt und war von früh bis abends übelster Laune. Auch ein Badepüppchen hatte ich in meinem Zorne zertrümmert.‹«

Diese beiden Fälle bedürfen kaum eines Kommentars. Sie bestätigen ohne weitere analytische Bemühung, daß die Erbitterung des Kindes über das erwartete oder erfolgte Auftreten eines Konkurrenten sich in dem Hinausbefördern von Gegenständen durch das Fenster wie auch durch andere Akte von Schlimmheit und Zerstörungssucht zum Ausdruck bringt. In der ersten Beobachtung symbolisieren wohl die »schweren Gegenstände« die Mutter selbst, gegen welche sich der Zorn des Kindes richtet, solange das neue Kind noch nicht da ist. Der dreieinhalbjährige Knabe weiß um die Schwangerschaft der Mutter und ist nicht im Zweifel darüber, daß sie das Kind in ihrem Leibe beherbergt. Man muß sich hiebei an den »kleinen Hans«[1] erinnern und an seine besondere Angst vor schwer beladenen Wagen.[2] An der zweiten Beobachtung ist das frühe Alter des Kindes, zweieinhalb Jahre, bemerkenswert.

Wenn wir nun zur Kindheitserinnerung Goethes zurückkehren und

---

1 Analyse der Phobie eines fünfjährigen Knaben (Ges. Werke, Bd. VII).

2 Für diese Symbolik der Schwangerschaft hat mir vor einiger Zeit eine mehr als fünfzigjährige Dame eine weitere Bestätigung erbracht. Es war ihr wiederholt erzählt worden, daß sie als kleines Kind, das kaum sprechen konnte, den Vater aufgeregt zum Fenster zu ziehen pflegte, wenn ein schwerer Möbelwagen auf der Straße vorbeifuhr. Mit Rücksicht auf ihre Wohnungserinnerungen läßt sich feststellen, daß sie damals jünger war als zweidreiviertel Jahre. Um diese Zeit wurde ihr nächster Bruder geboren und infolge dieses Zuwachses die Wohnung gewechselt. Ungefähr gleichzeitig hatte sie oft vor dem Einschlafen die ängstliche Empfindung von etwas unheimlich Großem, das auf sie zukam, und dabei »wurden ihr die Hände so dick«.

an ihrer Stelle in »Dichtung und Wahrheit« einsetzen, was wir aus der Beobachtung anderer Kinder erraten zu haben glauben, so stellt sich ein tadelloser Zusammenhang her, den wir sonst nicht entdeckt hätten. Es heißt dann: Ich bin ein Glückskind gewesen; das Schicksal hat mich am Leben erhalten, obwohl ich für tot zur Welt gekommen bin. Meinen Bruder aber hat es beseitigt, so daß ich die Liebe der Mutter nicht mit ihm zu teilen brauchte. Und dann geht der Gedankenweg weiter, zu einer anderen in jener Frühzeit Verstorbenen, der Großmutter, die wie ein freundlicher, stiller Geist in einem anderen Wohnraum hauste.

Ich habe es aber schon an anderer Stelle ausgesprochen: Wenn man der unbestrittene Liebling der Mutter gewesen ist, so behält man fürs Leben jenes Eroberergefühl, jene Zuversicht des Erfolges, welche nicht selten wirklich den Erfolg nach sich zieht. Und eine Bemerkung solcher Art wie: Meine Stärke wurzelt in meinem Verhältnis zur Mutter, hätte Goethe seiner Lebensgeschichte mit Recht voranstellen dürfen.

DAS UNHEIMLICHE

(1919)

DAS UNHEIMLICHE

I

Der Psychoanalytiker verspürt nur selten den Antrieb zu ästhetischen Untersuchungen, auch dann nicht, wenn man die Ästhetik nicht auf die Lehre vom Schönen einengt, sondern sie als Lehre von den Qualitäten unseres Fühlens beschreibt. Er arbeitet in anderen Schichten des Seelenlebens und hat mit den zielgehemmten, gedämpften, von so vielen begleitenden Konstellationen abhängigen Gefühlsregungen, die zumeist der Stoff der Ästhetik sind, wenig zu tun. Hie und da trifft es sich doch, daß er sich für ein bestimmtes Gebiet der Ästhetik interessieren muß, und dann ist dies gewöhnlich ein abseits liegendes, von der ästhetischen Fachliteratur vernachlässigtes.

Ein solches ist das »Unheimliche«. Kein Zweifel, daß es zum Schreckhaften, Angst- und Grauenerregenden gehört, und ebenso sicher ist es, daß dies Wort nicht immer in einem scharf zu bestimmenden Sinne gebraucht wird, so daß es eben meist mit dem Angsterregenden überhaupt zusammenfällt. Aber man darf doch erwarten, daß ein besonderer Kern vorhanden ist, der die Verwendung eines besonderen Begriffswortes rechtfertigt. Man möchte wissen, was dieser gemeinsame Kern ist, der etwa gestattet, innerhalb des Ängstlichen ein »Unheimliches« zu unterscheiden.

Darüber findet man nun soviel wie nichts in den ausführlichen Darstellungen der Ästhetik, die sich überhaupt lieber mit den schönen, großartigen, anziehenden, also mit den positiven Gefühlsarten, ihren Bedingungen und den Gegenständen, die sie hervorrufen, als mit den gegensätzlichen, abstoßenden, peinlichen beschäftigen. Von seiten der ärztlich-psychologischen Literatur kenne ich nur die eine, inhaltsreiche, aber nicht erschöpfende Abhandlung von E. Jentsch.[1] Allerdings muß ich gestehen, daß aus leicht zu erraten-

---

1 Zur Psychologie des Unheimlichen, Psychiatr.-neurolog. Wochenschrift 1906, Nr. 22 und 23.

den, in der Zeit liegenden Gründen die Literatur zu diesem kleinen Beitrag, insbesondere die fremdsprachige, nicht gründlich herausgesucht wurde, weshalb er denn auch ohne jeden Anspruch auf Priorität vor den Leser tritt.

Als Schwierigkeit beim Studium des Unheimlichen betont Jentsch mit vollem Recht, daß die Empfindlichkeit für diese Gefühlsqualität bei verschiedenen Menschen so sehr verschieden angetroffen wird. Ja, der Autor dieser neuen Unternehmung muß sich einer besonderen Stumpfheit in dieser Sache anklagen, wo große Feinfühligkeit eher am Platze wäre. Er hat schon lange nichts erlebt oder kennengelernt, was ihm den Eindruck des Unheimlichen gemacht hätte, muß sich erst in das Gefühl hineinversetzen, die Möglichkeit desselben in sich wachrufen. Indes sind Schwierigkeiten dieser Art auch auf vielen anderen Gebieten der Ästhetik mächtig; man braucht darum die Erwartung nicht aufzugeben, daß sich die Fälle werden herausheben lassen, in denen der fragliche Charakter von den meisten widerspruchslos anerkannt wird.

Man kann nun zwei Wege einschlagen: nachsuchen, welche Bedeutung die Sprachentwicklung in dem Worte »unheimlich« niedergelegt hat, oder zusammentragen, was an Personen und Dingen, Sinneseindrücken, Erlebnissen und Situationen das Gefühl des Unheimlichen in uns wachruft, und den verhüllten Charakter des Unheimlichen aus einem allen Fällen Gemeinsamen erschließen. Ich will gleich verraten, daß beide Wege zum nämlichen Ergebnis führen, das Unheimliche sei jene Art des Schreckhaften, welche auf das Altbekannte, Längstvertraute zurückgeht. Wie das möglich ist, unter welchen Bedingungen das Vertraute unheimlich, schreckhaft werden kann, das wird aus dem Weiteren ersichtlich werden. Ich bemerke noch, daß diese Untersuchung in Wirklichkeit den Weg über eine Sammlung von Einzelfällen genommen und erst später die Bestätigung durch die Aussage des Sprachgebrauches gefunden hat. In dieser Darstellung werde ich aber den umgekehrten Weg gehen.

Das deutsche Wort »unheimlich« ist offenbar der Gegensatz zu heimlich, heimisch, vertraut, und der Schluß liegt nahe, es sei etwas eben darum schreckhaft, weil es nicht bekannt und vertraut ist. Natürlich ist aber nicht alles schreckhaft, was neu und nicht vertraut ist; die Beziehung ist *nicht* umkehrbar. Man kann nur sagen, was neuartig ist, wird leicht schreckhaft und unheimlich; einiges Neuartige ist schreckhaft, durchaus nicht alles. Zum Neuen und Nichtvertrauten muß erst etwas hinzukommen, was es zum Unheimlichen macht.

Jentsch ist im ganzen bei dieser Beziehung des Unheimlichen zum Neuartigen, Nichtvertrauten, stehengeblieben. Er findet die wesentliche Bedingung für das Zustandekommen des unheimlichen Gefühls in der intellektuellen Unsicherheit. Das Unheimliche wäre eigentlich immer etwas, worin man sich sozusagen nicht auskennt. Je besser ein Mensch in der Umwelt orientiert ist, desto weniger leicht wird er von den Dingen oder Vorfällen in ihr den Eindruck der Unheimlichkeit empfangen.

Wir haben es leicht zu urteilen, daß diese Kennzeichnung nicht erschöpfend ist, und versuchen darum, über die Gleichung unheimlich = nicht vertraut hinauszugehen. Wir wenden uns zunächst an andere Sprachen. Aber die Wörterbücher, in denen wir nachschlagen, sagen uns nichts Neues, vielleicht nur darum nicht, weil wir selbst Fremdsprachige sind. Ja, wir gewinnen den Eindruck, daß vielen Sprachen ein Wort für diese besondere Nuance des Schreckhaften abgeht. [1]

LATEINISCH (nach K. E. Georges, Kl. Deutschlatein. Wörterbuch 1898): ein unheimlicher Ort – *locus suspectus*; in unheimlicher Nachtzeit – *intempesta nocte*.

GRIECHISCH (Wörterbücher von Rost und von Schenkl): ξένος – also fremd, fremdartig.

ENGLISCH (aus den Wörterbüchern von Lucas, Bellows, Flügel, Muret-Sanders): *uncomfortable, uneasy, gloomy, dismal, uncanny, ghastly*, von einem Hause: *haunted*, von einem Menschen: *a repulsive fellow*.

FRANZÖSISCH (Sachs-Villatte): *inquiétant, sinistre, lugubre, mal à son aise*.

SPANISCH (Tollhausen 1889): *sospechoso, de mal agüero, lúgubre, siniestro*.

---

1 Für die nachstehenden Auszüge bin ich Herrn Dr. Th. Reik zu Dank verpflichtet.

Das Italienische und Portugiesische scheinen sich mit Worten zu begnügen, die wir als Umschreibungen bezeichnen würden. Im Arabischen und Hebräischen fällt unheimlich mit dämonisch, schaurig zusammen.

Kehren wir darum zur deutschen Sprache zurück.

In Daniel Sanders' Wörterbuch der Deutschen Sprache 1860 finden sich folgende Angaben zum Worte *heimlich*, die ich hier ungekürzt abschreiben und aus denen ich die eine und die andere Stelle durch Unterstreichung hervorheben will (I. Bd., S. 729)[1]:

Heimlich, a. (-keit, f. -en): 1. auch Heimelich, heimelig, zum Hause gehörig, nicht fremd, vertraut, zahm, traut und traulich, anheimelnd etc. *a*) (veralt.) zum Haus, zur Familie gehörig, oder: wie dazu gehörig betrachtet, vgl. lat. *familiaris*, vertraut: Die Heimlichen, die Hausgenossen; Der heimliche Rath. 1. Mos. 41,45; 2. Sam. 23,23. 1. Chr. 12,25. Weish. 8,4., wofür jetzt: Geheimer (s.*d* 1.) Rath üblich ist, s. Heimlicher – *b*) von Thieren zahm, sich den Menschen traulich anschließend. Ggstz. wild, z. B. Thier, die weder wild noch heimlich sind etc. Eppendorf. 88; Wilde Thier... so man sie h. und gewohnsam um die Leute aufzeucht. 92. So diese Thierle von Jugend bei den Menschen erzogen, werden sie ganz h., freundlich etc. Stumpf 608a etc. – So noch: So h. ist's (das Lamm) und frißt aus meiner Hand. Hölty; Ein schöner, heimelicher (s. *c*) Vogel bleibt der Storch immerhin. Linck. Schl. 146. s. Häuslich. 1 etc. – *c*) traut, traulich anheimelnd; das Wohlgefühl stiller Befriedigung etc., behaglicher Ruhe u. sichern Schutzes, wie das umschlossne wohnliche Haus erregend (vgl. Geheuer): Ist dir's h. noch im Lande, wo die Fremden deine Wälder roden? Alexis H. 1, 1, 289; Es war ihr nicht allzu h. bei ihm. Brentano Wehm. 92; Auf einem hohen h–en Schattenpfade..., längs dem rieselnden rauschenden und plätschernden Waldbach. Forster B. 1, 417. Die H–keit der Heimath zerstören. Gervinus Lit. 5, 375. So vertraulich und h. habe ich nicht leicht ein Plätzchen gefunden. G.[oethe] 14, 14; Wir dachten es uns so bequem, so artig, so gemüthlich und h. 15, 9; In stiller H–keit, umzielt

---

1 [Im folgenden Auszug sind einige geringfügige Druckfehler korrigiert worden.]

von engen Schranken. Haller; Einer sorglichen Hausfrau, die mit dem Wenigsten eine vergnügliche H–keit (Häuslichkeit) zu schaffen versteht. Hartmann Unst. 1, 188; Desto h–er kam ihm jetzt der ihm erst kurz noch so fremde Mann vor. Kerner 540; Die protestantischen Besitzer fühlen sich... nicht h. unter ihren katholischen Unterthanen. Kohl. Irl. 1, 172; Wenns h. wird und leise / die Abendstille nur an deiner Zelle lauscht. Tiedge 2, 39; Still und lieb und h., als sie sich / zum Ruhen einen Platz nur wünschen möchten. W.[ieland] 11, 144; Es war ihm garnicht h. dabei 27, 170 etc. – Auch: Der Platz war so still, so einsam, so schatten-h. Scherr Pilg. 1, 170; Die ab- und zuströmenden Fluthwellen, träumend und wiegenlied-h. Körner, Sch. 3, 320 etc. – Vgl. namentl. Un-h. – Namentl. bei schwäb., schwzr. Schrifst. oft dreisilbig: Wie »heimelich« war es dann Ivo Abends wieder, als er zu Hause lag. Auerbach, D. 1, 249; In dem Haus ist mir's so heimelig gewesen. 4. 307; Die warme Stube, der heimelige Nachmittag. Gotthelf, Sch. 127, 148; Das ist das wahre Heimelig, wenn der Mensch so von Herzen fühlt, wie wenig er ist, wie groß der Herr ist. 147; Wurde man nach und nach recht gemüthlich und heimelig mit einander, U. 1, 297; Die trauliche Heimeligkeit. 380, 2, 86; Heimelicher wird es mir wohl nirgends werden als hier. 327; Pestalozzi 4, 240; Was von ferne herkommt... lebt gw. nicht ganz heimelig (heimatlich, freundnachbarlich) mit den Leuten. 325; Die Hütte, wo / er sonst so heimelig, so froh / ...im Kreis der Seinen oft gesessen. Reithard 20; Da klingt das Horn des Wächters so heimelig vom Thurm / da ladet seine Stimme so gastlich. 49; Es schläft sich da so lind und warm / so wunderheim'lig ein. 23 etc. – Diese Weise verdiente allgemein zu werden, um das gute Wort vor dem Veralten wegen nahe liegender Verwechslung mit 2 zu bewahren. vgl: »Die Zecks sind alle h. (2)« H.?... Was verstehen sie unter h.?... – »Nun... es kommt mir mit ihnen vor, wie mit einem zugegrabenen Brunnen oder einem ausgetrockneten Teich. Man kann nicht darüber gehen, ohne daß es Einem immer ist, als könnte da wieder einmal Wasser zum Vorschein kommen.« Wir nennen das un–h.; Sie nennen's h. Worin finden Sie denn, daß diese Familie etwas Verstecktes und Unzuverlässiges hat? etc. Gutzkow R. 2, 61.[1] – *d*) (s. *c*) namentl. schles.: fröhlich, heiter, auch vom Wetter, s. Adelung und Weinhold.

2. versteckt, verborgen gehalten, so daß man Andre nicht davon oder darum wissen lassen, es ihnen verbergen will, vgl. Geheim (**2.**), von welchem erst nhd. Ew. es doch zumal in der älteren Sprache, z. B. in der Bibel, wie Hiob 11,6; 15,8, Weish. 2,22; 1. Kor. 2,7 etc., und so auch H–keit statt Geheimnis. Matth. 13,35 etc., nicht immer genau geschieden wird: H. (hinter Jemandes Rücken) Etwas thun, treiben; Sich h. davon schleichen; H–e Zusammenkünfte, Verabredungen; Mit h–er Schadenfreude zusehen; H. seufzen, weinen; H. thun, als ob man etwas zu verbergen hätte; H–e Liebschaft, Liebe, Sünde; H–e Orte (die der Wohlstand zu verhüllen gebietet). 1. Sam. 5,6; Das h–e Gemach (Abtritt). 2. Kön. 10,27; W.[ieland] 5, 256 etc., auch: Der h–e Stuhl, Zinkgräf 1, 249; In Graben, in H–keiten werfen. 3, 75; Rollenhagen Fr. 83 etc. – Führte, h. vor Laomedon / die Stuten vor. B.[ürger] 161 b etc. – Ebenso versteckt, h., hinterlistig und boshaft gegen grausame Herren… wie offen, frei, theilnehmend und dienstwillig gegen den leidenden Freund. Burmeister g B 2, 157; Du sollst mein h. Heiligstes noch wissen. Chamisso 4, 56; Die h–e Kunst (der Zauberei). 3, 224; Wo die öffentliche Ventilation aufhören muß, fängt die h–e Machination an. Forster, Br. 2, 135; Freiheit ist die leise Parole h. Verschworener, das laute Feldgeschrei der öffentlich Umwälzenden. G.[oethe] 4, 222; Ein heilig, h. Wirken. 15; Ich habe Wurzeln / die sind gar h., / im tiefen Boden / bin ich gegründet. 2, 109; Meine h–e Tücke (vgl. Heimtücke). 30, 344; Empfängt er es nicht offenbar und gewissenhaft, so mag er es h. und gewissenlos ergreifen. 39, 22; Ließ h. und geheimnisvoll achromatische Fernröhre zusammensetzen. 375; Von nun an, will ich, sei nichts H–es / mehr unter uns. Sch.[iller] 369 b. – Jemandes H–keiten entdecken, offenbaren, verrathen; H–keiten hinter meinem Rücken zu brauen. Alexis. H. 2, 3, 168; Zu meiner Zeit / befliß man sich der H–keit. Hagedorn 3, 92; Die H–keit und das Gepuschele unter der Hand. Immermann, M. 3, 289; Der H–keit (des verborgnen Golds) unmächtigen Bann / kann nur die Hand der Einsicht lösen. Novalis.

---

1 Sperrdruck (auch im folgenden) vom Referenten.

1, 69; / Sag' an, wo du sie... verbirgst, in welches Ortes verschwie-
gener H. Sch.[iller] 495 b; Ihr Bienen, die ihr knetet / der H–keiten
Schloß (Wachs zum Siegeln). Tieck, Cymb. 3, 2; Erfahren in seltnen
H–keiten (Zauberkünsten). Schlegel Sh. 6, 102 etc., vgl. Geheimnis
L.[essing] 10: 291 ff.

Zsstzg. s. **1** *c*, so auch nam. der Ggstz.: Un-: unbehagliches, banges
Grauen erregend: Der schier ihm un-h., gespenstisch erschien. Chamisso 3, 238; Der Nacht un-h., bange Stunden. 4, 148; Mir war
schon lang' un-h., ja graulich zu Muthe. 242; Nun fängts mir an, un-
h. zu werden. G.[oethe] 6, 330;... Empfindet ein u-es Grauen.
Heine, Verm. 1, 51; Un-h. und starr wie ein Steinbild. Reis, 1, 10;
Den u–en Nebel, Haarrauch geheißen. Immermann M., 3, 299;
Diese blassen Jungen sind un-h. und brauen Gott weiß was Schlim-
mes. Laube, Band 1, 119; Un-h. **nennt man Alles, was im Geheimnis, im Verborgenen... bleiben sollte und hervorgetreten ist.** Schelling 2, 2, 649 etc. – Das Göttliche zu verhüllen,
mit einer gewissen U–keit zu umgeben 658 etc. – Unüblich als
Ggstz. von (**2**), wie es Campe ohne Beleg anführt.

Aus diesem langen Zitat ist für uns am interessantesten, daß das
Wörtchen heimlich unter den mehrfachen Nuancen seiner Bedeutung auch eine zeigt, in der es mit seinem Gegensatz unheimlich
zusammenfällt. Das Heimliche wird dann zum Unheimlichen;
vgl. das Beispiel von Gutzkow: »Wir nennen das unheimlich, Sie
nennen's heimlich.« Wir werden überhaupt daran gemahnt, daß dies
Wort heimlich nicht eindeutig ist, sondern zwei Vorstellungskrei-
sen zugehört, die, ohne gegensätzlich zu sein, einander doch recht
fremd sind, dem des Vertrauten, Behaglichen und dem des Versteckten, Verborgengehaltenen. Unheimlich sei nur als Gegensatz
zur ersten Bedeutung, nicht auch zur zweiten gebräuchlich. Wir erfahren bei Sanders nichts darüber, ob nicht doch eine genetische
Beziehung zwischen diesen zwei Bedeutungen anzunehmen ist.
Hingegen werden wir auf eine Bemerkung von Schelling aufmerksam, die vom Inhalt des Begriffes Unheimlich etwas ganz Neues
aussagt, auf das unsere Erwartung gewiß nicht eingestellt war. Unheimlich sei alles, was ein Geheimnis, im Verborgenen bleiben sollte
und hervorgetreten ist.

Ein Teil der so angeregten Zweifel wird durch die Angaben in Jacob und Wilhelm Grimm: Deutsches Wörterbuch, Leipzig 1877 (IV/2, S. 873 ff.) geklärt:

Heimlich; adj. und adv. *vernaculus, occultus*; mhd. heimelîch, heim-lîch.

S. 874: In etwas anderem sinne: es ist mir heimlich, wohl, frei von furcht...

[3]*b*) heimlich ist auch der von gespensterhaften freie ort...

S. 875: *ß*) vertraut; freundlich, zutraulich.

4. aus dem heimatlichen, häuslichen entwickelt sich weiter der begriff des fremden augen entzogenen, verborgenen, geheimen, eben auch in mehrfacher beziehung ausgebildet...

S. 876: »links am see
      liegt eine matte heimlich im gehölz.«

                                         Schiller, Tell I, 4.

...frei und für den modernen sprachgebrauch ungewöhnlich... heimlich ist zu einem verbum des verbergens gestellt: er verbirgt mich heimlich in seinem gezelt. ps. 27, 5. (...heimliche orte am menschlichen Körper, pudenda... welche leute nicht stürben, die wurden geschlagen an heimlichen örten. 1 Samuel 5,12...)

c) beamtete, die wichtige und geheim zu haltende ratschläge in staatssachen ertheilen, heiszen heimliche räthe, das adjektiv nach heutigem sprachgebrauch durch geheim (s. d.) ersetzt: ...(Pharao) nennet ihn (Joseph) den heimlichen rath. 1. Mos. 41,45;

S. 878: 6. heimlich für die erkenntnis, mystisch, allegorisch: heimliche bedeutung, *mysticus, divinus, occultus, figuratus*.

S. 878: anders ist heimlich im folgenden, der erkenntnis entzogen, unbewuszt:...

dann aber ist heimlich auch verschlossen, undurchdringlich in bezug auf erforschung:...

      »merkst du wohl? sie trauen uns[1] nicht,
      fürchten des Friedländers heimlich gesicht.«

                              Wallensteins lager, 2. aufz. [Auftritt].

[In den *Gesammelten Werken*: mir.]

9. die bedeutung des versteckten, gefährlichen, die in der vorigen nummer hervortritt, entwickelt sich noch weiter, so dasz heimlich den sinn empfängt, den sonst unheimlich (gebildet nach heimlich, 3 *b*, sp. 874) hat: »mir ist zu zeiten wie dem menschen der in nacht wandelt und an gespenster glaubt, jeder winkel ist ihm heimlich und schauerhaft.« Klinger, theater, 3, 298.

Also heimlich ist ein Wort, das seine Bedeutung nach einer Ambivalenz hin entwickelt, bis es endlich mit seinem Gegensatz unheimlich zusammenfällt. Unheimlich ist irgendwie eine Art von heimlich. Halten wir dies noch nicht recht geklärte Ergebnis mit der Definition des Unheimlichen von Schelling zusammen. Die Einzeluntersuchung der Fälle des Unheimlichen wird uns diese Andeutungen verständlich machen.

II

Wenn wir jetzt an die Musterung der Personen und Dinge, Eindrücke, Vorgänge und Situationen herangehen, die das Gefühl des Unheimlichen in besonderer Stärke und Deutlichkeit in uns zu erwecken vermögen, so ist die Wahl eines glücklichen ersten Beispiels offenbar das nächste Erfordernis. E. Jentsch hat als ausgezeichneten Fall den »Zweifel an der Beseelung eines anscheinend lebendigen Wesens und umgekehrt darüber, ob ein lebloser Gegenstand nicht etwa beseelt sei« hervorgehoben und sich dabei auf den Eindruck von Wachsfiguren, kunstvollen Puppen und Automaten berufen. Er reiht dem das Unheimliche des epileptischen Anfalls und der Äußerungen des Wahnsinnes an, weil durch sie in dem Zuschauer Ahnungen von automatischen – mechanischen – Prozessen geweckt werden, die hinter dem gewohnten Bilde der Beseelung verborgen sein mögen. Ohne nun von dieser Ausführung des Autors voll überzeugt zu sein, wollen wir unsere eigene Untersuchung an ihn anknüpfen, weil er uns im weiteren an einen Dichter mahnt, dem die Erzeugung unheimlicher Wirkungen so gut wie keinem anderen gelungen ist.

»Einer der sichersten Kunstgriffe, leicht unheimliche Wirkungen durch Erzählungen hervorzurufen«, schreibt Jentsch, »beruht nun darauf, daß man den Leser im Ungewissen darüber läßt, ob er in einer bestimmten Figur eine Person oder etwa einen Automaten vor sich habe, und zwar so, daß diese Unsicherheit nicht direkt in den Brennpunkt seiner Aufmerksamkeit tritt, damit er nicht veranlaßt werde, die Sache sofort zu untersuchen und klarzustellen, da hiedurch, wie gesagt, die besondere Gefühlswirkung leicht schwindet. E. T. A. Hoffmann hat in seinen Phantasiestücken dieses psychologische Manöver wiederholt mit Erfolg zur Geltung gebracht.«

Diese gewiß richtige Bemerkung zielt vor allem auf die Erzählung »Der Sandmann« in den »Nachtstücken« (dritter Band der Grisebachschen Ausgabe von Hoffmanns sämtlichen Werken), aus welcher die Figur der Puppe Olimpia in den ersten Akt der Offenbachschen Oper »*Hoffmanns Erzählungen*« gelangt ist. Ich muß aber sagen – und ich hoffe, die meisten Leser der Geschichte werden mir beistimmen –, daß das Motiv der belebt scheinenden Puppe Olimpia keineswegs das einzige ist, welches für die unvergleichlich unheimliche Wirkung der Erzählung verantwortlich gemacht werden muß, ja nicht einmal dasjenige, dem diese Wirkung in erster Linie zuzuschreiben wäre. Es kommt dieser Wirkung auch nicht zustatten, daß die Olimpia-Episode vom Dichter selbst eine leise Wendung ins Satirische erfährt und von ihm zum Spott auf die Liebesüberschätzung von seiten des jungen Mannes gebraucht wird. Im Mittelpunkt der Erzählung steht vielmehr ein anderes Moment, nach dem sie auch den Namen trägt und das an den entscheidenden Stellen immer wieder hervorgekehrt wird: das Motiv des *Sandmannes*, der den Kindern die Augen ausreißt.

Der Student Nathaniel, mit dessen Kindheitserinnerungen die phantastische Erzählung anhebt, kann trotz seines Glückes in der Gegenwart die Erinnerungen nicht bannen, die sich ihm an den rätselhaft erschreckenden Tod des geliebten Vaters knüpfen. An gewissen Abenden pflegte die Mutter die Kinder mit der Mahnung zeitig zu Bette zu schicken: Der Sandmann kommt, und wirklich hört das Kind dann jedesmal den schweren Schritt eines Besuchers, der den Vater für diesen Abend in Anspruch nimmt. Die Mutter, nach dem Sandmann befragt, leugnet dann zwar, daß ein solcher anders denn als Redensart existiert, aber eine Kinderfrau weiß greifbarere Auskunft zu geben: »Das ist ein böser Mann, der kommt zu den Kindern, wenn sie nicht zu Bett' gehen wollen, und wirft ihnen Händevoll Sand in die Augen, daß sie blutig zum Kopf herausspringen, die wirft er dann in den Sack und trägt sie in den Halbmond zur Atzung für seine Kinderchen; die sitzen dort im Nest und haben krumme Schnäbel, wie die Eulen, damit picken sie der unartigen Menschenkindlein Augen auf.«

Obwohl der kleine Nathaniel alt und verständig genug war, um so schauerliche Zutaten zur Figur des Sandmannes abzuweisen, so setzte sich doch die Angst vor diesem selbst in ihm fest. Er beschloß zu erkunden, wie der Sandmann aussehe, und verbarg sich eines Abends, als er wieder erwartet wurde, im Arbeitszimmer des Vaters. In dem Besucher erkennt er dann den Advokaten Coppelius, eine abstoßende Persönlichkeit, vor der sich die Kinder zu scheuen pflegten, wenn er gelegentlich als Mittagsgast erschien, und identifiziert nun diesen Coppelius mit dem gefürchteten Sandmann. Für den weiteren Fortgang dieser Szene macht es der Dichter bereits zweifelhaft, ob wir es mit einem ersten Delirium des angstbesessenen Knaben oder mit einem Bericht zu tun haben, der als real in der Darstellungswelt der Erzählung aufzufassen ist. Vater und Gast machen sich an einem Herd mit flammender Glut zu schaffen. Der kleine Lauscher hört Coppelius rufen: »Augen her, Augen her«, verrät sich durch seinen Aufschrei und wird von Coppelius gepackt, der ihm glutrote Körner aus der Flamme in die Augen streuen will, um sie dann auf den Herd zu werfen. Der Vater bittet die Augen des Kindes frei. Eine tiefe Ohnmacht und lange Krankheit beenden das Erlebnis. Wer sich für die rationalistische Deutung des Sandmannes entscheidet, wird in dieser Phantasie des Kindes den fortwirkenden Einfluß jener Erzählung der Kinderfrau nicht verkennen. Anstatt der Sandkörner sind es glutrote Flammenkörner, die dem Kinde in die Augen gestreut werden sollen, in beiden Fällen, damit die Augen herausspringen. Bei einem weiteren Besuche des Sandmannes ein Jahr später wird der Vater durch eine Explosion im Arbeitszimmer getötet; der Advokat Coppelius verschwindet vom Orte, ohne eine Spur zu hinterlassen.

Diese Schreckgestalt seiner Kinderjahre glaubt nun der Student Nathaniel in einem herumziehenden italienischen Optiker Giuseppe Coppola zu erkennen, der ihm in der Universitätsstadt Wettergläser zum Kauf anbietet und nach seiner Ablehnung hinzusetzt: »Ei, nix Wetterglas, nix Wetterglas! – hab auch sköne Oke – sköne Oke.« Das Entsetzen des Studenten wird beschwichtigt, da sich die angebotenen Augen als harmlose Brillen herausstellen; er kauft dem Coppola ein Taschenperspektiv ab und späht mit dessen Hilfe in die gegenüberliegende Wohnung des Professors Spalanzani, wo er dessen schöne, aber rätselhaft wortkarge und unbewegte Tochter Olimpia erblickt. In diese verliebt er sich bald so heftig, daß er seine kluge und nüchterne Braut über sie vergißt. Aber Olimpia ist ein Automat, an dem Spalanzani das Räderwerk gemacht und dem Coppola – der Sandmann – die Augen eingesetzt hat. Der Student kommt hinzu, wie die beiden Meister sich um ihr Werk streiten; der Optiker hat die hölzerne, augenlose Puppe davongetragen, und der Mechaniker, Spalanzani, wirft Nathaniel die auf dem Boden liegenden blutigen Augen Olimpias an die Brust, von denen er sagt, daß Coppola sie dem Nathaniel gestohlen. Dieser wird von einem neuerlichen Wahnsinnsanfall ergriffen, in dessen Delirium sich die Reminiszenz an den Tod des Vaters mit dem frischen Eindruck verbindet: »Hui – hui – hui! – Feuerkreis – Feuerkreis! Dreh' dich, Feuerkreis – lustig – lustig! Holzpüppchen hui, schön Holzpüppchen dreh' dich –.« Damit wirft er sich auf den Professor, den angeblichen Vater Olimpias, und will ihn erwürgen.

Aus langer, schwerer Krankheit erwacht, scheint Nathaniel endlich genesen. Er gedenkt, seine wiedergefundene Braut zu heiraten. Sie ziehen beide eines Tages durch die Stadt, auf deren Markt der hohe Ratsturm seinen Riesenschatten wirft. Das Mädchen schlägt ihrem Bräutigam vor, auf den Turm zu steigen, während der das Paar begleitende Bruder der Braut unten verbleibt. Oben zieht eine merkwürdige Erscheinung von etwas, was sich auf der Straße heranbewegt, die Aufmerksamkeit Claras auf sich. Nathaniel betrachtet dasselbe Ding durch Coppolas Perspektiv, das er in seiner Tasche findet, wird neuerlich vom Wahnsinn ergriffen und mit den Worten: Holzpüppchen, dreh' dich, will er das Mädchen in die Tiefe

148

schleudern. Der durch ihr Geschrei herbeigeholte Bruder rettet sie und eilt mit ihr herab. Oben läuft der Rasende mit dem Ausruf herum: Feuerkreis, dreh' dich, dessen Herkunft wir ja verstehen. Unter den Menschen, die sich unten ansammeln, ragt der Advokat Coppelius hervor, der plötzlich wieder erschienen ist. Wir dürfen annehmen, daß es der Anblick seiner Annäherung war, der den Wahnsinn bei Nathaniel zum Ausbruch brachte. Man will hinauf, um sich des Rasenden zu bemächtigen, aber Coppelius lacht: »Wartet nur, der kommt schon herunter von selbst.« Nathaniel bleibt plötzlich stehen, wird den Coppelius gewahr und wirft sich mit dem gellenden Schrei: »Ja! Sköne Oke – Sköne Oke« über das Geländer herab. Sowie er mit zerschmettertem Kopf auf dem Straßenpflaster liegt, ist der Sandmann im Gewühl verschwunden.

Diese kurze Nacherzählung wird wohl keinen Zweifel darüber bestehen lassen, daß das Gefühl des Unheimlichen direkt an der Gestalt des Sandmannes, also an der Vorstellung, der Augen beraubt zu werden, haftet und daß eine intellektuelle Unsicherheit im Sinne von Jentsch mit dieser Wirkung nichts zu tun hat. Der Zweifel an der Beseeltheit, den wir bei der Puppe Olimpia gelten lassen mußten, kommt bei diesem stärkeren Beispiel des Unheimlichen überhaupt nicht in Betracht. Der Dichter erzeugt zwar in uns anfänglich eine Art von Unsicherheit, indem er uns, gewiß nicht ohne Absicht, zunächst nicht erraten läßt, ob er uns in die reale Welt oder in eine ihm beliebige phantastische Welt einführen wird. Er hat ja bekanntlich das Recht, das eine oder das andere zu tun, und wenn er z. B. eine Welt, in der Geister, Dämonen und Gespenster agieren, zum Schauplatz seiner Darstellungen gewählt hat, wie Shakespeare im Hamlet, Macbeth und in anderem Sinne im Sturm und im Sommernachtstraum, so müssen wir ihm darin nachgeben und diese Welt seiner Voraussetzung für die Dauer unserer Hingegebenheit wie eine Realität behandeln. Aber im Verlaufe der Hoffmannschen Erzählung schwindet dieser Zweifel, wir merken, daß der Dichter uns selbst durch die Brille oder das Perspektiv des dämonischen Optikers schauen lassen will, ja daß er vielleicht in höchsteigener Person durch solch ein Instrument geguckt hat. Der Schluß der Erzählung macht es ja klar, daß der Optiker Coppola

wirklich der Advokat Coppelius[1] und also auch der Sandmann
ist.

Eine »intellektuelle Unsicherheit« kommt hier nicht mehr in Frage:
wir wissen jetzt, daß uns nicht die Phantasiegebilde eines Wahnsin-
nigen vorgeführt werden sollen, hinter denen wir in rationalistischer
Überlegenheit den nüchternen Sachverhalt erkennen mögen, und
der Eindruck des Unheimlichen hat sich durch diese Aufklärung
nicht im mindesten verringert. Eine intellektuelle Unsicherheit leistet uns also nichts für das Verständnis dieser unheimlichen Wirkung.

Hingegen mahnt uns die psychoanalytische Erfahrung daran, daß
es eine schreckliche Kinderangst ist, die Augen zu beschädigen
oder zu verlieren. Vielen Erwachsenen ist diese Ängstlichkeit verblieben, und sie fürchten keine andere Organverletzung so sehr wie
die des Auges. Ist man doch auch gewohnt zu sagen, daß man etwas
behüten werde wie seinen Augapfel. Das Studium der Träume, der
Phantasien und Mythen hat uns dann gelehrt, daß die Angst um die
Augen, die Angst zu erblinden, häufig genug ein Ersatz für die Kastrationsangst ist. Auch die Selbstblendung des mythischen Verbrechers Ödipus ist nur eine Ermäßigung für die Strafe der Kastration,
die ihm nach der Regel der Talion allein angemessen wäre. Man mag
es versuchen, in rationalistischer Denkweise die Zurückführung der
Augenangst auf die Kastrationsangst abzulehnen; man findet es begreiflich, daß ein so kostbares Organ wie das Auge von einer entsprechend großen Angst bewacht wird, ja man kann weitergehend
behaupten, daß kein tieferes Geheimnis und keine andere Bedeutung sich hinter der Kastrationsangst verberge. Aber man wird damit doch nicht der Ersatzbeziehung gerecht, die sich in Traum,
Phantasie und Mythus zwischen Auge und männlichem Glied
kundgibt, und kann dem Eindruck nicht widersprechen, daß ein

---

1 Zur Ableitung des Namens: *Coppella* = Probiertiegel (die chemischen Opera-
   tionen, bei denen der Vater verunglückt); *coppo* = Augenhöhle (nach einer
   Bemerkung von Frau Dr. Rank). [In der Erstveröffentlichung von 1919 steht
   diese Anmerkung an der hier angegebenen Stelle; in den späteren deutschen
   Ausgaben (außer der *Studienausgabe*) wurde sie, wohl irrtümlich, der zweiten
   Erwähnung des Namens »Coppelius« im vorigen Absatz beigefügt.]

besonders starkes und dunkles Gefühl sich gerade gegen die Drohung, das Geschlechtsglied einzubüßen, erhebt und daß dieses Gefühl erst der Vorstellung vom Verlust anderer Organe den Nachhall verleiht. Jeder weitere Zweifel schwindet dann, wenn man aus den Analysen an Neurotikern die Details des »Kastrationskomplexes« erfahren und dessen großartige Rolle in ihrem Seelenleben zur Kenntnis genommen hat.

Auch würde ich keinem Gegner der psychoanalytischen Auffassung raten, sich für die Behauptung, die Augenangst sei etwas vom Kastrationskomplex Unabhängiges, gerade auf die Hoffmannsche Erzählung vom »Sandmann« zu berufen. Denn warum ist die Augenangst hier mit dem Tode des Vaters in innigste Beziehung gebracht? Warum tritt der Sandmann jedesmal als Störer der Liebe auf? Er entzweit den unglücklichen Studenten mit seiner Braut und ihrem Bruder, der sein bester Freund ist, er vernichtet sein zweites Liebesobjekt, die schöne Puppe Olimpia, und zwingt ihn selbst zum Selbstmord, wie er unmittelbar vor der beglückenden Vereinigung mit seiner wiedergewonnenen Clara steht. Diese sowie viele andere Züge der Erzählung erscheinen willkürlich und bedeutungslos, wenn man die Beziehung der Augenangst zur Kastration ablehnt, und werden sinnreich, sowie man für den Sandmann den gefürchteten Vater einsetzt, von dem man die Kastration erwartet.[1]

---

1 In der Tat hat die Phantasiebearbeitung des Dichters die Elemente des Stoffes nicht so wild herumgewirbelt, daß man ihre ursprüngliche Anordnung nicht wiederherstellen könnte. In der Kindergeschichte stellen der Vater und Coppelius die durch Ambivalenz in zwei Gegensätze zerlegte Vater-Imago dar; der eine droht mit der Blendung (Kastration), der andere, der gute Vater, bittet die Augen des Kindes frei. Das von der Verdrängung am stärksten betroffene Stück des Komplexes, der Todeswunsch gegen den bösen Vater, findet seine Darstellung in dem Tod des guten Vaters, der dem Coppelius zur Last gelegt wird. Diesem Väterpaar entsprechen in der späteren Lebensgeschichte des Studenten der Professor Spalanzani und der Optiker Coppola, der Professor an sich eine Figur der Vaterreihe, Coppola als identisch mit dem Advokaten Coppelius erkannt. Wie sie damals zusammen am geheimnisvollen Herd arbeiteten, so haben sie nun gemeinsam die Puppe Olimpia verfertigt; der Professor heißt auch der Vater Olimpias. Durch diese zweimalige Gemeinsamkeit verraten sie sich als Spaltungen der Vater-Imago, d. h. sowohl der Mechaniker als auch der Optiker sind der Vater der Olimpia wie des Nathaniel. In der Schrek-

Wir würden es also wagen, das Unheimliche des Sandmannes auf die Angst des kindlichen Kastrationskomplexes zurückzuführen. Sowie aber die Idee auftaucht, ein solches infantiles Moment für die Entstehung des unheimlichen Gefühls in Anspruch zu nehmen, werden wir auch zum Versuch getrieben, dieselbe Ableitung für andere Beispiele des Unheimlichen in Betracht zu ziehen. Im Sandmann findet sich noch das Motiv der belebt scheinenden Puppe, das Jentsch hervorgehoben hat. Nach diesem Autor ist es eine besonders günstige Bedingung für die Erzeugung unheimlicher Gefühle, wenn eine intellektuelle Unsicherheit geweckt wird, ob etwas belebt oder leblos sei, und wenn das Leblose die Ähnlichkeit mit dem Lebenden zu weit treibt. Natürlich sind wir aber gerade mit den Puppen vom Kindlichen nicht weit entfernt. Wir erinnern uns, daß das Kind im

----

kensszene der Kinderzeit hatte Coppelius, nachdem er auf die Blendung des Kleinen verzichtet, ihm probeweise Arme und Beine abgeschraubt, also wie ein Mechaniker an einer Puppe an ihm gearbeitet. Dieser sonderbare Zug, der ganz aus dem Rahmen der Sandmannvorstellung heraustritt, bringt ein neues Äquivalent der Kastration ins Spiel; er weist aber auch auf die innere Identität des Coppelius mit seinem späteren Widerpart, dem Mechaniker Spalanzani, hin und bereitet uns für die Deutung der Olimpia vor. Diese automatische Puppe kann nichts anderes sein als die Materialisation von Nathaniels femininer Einstellung zu seinem Vater in früher Kindheit. Ihre Väter – Spalanzani und Coppola – sind ja nur neue Auflagen, Reinkarnationen von Nathaniels Väterpaar; die sonst unverständliche Angabe des Spalanzani, daß der Optiker dem Nathaniel die Augen gestohlen (s. o.), um sie der Puppe einzusetzen, gewinnt so als Beweis für die Identität von Olimpia und Nathaniel ihre Bedeutung. Olimpia ist sozusagen ein von Nathaniel losgelöster Komplex, der ihm als Person entgegentritt; die Beherrschung durch diesen Komplex findet in der unsinnig zwanghaften Liebe zur Olimpia ihren Ausdruck. Wir haben das Recht, diese Liebe eine narzißtische zu heißen, und verstehen, daß der ihr Verfallene sich dem realen Liebesobjekt entfremdet. Wie psychologisch richtig es aber ist, daß der durch den Kastrationskomplex an den Vater fixierte Jüngling der Liebe zum Weibe unfähig wird, zeigen zahlreiche Krankenanalysen, deren Inhalt zwar weniger phantastisch, aber kaum minder traurig ist als die Geschichte des Studenten Nathaniel.

E. T. A. Hoffmann war das Kind einer unglücklichen Ehe. Als er drei Jahre war, trennte sich der Vater von seiner kleinen Familie und lebte nie wieder mit ihr vereint. Nach den Belegen, die E. Grisebach in der biographischen Einleitung zu Hoffmanns Werken beibringt, war die Beziehung zum Vater immer eine der wundesten Stellen in des Dichters Gefühlsleben.

frühen Alter des Spielens überhaupt nicht scharf zwischen Belebtem und Leblosem unterscheidet und daß es besonders gern seine Puppe wie ein lebendes Wesen behandelt. Ja, man hört gelegentlich von einer Patientin erzählen, sie habe noch im Alter von acht Jahren die Überzeugung gehabt, wenn sie ihre Puppen auf eine gewisse Art, möglichst eindringlich, anschauen würde, müßten diese lebendig werden. Das infantile Moment ist also auch hier leicht nachzuweisen; aber merkwürdig, im Falle des Sandmannes handelte es sich um die Erweckung einer alten Kinderangst, bei der lebenden Puppe ist von Angst keine Rede, das Kind hat sich vor dem Beleben seiner Puppen nicht gefürchtet, vielleicht es sogar gewünscht. Die Quelle des unheimlichen Gefühls wäre also hier nicht eine Kinderangst, sondern ein Kinderwunsch oder auch nur ein Kinderglaube. Das scheint ein Widerspruch; möglicherweise ist es nur eine Mannigfaltigkeit, die späterhin unserem Verständnis förderlich werden kann.

E. T. A. Hoffmann ist der unerreichte Meister des Unheimlichen in der Dichtung. Sein Roman »Die Elixiere des Teufels« weist ein ganzes Bündel von Motiven auf, denen man die unheimliche Wirkung der Geschichte zuschreiben möchte. Der Inhalt des Romans ist zu reichhaltig und verschlungen, als daß man einen Auszug daraus wagen könnte. Zu Ende des Buches, wenn die dem Leser bisher vorenthaltenen Voraussetzungen der Handlung nachgetragen werden, ist das Ergebnis nicht die Aufklärung des Lesers, sondern eine volle Verwirrung desselben. Der Dichter hat zu viel Gleichartiges gehäuft; der Eindruck des Ganzen leidet nicht darunter, wohl aber das Verständnis. Man muß sich damit begnügen, die hervorstechendsten unter jenen unheimlich wirkenden Motiven herauszuheben, um zu untersuchen, ob auch für sie eine Ableitung aus infantilen Quellen zulässig ist. Es sind dies das Doppelgängertum in all seinen Abstufungen und Ausbildungen, also das Auftreten von Personen, die wegen ihrer gleichen Erscheinung für identisch gehalten werden müssen, die Steigerung dieses Verhältnisses durch Überspringen seelischer Vorgänge von einer dieser Personen auf die andere – was wir Telepathie heißen würden –, so daß der eine das Wissen, Fühlen und Erleben des anderen mitbesitzt, die Identifizierung mit einer anderen Person, so daß man an seinem Ich irre wird oder das fremde

153

Ich an die Stelle des eigenen versetzt, also Ich-Verdopplung, Ich-Teilung, Ich-Vertauschung – und endlich die beständige Wiederkehr des Gleichen, die Wiederholung der nämlichen Gesichtszüge, Charaktere, Schicksale, verbrecherischen Taten, ja der Namen durch mehrere aufeinanderfolgende Generationen.

Das Motiv des Doppelgängers hat in einer gleichnamigen Arbeit von O. Rank eine eingehende Würdigung gefunden.[1] Dort werden die Beziehungen des Doppelgängers zum Spiegel- und Schattenbild, zum Schutzgeist, zur Seelenlehre und zur Todesfurcht untersucht, es fällt aber auch helles Licht auf die überraschende Entwicklungsgeschichte des Motivs. Denn der Doppelgänger war ursprünglich eine Versicherung gegen den Untergang des Ichs, eine »energische Dementierung der Macht des Todes« (O. Rank), und wahrscheinlich war die »unsterbliche« Seele der erste Doppelgänger des Leibes. Die Schöpfung einer solchen Verdopplung zur Abwehr gegen die Vernichtung hat ihr Gegenstück in einer Darstellung der Traumsprache, welche die Kastration durch Verdopplung oder Vervielfältigung des Genitalsymbols auszudrücken liebt; sie wird in der Kultur der alten Ägypter ein Antrieb für die Kunst, das Bild des Verstorbenen in dauerhaftem Stoff zu formen. Aber diese Vorstellungen sind auf dem Boden der uneingeschränkten Selbstliebe entstanden, des primären Narzißmus, welcher das Seelenleben des Kindes wie des Primitiven beherrscht, und mit der Überwindung dieser Phase ändert sich das Vorzeichen des Doppelgängers, aus einer Versicherung des Fortlebens wird er zum unheimlichen Vorboten des Todes.

Die Vorstellung des Doppelgängers braucht nicht mit diesem uranfänglichen Narzißmus unterzugehen; denn sie kann aus den späteren Entwicklungsstufen des Ichs neuen Inhalt gewinnen. Im Ich bildet sich langsam eine besondere Instanz heraus, welche sich dem übrigen Ich entgegenstellen kann, die der Selbstbeobachtung und Selbstkritik dient, die Arbeit der psychischen Zensur leistet und unserem Bewußtsein als »Gewissen« bekannt wird. Im pathologischen Falle des Beachtungswahnes wird sie isoliert, vom Ich abgespalten, dem Arzte bemerkbar. Die Tatsache, daß eine solche Instanz vorhanden ist, welche das übrige Ich wie ein Objekt behandeln kann,

---

1 O. Rank, Der Doppelgänger. Imago III, 1914.

also daß der Mensch der Selbstbeobachtung fähig ist, macht es möglich, die alte Doppelgängervorstellung mit neuem Inhalt zu erfüllen und ihr mancherlei zuzuweisen, vor allem all das, was der Selbstkritik als zugehörig zum alten überwundenen Narzißmus der Urzeit erscheint.[1]

Aber nicht nur dieser der Ich-Kritik anstößige Inhalt kann dem Doppelgänger einverleibt werden, sondern ebenso alle unterbliebenen Möglichkeiten der Geschicksgestaltung, an denen die Phantasie noch festhalten will, und alle Ich-Strebungen, die sich infolge äußerer Ungunst nicht durchsetzen konnten, sowie alle die unterdrückten Willensentscheidungen, die die Illusion des freien Willens ergeben haben.[2]

Nachdem wir aber so die manifeste Motivierung der Doppelgängergestalt betrachtet haben, müssen wir uns sagen: Nichts von alledem macht uns den außerordentlich hohen Grad von Unheimlichkeit, der ihr anhaftet, verständlich, und aus unserer Kenntnis der pathologischen Seelenvorgänge dürfen wir hinzusetzen, nichts von diesem Inhalt könnte das Abwehrbestreben erklären, das ihn als etwas Fremdes aus dem Ich hinausprojiziert. Der Charakter des Unheimlichen kann doch nur daher rühren, daß der Doppelgänger eine den überwundenen seelischen Urzeiten angehörige Bildung ist, die damals allerdings einen freundlicheren Sinn hatte. Der Doppelgänger ist zum Schreckbild geworden, wie die Götter nach dem Sturz ihrer Religion zu Dämonen werden (Heine, Die Götter im Exil).

Die anderen bei Hoffmann verwendeten Ich-Störungen sind nach

---

1 Ich glaube, wenn die Dichter klagen, daß zwei Seelen in des Menschen Brust wohnen, und wenn die Populärpsychologen von der Spaltung des Ichs im Menschen reden, so schwebt ihnen diese Entzweiung, der Ich-Psychologie angehörig, zwischen der kritischen Instanz und dem Ich-Rest vor und nicht die von der Psychoanalyse aufgedeckte Gegensätzlichkeit zwischen dem Ich und dem unbewußten Verdrängten. Der Unterschied wird allerdings dadurch verwischt, daß sich unter dem von der Ich-Kritik Verworfenen zunächst die Abkömmlinge des Verdrängten befinden.

2 In der H. H. Ewersschen Dichtung »Der Student von Prag«, von welcher die Ranksche Studie über den Doppelgänger ausgegangen ist, hat der Held der Geliebten versprochen, seinen Duellgegner nicht zu töten. Auf dem Wege zum Duellplatz begegnet ihm aber der Doppelgänger, welcher den Nebenbuhler bereits erledigt hat.

dem Muster des Doppelgängermotivs leicht zu beurteilen. Es handelt sich bei ihnen um ein Rückgreifen auf einzelne Phasen in der Entwicklungsgeschichte des Ich-Gefühls, um eine Regression in Zeiten, da das Ich sich noch nicht scharf von der Außenwelt und vom anderen abgegrenzt hatte. Ich glaube, daß diese Motive den Eindruck des Unheimlichen mitverschulden, wenngleich es nicht leicht ist, ihren Anteil an diesem Eindruck isoliert herauszugreifen.

Das Moment der Wiederholung des Gleichartigen wird als Quelle des unheimlichen Gefühls vielleicht nicht bei jedermann Anerkennung finden. Nach meinen Beobachtungen ruft es unter gewissen Bedingungen und in Kombination mit bestimmten Umständen unzweifelhaft ein solches Gefühl hervor, das überdies an die Hilflosigkeit mancher Traumzustände mahnt. Als ich einst an einem heißen Sommernachmittag die mir unbekannten, menschenleeren Straßen einer italienischen Kleinstadt durchstreifte, geriet ich in eine Gegend, über deren Charakter ich nicht lange in Zweifel bleiben konnte. Es waren nur geschminkte Frauen an den Fenstern der kleinen Häuser zu sehen, und ich beeilte mich, die enge Straße durch die nächste Einbiegung zu verlassen. Aber nachdem ich eine Weile führerlos herumgewandert war, fand ich mich plötzlich in derselben Straße wieder, in der ich nun Aufsehen zu erregen begann, und meine eilige Entfernung hatte nur die Folge, daß ich auf einem neuen Umwege zum drittenmal dahingeriet. Dann aber erfaßte mich ein Gefühl, das ich nur als unheimlich bezeichnen kann, und ich war froh, als ich unter Verzicht auf weitere Entdeckungsreisen auf die kürzlich von mir verlassene Piazza zurückfand. Andere Situationen, die die unbeabsichtigte Wiederkehr mit der eben beschriebenen gemein haben und sich in den anderen Punkten gründlich von ihr unterscheiden, haben doch dasselbe Gefühl von Hilflosigkeit und Unheimlichkeit zur Folge. Zum Beispiel, wenn man sich im Hochwald, etwa vom Nebel überrascht, verirrt hat und nun trotz aller Bemühungen, einen markierten oder bekannten Weg zu finden, wiederholt zu der einen, durch eine bestimmte Formation gekennzeichneten Stelle zurückkommt. Oder wenn man im unbekannten, dunkeln Zimmer wandert, um die Tür oder den Lichtschalter aufzusuchen und dabei zum xtenmal mit demselben Möbelstück zusammenstößt, eine Situation, die Mark Twain allerdings durch groteske Übertreibung in eine unwiderstehlich komische umgewandelt hat.

An einer anderen Reihe von Erfahrungen erkennen wir auch mühelos, daß es nur das Moment der unbeabsichtigten Wiederholung ist, welches das sonst Harmlose unheimlich macht und uns die Idee des Verhängnisvollen, Unentrinnbaren aufdrängt, wo wir sonst nur von »Zufall« gesprochen hätten. So ist es z. B. gewiß ein gleichgültiges Erlebnis, wenn man für seine in einer Garderobe abgegebenen Kleider einen Schein mit einer gewissen Zahl – sagen wir: 62 – erhält oder wenn man findet, daß die zugewiesene Schiffskabine diese Nummer trägt. Aber dieser Eindruck ändert sich, wenn beide an sich indifferenten Begebenheiten nahe aneinanderrücken, so daß einem die Zahl 62 mehrmals an demselben Tage entgegentritt, und wenn man dann etwa gar die Beobachtung machen sollte, daß alles, was eine Zahlenbezeichnung trägt, Adressen, Hotelzimmer, Eisenbahnwagen u. dgl. immer wieder die nämliche Zahl, wenigstens als Bestandteil, wiederbringt. Man findet das »unheimlich«, und wer nicht stich- und hiebfest gegen die Versuchungen des Aberglaubens ist, wird sich geneigt finden, dieser hartnäckigen Wiederkehr der einen Zahl eine geheime Bedeutung zuzuschreiben, etwa einen Hinweis auf das ihm bestimmte Lebensalter darin zu sehen. Oder wenn man eben mit dem Studium der Schriften des großen Physiologen E.[wald][1] Hering beschäftigt ist und nun wenige Tage auseinander Briefe von zwei Personen dieses Namens aus verschiedenen Ländern empfängt, während man bis dahin niemals mit Leuten, die so heißen, in Beziehung getreten war. Ein geistvoller Naturforscher hat vor kurzem den Versuch unternommen, Vorkommnisse solcher Art gewissen Gesetzen unterzuordnen, wodurch der Eindruck des Unheimlichen aufgehoben werden müßte. Ich getraue mich nicht zu entscheiden, ob es ihm gelungen ist.[2]

Wie das Unheimliche der gleichartigen Wiederkehr aus dem infantilen Seelenleben abzuleiten ist, kann ich hier nur andeuten und muß dafür auf eine bereitliegende ausführliche Darstellung in anderem

---

1 [In den *Gesammelten Werken*, wohl irrtümlich: H.]
2 P. Kammerer, Das Gesetz der Serie. Wien 1919.

Zusammenhange verweisen. Im seelisch Unbewußten läßt sich nämlich die Herrschaft eines von den Triebregungen ausgehenden *Wiederholungszwanges* erkennen, der wahrscheinlich von der innersten Natur der Triebe selbst abhängt, stark genug ist, sich über das Lustprinzip hinauszusetzen, gewissen Seiten des Seelenlebens den dämonischen Charakter verleiht, sich in den Strebungen des kleinen Kindes noch sehr deutlich äußert und ein Stück vom Ablauf der Psychoanalyse des Neurotikers beherrscht. Wir sind durch alle vorstehenden Erörterungen darauf vorbereitet, daß dasjenige als unheimlich verspürt werden wird, was an diesen inneren Wiederholungszwang mahnen kann.

Nun, denke ich aber, ist es Zeit, uns von diesen immerhin schwierig zu beurteilenden Verhältnissen abzuwenden und unzweifelhafte Fälle des Unheimlichen aufzusuchen, von deren Analyse wir die endgültige Entscheidung über die Geltung unserer Annahme erwarten dürfen.

Im »Ring des Polykrates« wendet sich der Gast mit Grausen, weil er merkt, daß jeder Wunsch des Freundes sofort in Erfüllung geht, jede seiner Sorgen vom Schicksal unverzüglich aufgehoben wird. Der Gastfreund ist ihm »unheimlich« geworden. Die Auskunft, die er selbst gibt, daß der allzu Glückliche den Neid der Götter zu fürchten habe, erscheint uns noch undurchsichtig, ihr Sinn ist mythologisch verschleiert. Greifen wir darum ein anderes Beispiel aus weit schlichteren Verhältnissen heraus: In der Krankengeschichte eines Zwangsneurotikers[1] habe ich erzählt, daß dieser Kranke einst einen Aufenthalt in einer Wasserheilanstalt genommen hatte, aus dem er sich eine große Besserung holte. Er war aber so klug, diesen Erfolg nicht der Heilkraft des Wassers, sondern der Lage seines Zimmers zuzuschreiben, welches der Kammer einer liebenswürdigen Pflegerin unmittelbar benachbart war. Als er dann zum zweitenmal in diese Anstalt kam, verlangte er dasselbe Zimmer wieder, mußte aber hören, daß es bereits von einem alten Herrn besetzt sei, und gab seinem Unmut darüber in den Worten Ausdruck: Dafür soll ihn aber der Schlag treffen. Vierzehn Tage später erlitt der alte Herr wirklich einen Schlaganfall. Für meinen Patienten war dies ein »un-

---

1 Bemerkungen über einen Fall von Zwangsneurose (Ges. Werke, Bd. VII).

heimliches« Erlebnis. Der Eindruck des Unheimlichen wäre noch stärker gewesen, wenn eine viel kürzere Zeit zwischen jener Äußerung und dem Unfall gelegen wäre oder wenn der Patient über zahlreiche ganz ähnliche Erlebnisse hätte berichten können. In der Tat war er um solche Bestätigungen nicht verlegen, aber nicht er allein, alle Zwangsneurotiker, die ich studiert habe, wußten Analoges von sich zu erzählen. Sie waren gar nicht überrascht, regelmäßig der Person zu begegnen, an die sie eben – vielleicht nach langer Pause – gedacht hatten; sie pflegten regelmäßig am Morgen einen Brief von einem Freund zu bekommen, wenn sie am Abend vorher geäußert hatten: Von dem hat man aber jetzt lange nichts gehört, und besonders Unglücks- oder Todesfälle ereigneten sich nur selten, ohne eine Weile vorher durch ihre Gedanken gehuscht zu sein. Sie pflegten diesem Sachverhalt in der bescheidensten Weise Ausdruck zu geben, indem sie behaupteten, »Ahnungen« zu haben, die »meistens« eintreffen.

Eine der unheimlichsten und verbreitetsten Formen des Aberglaubens ist die Angst vor dem »bösen Blick«, welcher bei dem Hamburger Augenarzt S. Seligmann [1] eine gründliche Behandlung gefunden hat. Die Quelle, aus welcher diese Angst schöpft, scheint niemals verkannt worden zu sein. Wer etwas Kostbares und doch Hinfälliges besitzt, fürchtet sich vor dem Neid der anderen, indem er jenen Neid auf sie projiziert, den er im umgekehrten Falle empfunden hätte. Solche Regungen verrät man durch den Blick, auch wenn man ihnen den Ausdruck in Worten versagt, und wenn jemand durch auffällige Kennzeichen, besonders unerwünschter Art, vor den anderen hervorsticht, traut man ihm zu, daß sein Neid eine besondere Stärke erreichen und dann auch diese Stärke in Wirkung umsetzen wird. Man fürchtet also eine geheime Absicht zu schaden, und auf gewisse Anzeichen hin nimmt man an, daß dieser Absicht auch die Kraft zu Gebote steht.

Die letzterwähnten Beispiele des Unheimlichen hängen von dem Prinzip ab, das ich, der Anregung eines Patienten folgend, die »Allmacht der Gedanken« benannt habe. Wir können nun nicht mehr verkennen, auf welchem Boden wir uns befinden. Die Analyse der

---

1 Der böse Blick und Verwandtes. 2 Bde., Berlin 1910 u. 1911.

Fälle des Unheimlichen hat uns zur alten Weltauffassung des *Animismus* zurückgeführt, die ausgezeichnet war durch die Erfüllung der Welt mit Menschengeistern, durch die narzißtische Überschätzung der eigenen seelischen Vorgänge, die Allmacht der Gedanken und die darauf aufgebaute Technik der Magie, die Zuteilung von sorgfältig abgestuften Zauberkräften an fremde Personen und Dinge (Mana), sowie durch alle die Schöpfungen, mit denen sich der uneingeschränkte Narzißmus jener Entwicklungsperiode gegen den unverkennbaren Einspruch der Realität zur Wehr setzte. Es scheint, daß wir alle in unserer individuellen Entwicklung eine diesem Animismus der Primitiven entsprechende Phase durchgemacht haben, daß sie bei keinem von uns abgelaufen ist, ohne noch äußerungsfähige Reste und Spuren zu hinterlassen, und daß alles, was uns heute als »unheimlich« erscheint, die Bedingung erfüllt, daß es an diese Reste animistischer Seelentätigkeit rührt und sie zur Äußerung anregt. [1]

Hier ist nun der Platz für zwei Bemerkungen, in denen ich den wesentlichen Inhalt dieser kleinen Untersuchung niederlegen möchte. Erstens, wenn die psychoanalytische Theorie in der Behauptung recht hat, daß jeder Affekt einer Gefühlsregung, gleichgültig von welcher Art, durch die Verdrängung in Angst verwandelt wird, so muß es unter den Fällen des Ängstlichen eine Gruppe geben, in der sich zeigen läßt, daß dies Ängstliche etwas wiederkehrendes Verdrängtes ist. Diese Art des Ängstlichen wäre eben das Unheimliche, und dabei muß es gleichgültig sein, ob es ursprünglich selbst ängstlich war oder von einem anderen Affekt getragen. Zweitens, wenn dies wirklich die geheime Natur des Unheimlichen ist, so verstehen wir, daß der Sprachgebrauch das Heimliche in seinen Gegensatz, das Unheimliche übergehen läßt (S. 145), denn dies Unheimliche ist wirklich nichts Neues oder Fremdes, sondern etwas dem Seelenleben von alters her Vertrautes, das ihm nur durch den Prozeß der

---

1 Vgl. hiezu den Abschnitt III »Animismus, Magie und Allmacht der Gedanken« in des Verf. Buch »Totem und Tabu«, 1913. Dort auch die Bemerkung: »Es scheint, daß wir den Charakter des ›Unheimlichen‹ solchen Eindrücken verleihen, welche die Allmacht der Gedanken und die animistische Denkweise überhaupt bestätigen wollen, während wir uns bereits im Urteil von ihr abgewendet haben.«

Verdrängung entfremdet worden ist. Die Beziehung auf die Verdrängung erhellt uns jetzt auch die Schellingsche Definition, das Unheimliche sei etwas, was im Verborgenen hätte bleiben sollen und hervorgetreten ist.

Es erübrigt uns nur noch, die Einsicht, die wir gewonnen haben, an der Erklärung einiger anderer Fälle des Unheimlichen zu erproben.

Im allerhöchsten Grade unheimlich erscheint vielen Menschen, was mit dem Tod, mit Leichen und mit der Wiederkehr der Toten, mit Geistern und Gespenstern, zusammenhängt. Wir haben ja gehört, daß manche moderne Sprachen unseren Ausdruck: »ein unheimliches Haus« gar nicht anders wiedergeben können als durch die Umschreibung: ein Haus, in dem es spukt. Wir hätten eigentlich unsere Untersuchung mit diesem, vielleicht stärksten Beispiel von Unheimlichkeit beginnen können, aber wir taten es nicht, weil hier das Unheimliche zu sehr mit dem Grauenhaften vermengt und zum Teil von ihm gedeckt ist. Aber auf kaum einem anderen Gebiete hat sich unser Denken und Fühlen seit den Urzeiten so wenig verändert, ist das Alte unter dünner Decke so gut erhalten geblieben, wie in unserer Beziehung zum Tode. Zwei Momente geben für diesen Stillstand gute Auskunft: Die Stärke unserer ursprünglichen Gefühlsreaktionen und die Unsicherheit unserer wissenschaftlichen Erkenntnis. Unsere Biologie hat es noch nicht entscheiden können, ob der Tod das notwendige Schicksal jedes Lebewesens oder nur ein regelmäßiger, vielleicht aber vermeidlicher Zufall innerhalb des Lebens ist. Der Satz: alle Menschen müssen sterben, paradiert zwar in den Lehrbüchern der Logik als Vorbild einer allgemeinen Behauptung, aber keinem Menschen leuchtet er ein, und unser Unbewußtes hat jetzt sowenig Raum wie vormals für die Vorstellung der eigenen Sterblichkeit. Die Religionen bestreiten noch immer der unableugbaren Tatsache des individuellen Todes ihre Bedeutung und setzen die Existenz über das Lebensende hinaus fort; die staatlichen Gewalten meinen die moralische Ordnung unter den Lebenden nicht aufrechterhalten zu können, wenn man auf die Korrektur des Erdenlebens durch ein besseres Jenseits verzichten soll; auf den Anschlagsäulen unserer Großstädte werden Vorträge angekündigt, welche Belehrungen spenden wollen, wie man sich mit den Seelen der Verstorbenen in Verbindung setzen kann, und es ist unleugbar, daß mehrere der feinsten Köpfe und schärfsten Denker unter den Männern der Wissenschaft, zumal gegen das Ende ihrer eigenen Lebenszeit, geurteilt haben, daß es an Möglichkeiten für solchen Verkehr nicht fehle. Da fast alle von uns in diesem Punkt noch so denken wie die Wilden, ist es auch nicht zu verwundern, daß die primitive Angst vor dem Toten bei uns noch so mächtig ist und bereitliegt, sich zu äußern, sowie irgend etwas ihr entgegenkommt. Wahrscheinlich hat sie auch noch den alten Sinn, der Tote sei zum Feind des Überlebenden geworden und beabsichtige, ihn mit sich zu nehmen, als Genossen seiner neuen Existenz. Eher könnte man bei dieser Unveränderlichkeit der Einstellung zum Tode fragen, wo die Bedingung der Verdrängung bleibt, die erfordert wird, damit das Primitive als etwas Unheimliches wiederkehren könne. Aber die besteht doch auch; offiziell glauben die sogenannten Gebildeten nicht mehr an das Sichtbarwerden der Verstorbenen als Seelen, haben deren Erscheinung an entlegene und selten verwirklichte Bedingungen geknüpft, und die ursprünglich höchst zweideutige, ambivalente Gefühlseinstellung zum Toten ist für die höheren Schichten des Seelenlebens zur eindeutigen der Pietät abgeschwächt worden.[1]

Es bedarf jetzt nur noch weniger Ergänzungen, denn mit dem Animismus, der Magie und Zauberei, der Allmacht der Gedanken, der Beziehung zum Tode, der unbeabsichtigten Wiederholung und dem Kastrationskomplex haben wir den Umfang der Momente, die das Ängstliche zum Unheimlichen machen, so ziemlich erschöpft.

Wir heißen auch einen lebenden Menschen unheimlich, und zwar dann, wenn wir ihm böse Absichten zutrauen. Aber das reicht nicht hin, wir müssen noch hinzutun, daß diese seine Absichten, uns zu schaden, sich mit Hilfe besonderer Kräfte verwirklichen werden. Der »Gettatore« ist ein gutes Beispiel hiefür, diese unheimliche Gestalt des romanischen Aberglaubens, die Albrecht Schaeffer in dem Buche »*Josef Montfort*« mit poetischer Intuition und tiefem psychoanalytischen Verständnis zu einer sympathischen Figur umgeschaffen hat. Aber mit diesen geheimen Kräften stehen wir bereits wieder auf dem Boden des Animismus. Die Ahnung solcher Geheimkräfte

---

1 Vgl.: Das Tabu und die Ambivalenz in »Totem und Tabu«.

ist es, die dem frommen Gretchen den Mephisto so unheimlich werden läßt:

> Sie fühlt, daß ich ganz sicher ein Genie,
> Vielleicht wohl gar der Teufel bin.

Das Unheimliche der Fallsucht, des Wahnsinns hat denselben Ursprung. Der Laie sieht hier die Äußerung von Kräften vor sich, die
er im Nebenmenschen nicht vermutet hat, deren Regung er aber in
entlegenen Winkeln der eigenen Persönlichkeit dunkel zu spüren
vermag. Das Mittelalter hatte konsequenterweise und psychologisch beinahe korrekt alle diese Krankheitsäußerungen der Wirkung
von Dämonen zugeschrieben. Ja, ich würde mich nicht verwundern
zu hören, daß die Psychoanalyse, die sich mit der Aufdeckung dieser geheimen Kräfte beschäftigt, vielen Menschen darum selbst unheimlich geworden ist. In einem Falle, als mir die Herstellung eines
seit vielen Jahren siechen Mädchens – wenn auch nicht sehr rasch –
gelungen war, habe ich's von der Mutter der für lange Zeit Geheilten
selbst gehört.
Abgetrennte Glieder, ein abgehauener Kopf, eine vom Arm gelöste
Hand wie in einem Märchen von Hauff, Füße, die für sich allein
tanzen wie in dem erwähnten Buche von A. Schaeffer, haben etwas
ungemein Unheimliches an sich, besonders wenn ihnen wie im
letzten Beispiel noch eine selbständige Tätigkeit zugestanden wird.
Wir wissen schon, daß diese Unheimlichkeit von der Annäherung
an den Kastrationskomplex herrührt. Manche Menschen würden
die Krone der Unheimlichkeit der Vorstellung zuweisen, scheintot
begraben zu werden. Allein die Psychoanalyse hat uns gelehrt, daß
diese schreckende Phantasie nur die Umwandlung einer anderen
ist, die ursprünglich nichts Schreckhaftes war, sondern von einer
gewissen Lüsternheit getragen wurde, nämlich der Phantasie vom
Leben im Mutterleib.

Tragen wir noch etwas Allgemeines nach, was strenggenommen bereits in unseren bisherigen Behauptungen über den Animismus und
die überwundenen Arbeitsweisen des seelischen Apparats enthalten
ist, aber doch einer besonderen Hervorhebung würdig scheint, daß
es nämlich oft und leicht unheimlich wirkt, wenn die Grenze zwischen Phantasie und Wirklichkeit verwischt wird, wenn etwas real

vor uns hintritt, was wir bisher für phantastisch gehalten haben, wenn ein Symbol die volle Leistung und Bedeutung des Symbolisierten übernimmt und dergleichen mehr. Hierauf beruht auch ein gutes Stück der Unheimlichkeit, die den magischen Praktiken anhaftet. Das Infantile daran, was auch das Seelenleben der Neurotiker beherrscht, ist die Überbetonung der psychischen Realität im Vergleich zur materiellen, ein Zug, welcher sich der Allmacht der Gedanken anschließt. Mitten in der Absperrung des Weltkrieges kam eine Nummer des englischen Magazins »Strand« in meine Hände, in der ich unter anderen ziemlich überflüssigen Produktionen eine Erzählung las, wie ein junges Paar eine möblierte Wohnung bezieht, in der sich ein seltsam geformter Tisch mit holzgeschnitzten Krokodilen befindet. Gegen Abend pflegt sich dann ein unerträglicher, charakteristischer Gestank in der Wohnung zu verbreiten, man stolpert im Dunkeln über irgend etwas, man glaubt zu sehen, wie etwas Undefinierbares über die Treppe huscht, kurz, man soll erraten, daß infolge der Anwesenheit dieses Tisches gespenstische Krokodile im Hause spuken oder daß die hölzernen Scheusale im Dunkeln Leben bekommen oder etwas Ähnliches. Es war eine recht einfältige Geschichte, aber ihre unheimliche Wirkung verspürte man als ganz hervorragend.

Zum Schlusse dieser gewiß noch unvollständigen Beispielsammlung soll eine Erfahrung aus der psychoanalytischen Arbeit erwähnt werden, die, wenn sie nicht auf einem zufälligen Zusammentreffen beruht, die schönste Bekräftigung unserer Auffassung des Unheimlichen mit sich bringt. Es kommt oft vor, daß neurotische Männer erklären, das weibliche Genitale sei ihnen etwas Unheimliches. Dieses Unheimliche ist aber der Eingang zur alten Heimat des Menschenkindes, zur Örtlichkeit, in der jeder einmal und zuerst geweilt hat. »Liebe ist Heimweh«, behauptet ein Scherzwort, und wenn der Träumer von einer Örtlichkeit oder Landschaft noch im Traume denkt: Das ist mir bekannt, da war ich schon einmal, so darf die Deutung dafür das Genitale oder den Leib der Mutter einsetzen. Das Unheimliche ist also auch in diesem Falle das ehemals Heimische, Altvertraute. Die Vorsilbe »*un*« an diesem Worte ist aber die Marke der Verdrängung.

III

Schon während der Lektüre der vorstehenden Erörterungen werden sich beim Leser Zweifel geregt haben, denen jetzt gestattet werden soll, sich zu sammeln und laut zu werden.

Es mag zutreffen, daß das Unheimliche das Heimliche-Heimische ist, das eine Verdrängung erfahren hat und aus ihr wiedergekehrt ist, und daß alles Unheimliche diese Bedingung erfüllt. Aber mit dieser Stoffwahl scheint das Rätsel des Unheimlichen nicht gelöst. Unser Satz verträgt offenbar keine Umkehrung. Nicht alles, was an verdrängte Wunschregungen und überwundene Denkweisen der individuellen Vorzeit und der Völkerurzeit mahnt, ist darum auch unheimlich.

Auch wollen wir es nicht verschweigen, daß sich fast zu jedem Beispiel, welches unseren Satz erweisen sollte, ein analoges finden läßt, das ihm widerspricht. Die abgehauene Hand z. B. im Hauffschen Märchen »Die Geschichte von der abgehauenen Hand« wirkt gewiß unheimlich, was wir auf den Kastrationskomplex zurückgeführt haben. Aber in der Erzählung des Herodot vom Schatz des Rhampsenit läßt der Meisterdieb, den die Prinzessin bei der Hand festhalten will, ihr die abgehauene Hand seines Bruders zurück, und andere werden wahrscheinlich ebenso wie ich urteilen, daß dieser Zug keine unheimliche Wirkung hervorruft. Die prompte Wunscherfüllung im »Ring des Polykrates« wirkt auf uns sicherlich ebenso unheimlich wie auf den König von Ägypten selbst. Aber in unseren Märchen wimmelt es von sofortigen Wunscherfüllungen, und das Unheimliche bleibt dabei aus. Im Märchen von den drei Wünschen läßt sich die Frau durch den Wohlgeruch einer Bratwurst verleiten zu sagen, daß sie auch so ein Würstchen haben möchte. Sofort liegt es vor ihr auf dem Teller. Der Mann wünscht im Ärger, daß es der Vorwitzigen an der Nase hängen möge. Flugs baumelt es an ihrer Nase. Das ist sehr eindrucksvoll, aber nicht im geringsten unheimlich. Das Märchen stellt sich überhaupt ganz offen auf den animistischen Standpunkt der Allmacht von Gedanken und Wünschen, und ich wüßte doch kein echtes Märchen zu nennen, in dem irgendetwas Unheimliches vorkäme. Wir haben gehört, daß es in hohem Grade unheimlich wirkt, wenn leblose Dinge, Bilder, Puppen, sich beleben, aber in den Andersenschen Märchen leben die Hausgeräte, die Möbel, der Zinnsoldat, und nichts ist vielleicht vom Unheimlichen entfernter. Auch die Belebung der schönen Statue des Pygmalion wird man kaum als unheimlich empfinden.

Scheintod und Wiederbelebung von Toten haben wir als sehr unheimliche Vorstellungen kennengelernt. Dergleichen ist aber wiederum im Märchen sehr gewöhnlich; wer wagte es unheimlich zu nennen, wenn z. B. Schneewittchen die Augen wieder aufschlägt? Auch die Erweckung von Toten in den Wundergeschichten, z. B. des Neuen Testaments, ruft Gefühle hervor, die nichts mit dem Unheimlichen zu tun haben. Die unbeabsichtigte Wiederkehr des Gleichen, die uns so unzweifelhafte unheimliche Wirkungen ergeben hat, dient doch in einer Reihe von Fällen anderen, und zwar sehr verschiedenen Wirkungen. Wir haben schon einen Fall kennengelernt, in dem sie als Mittel zur Hervorrufung des komischen Gefühls gebraucht wird, und können Beispiele dieser Art häufen. Andere Male wirkt sie als Verstärkung u. dgl., ferner: woher rührt die Unheimlichkeit der Stille, des Alleinseins, der Dunkelheit? Deuten diese Momente nicht auf die Rolle der Gefahr bei der Entstehung des Unheimlichen, wenngleich es dieselben Bedingungen sind, unter denen wir die Kinder am häufigsten Angst äußern sehen? Und können wir wirklich das Moment der intellektuellen Unsicherheit ganz vernachlässigen, da wir doch seine Bedeutung für das Unheimliche des Todes zugegeben haben?

So müssen wir wohl bereit sein anzunehmen, daß für das Auftreten des unheimlichen Gefühls noch andere als die von uns vorangestellten stofflichen Bedingungen maßgebend sind. Man könnte zwar sagen, mit jener ersten Feststellung sei das psychoanalytische Interesse am Problem des Unheimlichen erledigt, der Rest erfordere wahrscheinlich eine ästhetische Untersuchung. Aber damit würden wir dem Zweifel das Tor öffnen, welchen Wert unsere Einsicht in die Herkunft des Unheimlichen vom verdrängten Heimischen eigentlich beanspruchen darf.

Eine Beobachtung kann uns den Weg zur Lösung dieser Unsicherheiten weisen. Fast alle Beispiele, die unseren Erwartungen widersprechen, sind dem Bereich der Fiktion, der Dichtung, entnommen. Wir erhalten so einen Wink, einen Unterschied zu machen zwischen dem Unheimlichen, das man erlebt, und dem Unheimlichen, das man sich bloß vorstellt oder von dem man liest.

Das Unheimliche des Erlebens hat weit einfachere Bedingungen, umfaßt aber weniger zahlreiche Fälle. Ich glaube, es fügt sich ausnahmslos unserem Lösungsversuch, läßt jedesmal die Zurückführung auf altvertrautes Verdrängtes zu. Doch ist auch hier eine wichtige und psychologisch bedeutsame Scheidung des Materials vorzunehmen, die wir am besten an geeigneten Beispielen erkennen werden.

Greifen wir das Unheimliche der Allmacht der Gedanken, der prompten Wunscherfüllung, der geheimen schädigenden Kräfte, der Wiederkehr der Toten heraus. Die Bedingung, unter der hier das Gefühl des Unheimlichen entsteht, ist nicht zu verkennen. Wir – oder unsere primitiven Urahnen – haben dereinst diese Möglichkeiten für Wirklichkeit gehalten, waren von der Realität dieser Vorgänge überzeugt. Heute glauben wir nicht mehr daran, wir haben diese Denkweisen *überwunden*, aber wir fühlen uns dieser neuen Überzeugungen nicht ganz sicher, die alten leben noch in uns fort und lauern auf Bestätigung. Sowie sich nun etwas in unserem Leben *ereignet*, was diesen alten abgelegten Überzeugungen eine Bestätigung zuzuführen scheint, haben wir das Gefühl des Unheimlichen, zu dem man das Urteil ergänzen kann: Also ist es doch wahr, daß man einen anderen durch den bloßen Wunsch töten kann, daß die Toten weiterleben und an der Stätte ihrer früheren Tätigkeit sichtbar werden u. dgl.! Wer im Gegenteil diese animistischen Überzeugungen bei sich gründlich und endgültig erledigt hat, für den entfällt das Unheimliche dieser Art. Das merkwürdigste Zusammentreffen von Wunsch und Erfüllung, die rätselhafteste Wiederholung ähnlicher Erlebnisse an demselben Ort oder zum gleichen Datum, die täuschendsten Gesichtswahrnehmungen und verdächtigsten Geräusche werden ihn nicht irremachen, keine Angst in ihm erwecken, die man als Angst vor dem »Unheimlichen« bezeichnen kann. Es handelt sich hier also rein um eine Angelegenheit der Realitätsprüfung, um eine Frage der materiellen Realität.[1]

---

1 Da auch das Unheimliche des Doppelgängers von dieser Gattung ist, wird es interessant, die Wirkung zu erfahren, wenn uns einmal das Bild der eigenen

Anders verhält es sich mit dem Unheimlichen, das von verdrängten infantilen Komplexen ausgeht, vom Kastrationskomplex, der Mutterleibsphantasie usw., nur daß reale Erlebnisse, welche diese Art von Unheimlichem erwecken, nicht sehr häufig sein können. Das Unheimliche des Erlebens gehört zumeist der früheren Gruppe an [1], für die Theorie ist aber die Unterscheidung der beiden sehr bedeutsam. Beim Unheimlichen aus infantilen Komplexen kommt die Frage der materiellen Realität gar nicht in Betracht, die psychische Realität tritt an deren Stelle. Es handelt sich um wirkliche Verdrängung eines Inhalts und um die Wiederkehr des Verdrängten, nicht um die Aufhebung des *Glaubens an die Realität* dieses Inhalts. Man könnte sagen, in dem einen Falle sei ein gewisser Vorstellungsinhalt, im anderen der Glaube an seine (materielle) Realität verdrängt. Aber die letztere Ausdrucksweise dehnt wahrscheinlich den Gebrauch des Terminus »Verdrängung« über seine rechtmäßigen Grenzen aus. Es ist korrekter, wenn wir einer hier spürbaren psychologischen Differenz Rechnung tragen und den Zustand, in dem sich die animistischen Überzeugungen des Kulturmenschen befinden, als ein – mehr oder weniger vollkommenes – *Überwundensein* bezeichnen. Unser Ergebnis lautete dann: Das Unheimliche des Erlebens

Persönlichkeit ungerufen und unvermutet entgegentritt. E. Mach berichtet zwei solcher Beobachtungen in der »Analyse der Empfindungen«, 1900, Seite 3. Er erschrak das eine Mal nicht wenig, als er erkannte, daß das gesehene Gesicht das eigene sei, das andere Mal fällte er ein sehr ungünstiges Urteil über den anscheinend Fremden, der in seinen Omnibus einstieg. »Was steigt doch da für ein herabgekommener Schulmeister ein.« – Ich kann ein ähnliches Abenteuer erzählen: Ich saß allein im Abteil des Schlafwagens, als bei einem heftigeren Ruck der Fahrtbewegung die zur anstoßenden Toilette führende Tür aufging und ein älterer Herr im Schlafrock, die Reisemütze auf dem Kopfe, bei mir eintrat. Ich nahm an, daß er sich beim Verlassen des zwischen zwei Abteilen befindlichen Kabinetts in der Richtung geirrt hatte und fälschlich in mein Abteil gekommen war, sprang auf, um ihn aufzuklären, erkannte aber bald verdutzt, daß der Eindringling mein eigenes, vom Spiegel in der Verbindungstür entworfenes Bild war. Ich weiß noch, daß mir die Erscheinung gründlich mißfallen hatte. Anstatt also über den Doppelgänger zu erschrecken, hatten beide – Mach wie ich – ihn einfach nicht agnosziert. Ob aber das Mißfallen dabei nicht doch ein Rest jener archaischen Reaktion war, die den Doppelgänger als unheimlich empfindet?

1 [Von der im vorigen Absatz die Rede war.]

kommt zustande, wenn *verdrängte* infantile Komplexe durch einen
Eindruck wiederbelebt werden oder wenn *überwundene* primitive
Überzeugungen wieder bestätigt scheinen. Endlich darf man sich
durch die Vorliebe für glatte Erledigung und durchsichtige Darstellung nicht vom Bekenntnis abhalten lassen, daß die beiden hier aufgestellten Arten des Unheimlichen im Erleben nicht immer scharf
zu sondern sind. Wenn man bedenkt, daß die primitiven Überzeugungen auf das innigste mit den infantilen Komplexen zusammenhängen und eigentlich in ihnen wurzeln, wird man sich über diese
Verwischung der Abgrenzungen nicht viel verwundern.

Das Unheimliche der Fiktion – der Phantasie, der Dichtung – verdient in der Tat eine gesonderte Betrachtung. Es ist vor allem weit
reichhaltiger als das Unheimliche des Erlebens, es umfaßt dieses in
seiner Gänze und dann noch anderes, was unter den Bedingungen
des Erlebens nicht vorkommt. Der Gegensatz zwischen Verdräng-
tem und Überwundenem kann nicht ohne tiefgreifende Modifika-
tion auf das Unheimliche der Dichtung übertragen werden, denn
das Reich der Phantasie hat ja zur Voraussetzung seiner Geltung,
daß sein Inhalt von der Realitätsprüfung enthoben ist. Das paradox
klingende Ergebnis ist, *daß in der Dichtung vieles nicht unheimlich
ist, was unheimlich wäre, wenn es sich im Leben ereignete, und daß
in der Dichtung viele Möglichkeiten bestehen, unheimliche Wirkungen zu erzielen, die fürs Leben wegfallen.*
Zu den vielen Freiheiten des Dichters gehört auch die, seine Darstellungswelt nach Belieben so zu wählen, daß sie mit der uns vertrauten
Realität zusammenfällt oder sich irgendwie von ihr entfernt. Wir
folgen ihm in jedem Falle. Die Welt des Märchens z. B. hat den Boden der Realität von vornherein verlassen und sich offen zur Annahme der animistischen Überzeugungen bekannt. Wunscherfüllungen, geheime Kräfte, Allmacht der Gedanken, Belebung des
Leblosen, die im Märchen ganz gewöhnlich sind, können hier keine
unheimliche Wirkung äußern, denn für die Entstehung des unheimlichen Gefühls ist, wie wir gehört haben, der Urteilsstreit erforder-
lich, ob das überwundene Unglaubwürdige nicht doch real möglich
ist, eine Frage, die durch die Voraussetzungen der Märchenwelt
überhaupt aus dem Wege geräumt ist. So verwirklicht das Märchen,
das uns die meisten Beispiele von Widerspruch gegen unsere Lösung

des Unheimlichen geliefert hat, den zuerst erwähnten Fall, daß im Reiche der Fiktion vieles nicht unheimlich ist, was unheimlich wirken müßte, wenn es sich im Leben ereignete. Dazu kommen fürs Märchen noch andere Momente, die später kurz berührt werden sollen.

Der Dichter kann sich auch eine Welt erschaffen haben, die, minder phantastisch als die Märchenwelt, sich von der realen doch durch die Aufnahme von höheren geistigen Wesen, Dämonen oder Geistern Verstorbener scheidet. Alles Unheimliche, was diesen Gestalten anhaften könnte, entfällt dann, soweit die Voraussetzungen dieser poetischen Realität reichen. Die Seelen der Danteschen Hölle oder die Geistererscheinungen in Shakespeares Hamlet, Macbeth, Julius Caesar mögen düster und schreckhaft genug sein, aber unheimlich sind sie im Grunde ebensowenig wie etwa die heitere Götterwelt Homers. Wir passen unser Urteil den Bedingungen dieser vom Dichter fingierten Realität an und behandeln Seelen, Geister und Gespenster, als wären sie vollberechtigte Existenzen, wie wir es selbst in der materiellen Realität sind. Auch dies ist ein Fall, in dem Unheimlichkeit erspart wird.

Anders nun, wenn der Dichter sich dem Anscheine nach auf den Boden der gemeinen Realität gestellt hat. Dann übernimmt er auch alle Bedingungen, die im Erleben für die Entstehung des unheimlichen Gefühls gelten, und alles was im Leben unheimlich wirkt, wirkt auch so in der Dichtung. Aber in diesem Falle kann der Dichter auch das Unheimliche weit über das im Erleben mögliche Maß hinaus steigern und vervielfältigen, indem er solche Ereignisse vorfallen läßt, die in der Wirklichkeit nicht oder nur sehr selten zur Erfahrung gekommen wären. Er verrät uns dann gewissermaßen an unseren für überwunden gehaltenen Aberglauben, er betrügt uns, indem er uns die gemeine Wirklichkeit verspricht und dann doch über diese hinausgeht. Wir reagieren auf seine Fiktionen so, wie wir auf eigene Erlebnisse reagiert hätten; wenn wir den Betrug merken, ist es zu spät, der Dichter hat seine Absicht bereits erreicht, aber ich muß behaupten, er hat keine reine Wirkung erzielt. Bei uns bleibt ein Gefühl von Unbefriedigung, eine Art von Groll über die versuchte Täuschung, wie ich es besonders deutlich nach der Lektüre von Schnitzlers Erzählung »Die Weissagung« und ähnlichen mit dem Wunderbaren liebäugelnden Produktionen verspürt habe. Der Dichter hat dann noch ein Mittel zur Verfügung, durch welches er sich dieser unserer Auflehnung entziehen und gleichzeitig die Bedingungen für das Erreichen seiner Absichten verbessern kann. Es besteht darin, daß er uns lange Zeit über nicht erraten läßt, welche Voraussetzungen er eigentlich für die von ihm angenommene Welt gewählt hat, oder daß er kunstvoll und arglistig einer solchen entscheidenden Aufklärung bis zum Ende ausweicht. Im ganzen wird aber hier der vorhin angekündigte Fall verwirklicht, daß die Fiktion neue Möglichkeiten des unheimlichen Gefühls erschafft, die im Erleben wegfallen würden.

Alle diese Mannigfaltigkeiten beziehen sich strenggenommen nur auf das Unheimliche, das aus dem Überwundenen entsteht. Das Unheimliche aus verdrängten Komplexen ist resistenter, es bleibt in der Dichtung – von einer Bedingung abgesehen – ebenso unheimlich wie im Erleben. Das andere Unheimliche, das aus dem Überwundenen, zeigt diesen Charakter im Erleben und in der Dichtung, die sich auf den Boden der materiellen Realität stellt, kann ihn aber in den fiktiven, vom Dichter geschaffenen Realitäten einbüßen.

Es ist offenkundig, daß die Freiheiten des Dichters und damit die Vorrechte der Fiktion in der Hervorrufung und Hemmung des unheimlichen Gefühls durch die vorstehenden Bemerkungen nicht erschöpft werden. Gegen das Erleben verhalten wir uns im allgemeinen gleichmäßig passiv und unterliegen der Einwirkung des Stofflichen. Für den Dichter sind wir aber in besonderer Weise lenkbar; durch die Stimmung, in die er uns versetzt, durch die Erwartungen, die er in uns erregt, kann er unsere Gefühlsprozesse von dem einen Erfolg ablenken und auf einen anderen einstellen und kann aus demselben Stoff oft sehr verschiedenartige Wirkungen gewinnen. Dies ist alles längst bekannt und wahrscheinlich von den berufenen Ästhetikern eingehend gewürdigt worden. Wir sind auf dieses Gebiet der Forschung ohne rechte Absicht geführt worden, indem wir der Versuchung nachgaben, den Widerspruch gewisser Beispiele gegen unsere Ableitung des Unheimlichen aufzuklären. Zu einzelnen dieser Beispiele wollen wir darum auch zurückkehren.

Wir fragten vorhin, warum die abgehauene Hand im Schatz des Rhampsenit nicht unheimlich wirkte wie etwa in der Hauffschen

»Geschichte von der abgehauenen Hand«. Die Frage erscheint uns jetzt bedeutsamer, da wir die größere Resistenz des Unheimlichen aus der Quelle verdrängter Komplexe erkannt haben. Die Antwort ist leicht zu geben. Sie lautet, daß wir in dieser Erzählung nicht auf die Gefühle der Prinzessin, sondern auf die überlegene Schlauheit des »Meisterdiebes« eingestellt werden. Der Prinzessin mag das unheimliche Gefühl dabei nicht erspart worden sein, wir wollen es selbst für glaubhaft halten, daß sie in Ohnmacht gefallen ist, aber wir verspüren nichts Unheimliches, denn wir versetzen uns nicht in sie, sondern in den anderen. Durch eine andere Konstellation wird uns der Eindruck des Unheimlichen in der Nestroyschen Posse »Der Zerrissene« erspart, wenn der Geflüchtete, der sich für einen Mörder hält, aus jeder Falltür, deren Deckel er aufhebt, das vermeintliche Gespenst des Ermordeten aufsteigen sieht und verzweifelt ausruft: Ich hab' doch nur *einen* umgebracht. Zu was diese gräßliche Multiplikation? Wir kennen die Vorbedingungen dieser Szene, teilen den Irrtum des »Zerrissenen« nicht, und darum wirkt, was für ihn unheimlich sein muß, auf uns mit unwiderstehlicher Komik. Sogar ein »wirkliches« *Gespenst* wie das in O. Wildes Erzählung »Der Geist von Canterville« muß all seiner Ansprüche, wenigstens Grauen zu erregen, verlustig werden, wenn der Dichter sich den Scherz macht, es zu ironisieren und hänseln zu lassen. So unabhängig kann in der Welt der Fiktion die Gefühlswirkung von der Stoffwahl sein. In der Welt der Märchen sollen Angstgefühle, also auch unheimliche Gefühle überhaupt nicht erweckt werden. Wir verstehen das und sehen darum auch über die Anlässe hinweg, bei denen etwas Derartiges möglich wäre.

Von der Einsamkeit, Stille und Dunkelheit können wir nichts anderes sagen, als daß dies wirklich die Momente sind, an welche die bei den meisten Menschen nie ganz erlöschende Kinderangst geknüpft ist. Die psychoanalytische Forschung hat sich mit dem Problem derselben an anderer Stelle auseinandergesetzt.

DOSTOJEWSKI UND DIE VATERTÖTUNG

(1928)

DOSTOJEWSKI UND DIE VATERTÖTUNG

An der reichen Persönlichkeit Dostojewskis möchte man vier Fassaden unterscheiden: Den Dichter, den Neurotiker, den Ethiker und den Sünder. Wie soll man sich in der verwirrenden Komplikation zurechtfinden?

Am Dichter ist am wenigsten Zweifel, er hat seinen Platz nicht weit hinter Shakespeare. Die Brüder Karamasoff sind der großartigste Roman, der je geschrieben wurde, die Episode des Großinquisitors eine der Höchstleistungen der Weltliteratur, kaum zu überschätzen. Leider muß die Analyse vor dem Problem des Dichters die Waffen strecken.

Am ehesten angreifbar ist der Ethiker in Dostojewski. Wenn man ihn als sittlichen Menschen hochstellen will, mit der Begründung, daß nur der die höchste Stufe der Sittlichkeit erreicht, der durch die tiefste Sündhaftigkeit gegangen ist, so setzt man sich über ein Bedenken hinweg. Sittlich ist jener, der schon auf die innerlich verspürte Versuchung reagiert, ohne ihr nachzugeben. Wer abwechselnd sündigt und dann in seiner Reue hohe sittliche Forderungen aufstellt, der setzt sich dem Vorwurf aus, daß er sich's zu bequem gemacht hat. Er hat das Wesentliche an der Sittlichkeit, den Verzicht, nicht geleistet, denn die sittliche Lebensführung ist ein praktisches Menschheitsinteresse. Er erinnert an die Barbaren der Völkerwanderung, die morden und dafür Buße tun, wo die Buße direkt eine Technik wird, um den Mord zu ermöglichen. Iwan der Schreckliche benimmt sich auch nicht anders; ja dieser Ausgleich mit der Sittlichkeit ist ein charakteristisch russischer Zug. Auch ist das Endergebnis von Dostojewskis sittlichem Ringen kein rühmliches. Nach den heftigsten Kämpfen, die Triebansprüche des Individuums mit den Forderungen der menschlichen Gemeinschaft zu versöhnen, landet er rückläufig bei der Unterwerfung unter die weltliche wie unter die geistliche Autorität, bei der Ehrfurcht vor dem Zaren und dem Christengott und bei einem engherzigen russischen Nationalismus, eine Station, zu der geringere Geister mit weniger Mühe gelangt sind. Hier ist der schwache Punkt der großen Persönlichkeit. Dostojewski hat es versäumt, ein Lehrer und Befreier der Menschen zu werden, er hat sich zu ihren Kerkermeistern gesellt; die kulturelle Zukunft der Menschen wird ihm wenig zu danken haben. Es läßt sich wahrscheinlich zeigen, daß er durch seine Neurose zu solchem Scheitern verdammt wurde. Nach der Höhe seiner Intelligenz und der Stärke seiner Menschenliebe wäre ihm ein anderer, ein apostolischer Lebensweg eröffnet gewesen.

Dostojewski als Sünder oder Verbrecher zu betrachten ruft ein heftiges Sträuben hervor, das nicht in der philiströsen Einschätzung des Verbrechers begründet zu sein braucht. Man wird bald des wirklichen Motivs gewahr; für den Verbrecher sind zwei Züge wesentlich, die grenzenlose Eigensucht und die starke destruktive Tendenz; beiden gemeinsam und Voraussetzung für deren Äußerungen ist die Lieblosigkeit, der Mangel an affektiver Wertung der (menschlichen) Objekte. Man erinnert sich sofort an den Gegensatz hiezu bei Dostojewski, an seine große Liebesbedürftigkeit und seine enorme Liebesfähigkeit, die sich selbst in Erscheinungen der Übergüte äußert und ihn lieben und helfen läßt, wo er selbst das Recht zum Haß und zur Rache hatte, z. B. im Verhältnis zu seiner ersten Frau und ihrem Geliebten. Dann muß man fragen, woher überhaupt die Versuchung rührt, Dostojewski den Verbrechern zuzurechnen. Antwort: Es ist die Stoffwahl des Dichters, die gewalttätige, mörderische, eigensüchtige Charaktere vor allen anderen auszeichnet, was auf die Existenz solcher Neigungen in seinem Inneren hindeutet, ferner einiges Tatsächliche aus seinem Leben, wie seine Spielsucht, vielleicht der sexuelle Mißbrauch eines unreifen Mädchens (Geständnis). [1] Der Widerspruch löst sich durch die

---

1 Siehe die Diskussion hierüber in [R. Fülöp-Miller und F. Eckstein (Hrsg.):] »Der unbekannte Dostojewski« [München] 1926. – Stefan Zweig: Er macht nicht halt vor den Zäunen der bürgerlichen Moral, und niemand weiß genau zu sagen, wie weit er in seinem Leben die juristische Grenze überschritten, wieviel von den verbrecherischen Instinkten seiner Helden in ihm selbst zur Tat geworden ist. (»Drei Meister« 1920.) Über die intimen Beziehungen zwischen Dostojewskis Gestalten und seinen eigenen Erlebnissen siehe die Ausführungen René Fülöp-Millers im einleitenden Abschnitt zu [R. Fülöp-Miller und F. Eckstein (Hrsg.):] »Dostojewski am Roulette« [München] 1925, die an Nikolai Strachoff anknüpfen.

Einsicht, daß der sehr starke Destruktionstrieb Dostojewskis, der ihn leicht zum Verbrecher gemacht hätte, im Leben hauptsächlich gegen die eigene Person (nach innen anstatt nach außen) gerichtet ist und so als Masochismus und Schuldgefühl zum Ausdruck kommt. Seine Person behält immerhin genug sadistische Züge übrig, die sich in seiner Reizbarkeit, Quälsucht, Intoleranz, auch gegen geliebte Personen, äußern und noch in der Art, wie er als Autor seine Leser behandelt, zum Vorschein kommen, also in kleinen Dingen Sadist nach außen, in größeren Sadist nach innen, also Masochist, das heißt der weichste, gutmütigste, hilfsbereiteste Mensch.

Aus der Komplikation der Person Dostojewskis haben wir drei Faktoren herausgeholt, einen quantitativen und zwei qualitative: Die außerordentliche Höhe seiner Affektivität, die perverse Triebanlage, die ihn zum Sado-Masochisten oder zum Verbrecher veranlagen mußte, und die unanalysierbare, künstlerische Begabung. Dies Ensemble wäre sehr wohl ohne Neurose existenzfähig; es gibt ja nicht-neurotische Vollmasochisten. Nach dem Kräfteverhältnis zwischen den Triebansprüchen und den ihnen entgegenstehenden Hemmungen (plus der verfügbaren Sublimierungswege) wäre Dostojewski immer noch als ein sogenannter »triebhafter Charakter« zu klassifizieren. Aber die Situation wird getrübt durch die Mitanwesenheit der Neurose, die, wie gesagt, nicht unter diesen Bedingungen unerläßlich wäre, aber doch um so eher zustande kommt, je reichhaltiger die vom Ich zu bewältigende Komplikation ist. Die Neurose ist doch nur ein Zeichen dafür, daß dem Ich eine solche Synthese nicht gelungen ist, daß es bei solchem Versuch seine Einheitlichkeit eingebüßt hat.

Wodurch wird nun im strengen Sinne die Neurose erwiesen? Dostojewski nannte sich selbst und galt bei den anderen als Epileptiker auf Grund seiner schweren, mit Bewußtseinsverlust, Muskelkrämpfen und nachfolgender Verstimmung einhergehenden Anfälle. Es ist nun überaus wahrscheinlich, daß diese sogenannte Epilepsie nur ein Symptom seiner Neurose war, die demnach als Hysteroepilepsie, das heißt als schwere Hysterie, klassifiziert werden müßte. Volle Sicherheit ist aus zwei Gründen nicht zu erreichen, erstens, weil die anamnestischen Daten über Dostojewskis sogenannte Epilepsie mangelhaft und unzuverlässig sind, zweitens, weil die Auffassung der mit epileptoiden Anfällen verbundenen Krankheitszustände nicht geklärt ist.

Zunächst zum zweiten Punkt. Es ist überflüssig, die ganze Pathologie der Epilepsie hier zu wiederholen, die doch nichts Entscheidendes bringt, doch kann man sagen: Immer hebt sich noch als scheinbare klinische Einheit der alte *Morbus sacer* hervor, die unheimliche Krankheit mit ihren unberechenbaren, anscheinend nicht provozierten Krampfanfällen, der Charakterveränderung ins Reizbare und Aggressive und der progressiven Herabsetzung aller geistigen Leistungen. Aber an allen Enden zerflattert dies Bild ins Unbestimmte. Die Anfälle, die brutal auftreten, mit Zungenbiß und Harnentleerung, gehäuft zum lebensbedrohlichen Status epilepticus, der schwere Selbstbeschädigung herbeiführt, können sich doch ermäßigen zu kurzen Absenzen, zu bloßen rasch vorübergehenden Schwindelzuständen, können sich ersetzen durch kurze Zeiten, in denen der Kranke, wie unter der Herrschaft des Unbewußten, etwas ihm Fremdartiges tut. Sonst in unfaßbarer Weise rein körperlich bedingt, können sie doch ihre erste Entstehung einem rein seelischen Einfluß (Schreck) verdankt haben oder weiterhin auf seelische Erregungen reagieren. So charakteristisch die intellektuelle Herabsetzung für die übergroße Mehrzahl der Fälle sein mag, so ist doch wenigstens *ein* Fall bekannt, in dem das Leiden intellektuelle Höchstleistung nicht zu stören vermochte (Helmholtz). (Andere Fälle, von denen das gleiche behauptet wurde, sind unsicher oder unterliegen denselben Bedenken wie Dostojewski selbst.) Die Personen, die von der Epilepsie befallen sind, können den Eindruck von Stumpfheit, behinderter Entwicklung machen, wie doch das Leiden oft greifbarste Idiotie und größte Hirndefekte begleitet, wenn auch nicht als notwendiger Bestandteil des Krankheitsbildes; aber diese Anfälle finden sich mit allen ihren Variationen auch bei anderen Personen vor, die eine volle seelische Entwicklung und eher übergroße, meist ungenügend beherrschte Affektivität bekunden. Kein Wunder, daß man es unter diesen Umständen für unmöglich findet, die Einheit einer klinischen Affektion »Epilepsie« festzuhalten. Was in der

Gleichartigkeit der geäußerten Symptome zum Vorschein kommt, scheint eine funktionelle Auffassung zu fordern, als ob ein Mechanismus der abnormen Triebabfuhr organisch vorgebildet wäre, der unter ganz verschiedenen Verhältnissen in Anspruch genommen wird, sowohl bei Störungen der Gehirntätigkeit durch schwere gewebliche und toxische Erkrankung als auch bei unzulänglicher Beherrschung der seelischen Ökonomie, krisenhaftem Betrieb der in der Seele wirkenden Energie. Hinter dieser Zweiteilung ahnt man die Identität des zugrunde liegenden Mechanismus der Triebabfuhr. Derselbe kann auch den Sexualvorgängen, die im Grunde toxisch verursacht sind, nicht fernestehen; schon die ältesten Ärzte nannten den Koitus eine kleine Epilepsie, erkannten also im sexuellen Akt die Milderung und Adaptierung der epileptischen Reizabfuhr.

Die »epileptische Reaktion«, wie man dies Gemeinsame nennen kann, stellt sich ohne Zweifel auch der Neurose zur Verfügung, deren Wesen darin besteht, Erregungsmassen, mit denen sie psychisch nicht fertig wird, auf somatischem Wege zu erledigen. Der epileptische Anfall wird so ein Symptom der Hysterie und von ihr adaptiert und modifiziert, ähnlich wie vom normalen Sexualablauf. Man hat also ganz recht, eine organische von einer »affektiven« Epilepsie zu unterscheiden. Die praktische Bedeutung ist die: wer die eine hat, ist ein Gehirnkranker, wer die andere hat, ein Neurotiker. Im ersteren Fall unterliegt das Seelenleben einer ihm fremden Störung von außen, im anderen ist die Störung ein Ausdruck des Seelenlebens selbst.

Es ist überaus wahrscheinlich, daß Dostojewskis Epilepsie von der zweiten Art ist. Strenge erweisen kann man es nicht, man müßte denn imstande sein, das erste Auftreten und die späteren Schwankungen der Anfälle in den Zusammenhang seines seelischen Lebens einzureihen, und dafür weiß man zu wenig. Die Beschreibungen der Anfälle selbst lehren nichts, die Auskünfte über Beziehungen zwischen Anfällen und Erlebnissen sind mangelhaft und oft widersprechend. Am wahrscheinlichsten ist die Annahme, daß die Anfälle weit in Dostojewskis Kindheit zurückgehen, daß sie zuerst durch mildere Symptome vertreten waren und erst nach dem erschütternden Erlebnis im achtzehnten Jahr, nach der Ermordung des Vaters, die epileptische Form annahmen. [1] Es wäre sehr passend, wenn sich bewahrheitete, daß sie während der Strafzeit in Sibirien völlig sistiert hätten, aber andere Angaben widersprechen dem. [2] Die unverkennbare Beziehung zwischen der Vatertötung in den Brüdern Karamasoff und dem Schicksal von Dostojewskis Vater ist mehr als einem Biographen aufgefallen und hat sie zu einem Hinweis auf eine »gewisse moderne psychologische Richtung« veranlaßt. Die psychoanalytische Betrachtung, denn diese ist gemeint, ist versucht, in diesem Ereignis das schwerste Trauma und in Dostojewskis Reaktion darauf den Angelpunkt seiner Neurose zu erkennen.

Wenn ich es aber unternehme, diese Aufstellung psychoanalytisch zu begründen, muß ich befürchten, allen denen unverständlich zu bleiben, die mit den Ausdrucksweisen und Lehren der Psychoanalyse nicht vertraut sind.

---

1 Vgl. hiezu den Aufsatz »Dostojewskis Heilige Krankheit« von René Fülöp-Miller in »Wissen und Leben« 1924, Heft 19/20. Besonderes Interesse erweckt die Mitteilung, daß sich in des Dichters Kindheit »etwas Furchtbares, Unvergeßliches und Qualvolles« ereignet habe, auf das die ersten Anzeichen seines Leidens zurückzuführen seien (Suworin in einem Artikel der [Zeitung] »Nowoje Wremja« 1881, nach dem Zitat in der Einleitung zu »Dostojewski am Roulette« S. XLV). Ferner Orest Miller in »Dostojewskis autobiographische Schriften« [München 1921]: »Es gibt über die Krankheit Fjodor Michailowitschs allerdings noch eine besondere Aussage, die sich auf seine früheste Jugend bezieht und die Krankheit mit einem tragischen Fall in dem Familienleben der Eltern Dostojewskis in Verbindung bringt. Doch obgleich mir diese Aussage von einem Menschen, der Fjodor Michailowitsch sehr nahestand, mündlich mitgeteilt worden ist, kann ich mich nicht entschließen, da ich von keiner Seite eine Bestätigung dieses Gerüchts erhalten habe, die erwähnte Angabe hier ausführlich und genau wiederzugeben« (S. 140). Biographik und Neurosenforschung können dieser Diskretion nicht zu Dank verpflichtet sein.

2 Die meisten Angaben, darunter Dostojewskis eigene Auskunft, behaupten vielmehr, daß die Krankheit erst während der sibirischen Strafzeit ihren definitiven, epileptischen Charakter angenommen habe. Leider hat man Grund, den autobiographischen Mitteilungen der Neurotiker zu mißtrauen. Die Erfahrung zeigt, daß ihre Erinnerung Verfälschungen unternimmt, die dazu bestimmt sind, einen unliebsamen Kausalzusammenhang zu zerreißen. Doch scheint es gesichert, daß der Aufenthalt im sibirischen Kerker auch den Krankheitszustand Dostojewskis eingreifend verändert hat. Vgl. hiezu: »Dostojewskis Heilige Krankheit« (S. 1186).

Wir haben einen gesicherten Ausgangspunkt. Wir kennen den Sinn der ersten Anfälle Dostojewskis in seinen jungen Jahren lange vor dem Auftreten der »Epilepsie«. Diese Anfälle hatten Todesbedeutung, sie wurden von Todesangst eingeleitet und bestanden in lethargischen Schlafzuständen. Als plötzliche, grundlose Schwermut kam sie (die Krankheit) zuerst über ihn, da er noch ein Knabe war; ein Gefühl, so erzählte er später seinem Freunde Solowjoff, als ob er sogleich sterben müßte; und tatsächlich folgte dann auch ein dem wirklichen Tode vollkommen ähnlicher Zustand... Sein Bruder Andree hat berichtet, daß Fedor schon in jungen Jahren vor dem Einschlafen Zettelchen hinzulegen pflegte, er fürchte in der Nacht in den scheintodähnlichen Schlaf zu verfallen und bitte darum, man möge ihn erst nach fünf Tagen beerdigen lassen. (»Dostojewski am Roulette«, Einleitung Seite LX.)

Wir kennen den Sinn und die Absicht solcher Todesanfälle. Sie bedeuten eine Identifizierung mit einem Toten, einer Person, die wirklich gestorben ist oder die noch lebt und der man den Tod wünscht. Der letztere Fall ist der bedeutsamere. Der Anfall hat dann den Wert einer Bestrafung. Man hat einen anderen tot gewünscht, nun ist man dieser andere und ist selbst tot. Hier setzt die psychoanalytische Lehre die Behauptung ein, daß dieser andere für den Knaben in der Regel der Vater ist, der – hysterisch genannte – Anfall also eine Selbstbestrafung für den Todeswunsch gegen den gehaßten Vater.

Der Vatermord ist nach bekannter Auffassung das Haupt- und Urverbrechen der Menschheit wie des einzelnen.[1] Er ist jedenfalls die Hauptquelle des Schuldgefühls, wir wissen nicht, ob die einzige; die Untersuchungen konnten den seelischen Ursprung von Schuld und Sühnebedürfnis noch nicht sicherstellen. Er braucht aber nicht die einzige zu sein. Die psychologische Situation ist kompliziert und bedarf einer Erläuterung. Das Verhältnis des Knaben zum Vater ist ein, wie wir sagen, ambivalentes. Außer dem Haß, der den Vater als Rivalen beseitigen möchte, ist regelmäßig ein Maß von Zärtlichkeit für ihn vorhanden. Beide Einstellungen treten zur Vateridentifizierung zusammen, man möchte an Stelle des Vaters sein, weil man ihn bewundert, so sein möchte wie er und weil man ihn wegschaffen

---

1 Siehe des Verf. »Totem und Tabu« (Ges. Werke, Bd. IX).

will. Diese ganze Entwicklung stößt nun auf ein mächtiges Hindernis. In einem gewissen Moment lernt das Kind verstehen, daß der Versuch, den Vater als Rivalen zu beseitigen, von ihm durch die Kastration gestraft werden würde. Aus Kastrationsangst, also im Interesse der Bewahrung seiner Männlichkeit, gibt es also den Wunsch nach dem Besitz der Mutter und der Beseitigung des Vaters auf. Soweit er im Unbewußten erhalten bleibt, bildet er die Grundlage des Schuldgefühls. Wir glauben hierin normale Vorgänge beschrieben zu haben, das normale Schicksal des sogenannten Ödipuskomplexes; eine wichtige Ergänzung haben wir allerdings noch nachzutragen.

Eine weitere Komplikation stellt sich her, wenn beim Kinde jener konstitutionelle Faktor, den wir die Bisexualität heißen, stärker ausgebildet ist. Dann wird unter der Bedrohung der Männlichkeit durch die Kastration die Neigung gekräftigt, nach der Richtung der Weiblichkeit auszuweichen, sich vielmehr an die Stelle der Mutter zu setzen und ihre Rolle als Liebesobjekt beim Vater zu übernehmen. Allein die Kastrationsangst macht auch diese Lösung unmöglich. Man versteht, daß man auch die Kastration auf sich nehmen muß, wenn man vom Vater wie ein Weib geliebt werden will. So verfallen beide Regungen, Vaterhaß wie Vaterverliebtheit, der Verdrängung. Ein gewisser psychologischer Unterschied besteht darin, daß der Vaterhaß aufgegeben wird infolge der Angst vor einer äußeren Gefahr (der Kastration); die Vaterverliebtheit aber wird als innere Triebgefahr behandelt, die doch im Grunde wieder auf die nämliche äußere Gefahr zurückgeht.

Was den Vaterhaß unannehmbar macht, ist die Angst vor dem Vater; die Kastration ist schrecklich, sowohl als Strafe wie auch als Preis der Liebe. Von den beiden Faktoren, die den Vaterhaß verdrängen, ist der erste, die direkte Straf- und Kastrationsangst, der normale zu nennen, die pathogene Verstärkung scheint erst durch den anderen Faktor, die Angst vor der femininen Einstellung, hinzuzukommen. Eine stark bisexuelle Anlage wird so zu einer der Bedingungen oder Bekräftigungen der Neurose. Eine solche ist für Dostojewski sicherlich anzunehmen und zeigt sich in existenzmöglicher Form (latente Homosexualität) in der Bedeutung von Männerfreundschaften für sein Leben, in seinem sonderbar zärtlichen Verhalten gegen Liebesrivalen und in seinem ausgezeichneten Verständnis für Situationen, die sich nur durch verdrängte Homosexualität erklären, wie viele Beispiele aus seinen Novellen zeigen.

Ich bedaure es, kann es aber nicht ändern, wenn diese Ausführungen über die Haß- und Liebeseinstellungen zum Vater und deren Wandlungen unter dem Einfluß der Kastrationsdrohung dem der Psychoanalyse unkundigen Leser unschmackhaft und unglaubwürdig erscheinen. Ich würde selbst erwarten, daß gerade der Kastrationskomplex der allgemeinsten Ablehnung sicher ist. Aber ich kann nur beteuern, daß die psychoanalytische Erfahrung gerade diese Verhältnisse über jeden Zweifel hinaushebt und uns in ihnen den Schlüssel zu jeder Neurose erkennen heißt. Den müssen wir also auch an der sogenannten Epilepsie unseres Dichters versuchen. So fremd sind aber unserem Bewußtsein die Dinge, von denen unser unbewußtes Seelenleben beherrscht wird. Mit dem bisher Mitgeteilten sind die Folgen der Verdrängung des Vaterhasses im Ödipuskomplex nicht erschöpft. Es kommt als neu hinzu, daß die Vateridentifizierung sich am Ende doch einen dauernden Platz im Ich erzwingt. Sie wird ins Ich aufgenommen, stellt sich aber darin als eine besondere Instanz dem anderen Inhalt des Ichs entgegen. Wir heißen sie dann das Über-Ich und schreiben ihr, der Erbin des Elterneinflusses, die wichtigsten Funktionen zu.

War der Vater hart, gewalttätig, grausam, so nimmt das Über-Ich diese Eigenschaften von ihm an, und in seiner Relation zum Ich stellt sich die Passivität wieder her, die gerade verdrängt werden sollte. Das Über-Ich ist sadistisch geworden, das Ich wird masochistisch, d. h. im Grunde weiblich passiv. Es entsteht ein großes Strafbedürfnis im Ich, das teils als solches dem Schicksal bereitliegt, teils in der Mißhandlung durch das Über-Ich (Schuldbewußtsein) Befriedigung findet. Jede Strafe ist ja im Grunde die Kastration und als solche Erfüllung der alten passiven Einstellung zum Vater. Auch das Schicksal ist endlich nur eine spätere Vaterprojektion.

Die normalen Vorgänge bei der Gewissensbildung müssen so ähnlich sein wie die hier dargestellten abnormen. Es ist uns noch nicht gelungen, die Abgrenzung beider herzustellen. Man bemerkt, daß hier der größte Anteil am Ausgang der passiven Komponente der verdrängten Weiblichkeit zugeschrieben wird. Außerdem muß als

akzidenteller Faktor bedeutsam werden, ob der in jedem Fall ge-
fürchtete Vater auch in der Realität besonders gewalttätig ist. Dies
trifft für Dostojewski zu, und die Tatsache seines außerordentlichen
Schuldgefühls wie seiner masochistischen Lebensführung werden
wir auf eine besonders starke feminine Komponente zurückführen.
So ist die Formel für Dostojewski: ein besonders stark bisexuell
Veranlagter, der sich mit besonderer Intensität gegen die Abhängigkeit von einem besonders harten Vater wehren kann. Diesen Charakter der Bisexualität fügen wir zu den früher erkannten Kompo-
nenten seines Wesens hinzu. Das frühzeitige Symptom der »Todesanfälle« läßt sich also verstehen als eine vom Über-Ich strafweise
zugelassene Vateridentifizierung des Ichs. Du hast den Vater töten
wollen, um selbst der Vater zu sein. Nun bist du der Vater, aber der
tote Vater; der gewöhnliche Mechanismus hysterischer Symptome.
Und dabei: jetzt tötet dich der Vater. Für das Ich ist das Todessym-
ptom Phantasiebefriedigung des männlichen Wunsches und gleichzeitig masochistische Befriedigung; für das Über-Ich Strafbefriedi-
gung, also sadistische Befriedigung. Beide, Ich und Über-Ich, spielen die Vaterrolle weiter. – Im ganzen hat sich die Relation zwischen
Person und Vaterobjekt bei Erhaltung ihres Inhalts in eine Relation
zwischen Ich und Über-Ich gewandelt, eine Neuinszenierung auf
einer zweiten Bühne. Solche infantile Reaktionen aus dem Ödipus-
komplex mögen erlöschen, wenn die Realität ihnen keine weitere
Nahrung zuführt. Aber der Charakter des Vaters bleibt derselbe,
nein, er verschlechtert sich mit den Jahren, und so bleibt auch der
Vaterhaß Dostojewskis erhalten, sein Todeswunsch gegen diesen
bösen Vater. Nun ist es gefährlich, wenn die Realität solche verdrängte Wünsche erfüllt. Die Phantasie ist Realität geworden, alle
Abwehrmaßregeln werden nun verstärkt. Nun nehmen Dostojewskis Anfälle epileptischen Charakter an, sie bedeuten gewiß noch
immer die strafweise Vateridentifizierung, sind aber fürchterlich geworden wie der schreckliche Tod des Vaters selbst. Welchen, insbesondere sexuellen, Inhalt sie dazu noch aufgenommen haben, entzieht sich dem Erraten.
Eines ist merkwürdig: in der Aura des Anfalles wird ein Moment
der höchsten Seligkeit erlebt, der sehr wohl den Triumph und die
Befreiung bei der Todesnachricht fixiert haben kann, auf den dann

sofort die um so grausamere Strafe folgte. So eine Folge von Triumph und Trauer, Festfreude und Trauer, haben wir auch bei den Brüdern der Urhorde, die den Vater erschlugen, erraten und finden ihn in der Zeremonie der Totemmahlzeit wiederholt. Wenn es zutrifft, daß Dostojewski in Sibirien frei von Anfällen war, so bestätigte dies nur, daß seine Anfälle seine Strafe waren. Er brauchte sie nicht mehr, wenn er anders gestraft war. Allein dies ist unerweisbar. Eher erklärt diese Notwendigkeit der Strafe für Dostojewskis seelische Ökonomie, daß er ungebrochen durch diese Jahre des Elends und der Demütigungen hindurchging. Dostojewskis Verurteilung als politischer Verbrecher war ungerecht, er mußte das wissen, aber er akzeptierte die unverdiente Strafe von Väterchen Zar als Ersatz für die Strafe, die seine Sünde gegen den wirklichen Vater verdient hatte. Anstelle der Selbstbestrafung ließ er sich vom Stellvertreter des Vaters bestrafen. Man blickt hier ein Stück in die psychologische Rechtfertigung der von der Gesellschaft verhängten Strafen hinein. Es ist wahr, daß große Gruppen von Verbrechern nach der Strafe verlangen. Ihr Über-Ich fordert sie, erspart sich damit, sie selbst zu verhängen.

Wer den komplizierten Bedeutungswandel hysterischer Symptome kennt, wird verstehen, daß hier kein Versuch unternommen wird, den Sinn der Anfälle Dostojewskis über diesen Anfang hinaus zu ergründen.[1] Genug, daß man annehmen darf, ihr ursprünglicher Sinn sei hinter allen späteren Überlagerungen unverändert geblieben. Man darf sagen, Dostojewski ist niemals von der Gewissensbelastung durch die Absicht des Vatermordes frei geworden. Sie hat auch sein Verhalten zu den zwei anderen Gebieten bestimmt, auf denen die Vaterrelation maßgebend ist, zur staatlichen Autorität

---

1 Siehe »Totem und Tabu«. Die beste Auskunft über den Sinn und Inhalt seiner Anfälle gibt Dostojewski selbst, wenn er seinem Freunde Strachoff mitteilt, daß seine Reizbarkeit und Depression nach einem epileptischen Anfall darin begründet sei, daß er sich als Verbrecher erscheine und das Gefühl nicht loswerden könne, eine ihm unbekannte Schuld auf sich geladen, eine große Missetat verübt zu haben, die ihn bedrücke (»Dostojewskis Heilige Krankheit«, S. 1188). In solchen Anklagen erblickt die Psychoanalyse ein Stück Erkenntnis der »psychischen Realität« und bemüht sich, die unbekannte Schuld dem Bewußtsein bekannt zu machen.

und zum Gottesglauben. Auf ersterem landete er bei der vollen Unterwerfung unter Väterchen Zar, der in der Wirklichkeit die Komödie der Tötung mit ihm einmal aufgeführt hatte, welche ihm sein Anfall so oft vorzuspielen pflegte. Die Buße gewann hier die Oberhand. Auf religiösem Gebiet blieb ihm mehr Freiheit, nach anscheinend guten Berichten soll er bis zum letzten Augenblick seines Lebens zwischen Gläubigkeit und Atheismus geschwankt haben. Sein großer Intellekt machte es ihm unmöglich, irgendeine der Denkschwierigkeiten, zu denen die Gläubigkeit führt, zu übersehen. In individueller Wiederholung einer welthistorischen Entwicklung hoffte er im Christusideal einen Ausweg und eine Schuldbefreiung zu finden, seine Leiden selbst als Anspruch auf eine Christusrolle zu verwenden. Wenn er es im ganzen nicht zur Freiheit brachte und Reaktionär wurde, so kam es daher, daß die allgemein menschliche Sohnesschuld, auf der sich das religiöse Gefühl aufbaut, bei ihm eine überindividuelle Stärke erreicht hatte und selbst seiner großen Intelligenz unüberwindlich blieb. Wir setzen uns hier dem Vorwurf aus, daß wir die Unparteilichkeit der Analyse aufgeben und Dostojewski Wertungen unterziehen, die nur vom Parteistandpunkt einer gewissen Weltanschauung berechtigt sind. Ein Konservativer würde die Partei des Großinquisitors nehmen und anders über Dostojewski urteilen. Der Vorwurf ist berechtigt, zu seiner Milderung kann man nur sagen, daß die Entscheidung Dostojewskis durch seine Denkhemmung infolge seiner Neurose bestimmt erscheint.

Es ist kaum ein Zufall, daß drei Meisterwerke der Literatur aller Zeiten das gleiche Thema, das der Vatertötung, behandeln: Der König Ödipus des Sophokles, der Hamlet Shakespeares und Dostojewskis Brüder Karamasoff. In allen dreien ist auch das Motiv der Tat, die sexuelle Rivalität um das Weib, bloßgelegt. Am aufrichtigsten ist gewiß die Darstellung im Drama, das sich der griechischen Sage anschließt. Hier hat der Held noch selbst die Tat vollbracht. Aber ohne Milderung und Verhüllung ist die poetische Bearbeitung nicht möglich. Das nackte Geständnis der Absicht zur Vatertötung, wie wir es in der Analyse erzielen, scheint ohne analytische Vorbereitung unerträglich. Im griechischen Drama wird die unerläßliche Abschwächung in meisterhafter Weise bei Erhaltung des Tatbestandes dadurch herbeigeführt, daß das unbewußte Motiv des Helden als ein ihm fremder Schicksalszwang ins Reale projiziert wird. Der Held begeht die Tat unabsichtlich und scheinbar ohne Einfluß des Weibes, doch wird diesem Zusammenhang Rechnung getragen, indem er die Mutter Königin erst nach einer Wiederholung der Tat an dem Ungeheuer, das den Vater symbolisiert, erringen kann. Nachdem seine Schuld aufgedeckt, bewußtgemacht ist, erfolgt kein Versuch, sie mit Berufung auf die Hilfskonstruktion des Schicksalszwanges von sich abzuwälzen, sondern sie wird anerkannt und wie eine bewußte Vollschuld bestraft, was der Überlegung ungerecht erscheinen muß, aber psychologisch vollkommen korrekt ist. Die Darstellung des englischen Dramas ist indirekter, der Held hat die Handlung nicht selbst vollbracht, sondern ein anderer, für den sie keinen Vatermord bedeutet. Das anstößige Motiv der sexuellen Rivalität beim Weibe braucht darum nicht verschleiert zu werden. Auch den Ödipuskomplex des Helden erblicken wir gleichsam im reflektierten Licht, indem wir die Wirkung der Tat des anderen auf ihn erfahren. Er sollte die Tat rächen, findet sich in merkwürdiger Weise unfähig dazu. Wir wissen, es ist sein Schuldgefühl, das ihn lähmt; in einer den neurotischen Vorgängen durchaus gemäßen Weise wird das Schuldgefühl auf die Wahrnehmung seiner Unzulänglichkeit zur Erfüllung dieser Aufgabe verschoben. Es ergeben sich Anzeichen, daß der Held diese Schuld als eine überindividuelle empfindet. Er verachtet die anderen nicht minder als sich. »Behandelt jeden Menschen nach seinem Verdienst, und wer ist vor Schlägen sicher?« In dieser Richtung geht der Roman des Russen einen Schritt weiter. Auch hier hat ein anderer den Mord vollbracht, aber einer, der zu dem Ermordeten in derselben Sohnesbeziehung stand wie der Held Dmitri, bei dem das Motiv der sexuellen Rivalität offen zugestanden wird, ein anderer Bruder, dem bemerkenswerterweise Dostojewski seine eigene Krankheit, die vermeintliche Epilepsie, angehängt hat, als ob er gestehen wollte, der Epileptiker, Neurotiker in mir ist ein Vatermörder. Und nun folgt in dem Plaidoyer vor dem Gerichtshof der berühmte Spott auf die Psychologie, sie sei ein Stock mit zwei Enden. Eine großartige Verhüllung, denn man braucht sie nur umzukehren, um den tiefsten Sinn der Dostojewskischen Auffassung zu finden. Nicht die Psychologie verdient den Spott, sondern das gerichtliche Ermittlungsverfahren. Es ist ja gleichgültig, wer die Tat wirklich ausgeführt hat, für die Psychologie kommt es nur darauf an, wer sie in seinem Gefühl gewollt und, als sie geschehen, willkommen geheißen hat, und darum sind bis auf die Kontrastfigur des Aljoscha alle Brüder gleich schuldig, der triebhafte Genußmensch, der skeptische Zyniker und der epileptische Verbrecher. In den Brüdern Karamasoff findet sich eine für Dostojewski höchst bezeichnende Szene. Der Staretz hat im Gespräch mit Dmitri erkannt, daß er die Bereitschaft zum Vatermord in sich trägt, und wirft sich vor ihm nieder. Das kann nicht Ausdruck der Bewunderung sein, es muß heißen, daß der Heilige die Versuchung, den Mörder zu verachten oder zu verabscheuen, von sich weist und sich darum vor ihm demütigt. Dostojewskis Sympathie für den Verbrecher ist in der Tat schrankenlos, sie geht weit über das Mitleid hinaus, auf das der Unglückliche Anspruch hat, erinnert an die heilige Scheu, mit der das Altertum den Epileptiker und den Geistesgestörten betrachtet hat. Der Verbrecher ist ihm fast wie ein Erlöser, der die Schuld auf sich genommen hat, die sonst die anderen hätten tragen müssen. Man braucht nicht mehr zu morden, nachdem er bereits gemordet hat, aber man muß ihm dafür dankbar sein, sonst hätte man selbst morden müssen. Das ist nicht gütiges Mitleid allein, es ist Identifizierung auf Grund der gleichen mörderischen Impulse, eigentlich ein um ein Geringes verschobener Narzißmus. Der ethische Wert dieser Güte soll damit nicht bestritten werden. Vielleicht ist dies überhaupt der Mechanismus der gütigen Teilnahme am anderen Menschen, den man in dem extremen Falle des vom Schuldbewußtsein beherrschten Dichters besonders leicht durchschaut. Kein Zweifel, daß diese Identifizierungssympathie die Stoffwahl Dostojewskis entscheidend bestimmt hat. Er hat aber zuerst den gemeinen Verbrecher – aus Eigensucht –, den politischen und religiösen Verbrecher behandelt, ehe er am Ende seines Lebens zum Urverbrecher, zum Vatermörder, zurückkehrte und an ihm sein poetisches Geständnis ablegte.

Die Veröffentlichung seines Nachlasses und der Tagebücher seiner Frau hat eine Episode seines Lebens grell beleuchtet, die Zeit, da Dostojewski in Deutschland von der Spielsucht besessen war. (»Dostojewski am Roulette.«) Ein unverkennbarer Anfall von pathologischer Leidenschaft, der auch von keiner Seite anders gewertet werden konnte. Es fehlte nicht an Rationalisierungen für dies merkwürdige und unwürdige Tun. Das Schuldgefühl hatte sich, wie nicht selten bei Neurotikern, eine greifbare Vertretung durch eine Schuldenlast geschaffen und Dostojewski konnte vorschützen, daß er sich durch den Spielgewinn die Möglichkeit erwerben wolle, nach Rußland zurückzukommen, ohne von seinen Gläubigern eingesperrt zu werden. Aber das war nur Vorwand, Dostojewski war scharfsinnig genug, es zu erkennen, und ehrlich genug, es zu gestehen. Er wußte, die Hauptsache war das Spiel an und für sich, *le jeu pour le jeu*.[1] Alle Einzelheiten seines triebhaft unsinnigen Benehmens beweisen dies und noch etwas anderes. Er ruhte nie, ehe er nicht alles verloren hatte. Das Spiel war ihm auch ein Weg zur Selbstbestrafung. Er hatte ungezählte Male der jungen Frau sein Wort oder sein Ehrenwort gegeben, nicht mehr zu spielen oder an diesem Tag nicht mehr zu spielen, und er brach es, wie sie sagt, fast immer. Hatte er durch Verluste sich und sie ins äußerste Elend gebracht, so zog er daraus eine zweite pathologische Befriedigung. Er konnte sich vor ihr beschimpfen, demütigen, sie auffordern, ihn zu verachten, zu bedauern, daß sie ihn alten Sünder geheiratet, und nach dieser Entlastung des Gewissens ging dies Spiel am nächsten Tag weiter. Und die junge Frau gewöhnte sich an diesen Zyklus, weil sie bemerkt hatte, daß dasjenige, von dem in Wirklichkeit allein die Rettung zu erwarten war, die literarische Produktion, nie besser vor sich ging, als nachdem sie alles verloren und ihre letzte Habe verpfändet hatten. Sie verstand den Zusammenhang natürlich nicht. Wenn sein Schuldgefühl durch die Bestrafungen befriedigt war, die er selbst über sich verhängt hatte, dann ließ seine Arbeitshemmung nach, dann gestattete er sich, einige Schritte auf dem Wege zum Erfolg zu tun.[2]

Welches Stück längst verschütteten Kinderlebens sich im Spiel-

---

1 »Die Hauptsache ist das Spiel selbst«, schrieb er in einem seiner Briefe. »Ich schwöre Ihnen, es handelt sich dabei nicht um Habgier, obwohl ich ja freilich vor allem Geld nötig hatte.«

2 Immer blieb er so lange am Spieltisch, bis er alles verloren hatte, bis er vollständig vernichtet dastand. Nur wenn sich das Unheil ganz erfüllt hatte, wich endlich der Dämon von seiner Seele und überließ dem schöpferischen Genius den Platz. (René Fülöp-Miller, »Dostojewski am Roulette«, S. LXXXVI.)

zwang Wiederholung erzwingt, läßt sich unschwer in Anlehnung an eine Novelle eines jüngeren Dichters erraten. Stefan Zweig, der übrigens Dostojewski selbst eine Studie gewidmet hat (»Drei Meister«), erzählt in seiner Sammlung von drei Novellen »Die Verwirrung der Gefühle« eine Geschichte, die er »Vierundzwanzig Stunden aus dem Leben einer Frau« betitelt. Das kleine Meisterwerk will angeblich nur dartun, ein wie unverantwortliches Wesen das Weib ist, zu welchen es selbst überraschenden Überschreitungen es durch einen unerwarteten Lebenseindruck gedrängt werden kann. Allein die Novelle sagt weit mehr, stellt ohne solche entschuldigende Tendenz etwas ganz anderes, allgemein Menschliches oder vielmehr Männliches dar, wenn man sie einer analytischen Deutung unterzieht, und eine solche Deutung ist so aufdringlich nahegelegt, daß man sie nicht abweisen kann. Es ist bezeichnend für die Natur des künstlerischen Schaffens, daß der mir befreundete Dichter auf Befragen versichern konnte, daß die ihm mitgeteilte Deutung seinem Wissen und seiner Absicht völlig fremd gewesen sei, obwohl in die Erzählung manche Details eingeflochten sind, die geradezu berechnet scheinen, auf die geheime Spur hinzuweisen. In der Novelle Zweigs erzählt eine vornehme ältere Dame dem Dichter ein Erlebnis, das sie vor mehr als zwanzig Jahren betroffen hat. Früh verwitwet, Mutter zweier Söhne, die sie nicht mehr brauchten, von allen Lebenserwartungen abgewendet, geriet sie in ihrem zweiundvierzigsten Jahr auf einer ihrer zwecklosen Reisen in den Spielsaal des Kasinos von Monaco und wurde unter all den merkwürdigen Eindrücken des Orts bald von dem Anblick zweier Hände fasziniert, die alle Empfindungen des unglücklichen Spielers mit erschütternder Aufrichtigkeit und Intensität zu verraten schienen. Diese Hände gehörten einem schönen Jüngling – der Dichter gibt ihm wie absichtslos das Alter des ersten Sohnes der Zuschauerin –, der, nachdem er alles verloren, in tiefster Verzweiflung den Saal verläßt, voraussichtlich um im Park sein hoffnungsloses Leben zu beenden. Eine unerklärliche Sympathie zwingt sie, ihm zu folgen und alle Versuche zu seiner Rettung zu unternehmen. Er hält sie für eine der am Orte so zahlreichen zudringlichen Frauen und will sie abschütteln, aber sie bleibt bei ihm und sieht sich auf die natürlichste Weise genötigt, seine Unterkunft im Hotel und endlich sein Bett zu teilen.

Nach dieser improvisierten Liebesnacht läßt sie sich von dem anscheinend beruhigten Jüngling unter den feierlichsten Umständen die Versicherung geben, daß er nie wieder spielen wird, stattet ihn mit Geld für die Heimreise aus und verspricht, ihn vor Abgang des Zuges auf dem Bahnhof zu treffen. Dann aber erwacht in ihr eine große Zärtlichkeit für ihn, sie will alles opfern, um ihn zu behalten, beschließt, mit ihm zu reisen, anstatt von ihm Abschied zu nehmen. Widrige Zufälligkeiten halten sie auf, so daß sie den Zug versäumt; in der Sehnsucht nach dem Verschwundenen sucht sie den Spielsaal wieder auf und findet dort entsetzt die Hände wieder, die zuerst ihre Sympathie entzündeten; der Pflichtvergessene ist zum Spiel zurückgekehrt. Sie mahnt ihn an sein Versprechen, aber von der Leidenschaft besessen, schilt er sie Spielverderberin, heißt sie gehen und wirft ihr das Geld hin, mit dem sie ihn loskaufen wollte. In tiefster Beschämung muß sie fliehen und kann später in Erfahrung bringen, daß es ihr nicht gelungen war, ihn vor dem Selbstmord zu bewahren.

Diese glänzend erzählte, lückenlos motivierte Geschichte ist gewiß für sich allein existenzfähig und einer großen Wirkung auf den Leser sicher. Die Analyse lehrt aber, daß ihre Erfindung auf dem Urgrund einer Wunschphantasie der Pubertätszeit ruht, die bei manchen Personen selbst als bewußt erinnert wird. Die Phantasie lautet, die Mutter möge selbst den Jüngling ins sexuelle Leben einführen, um ihn vor den gefürchteten Schädlichkeiten der Onanie zu retten. Die so häufigen Erlösungsdichtungen haben denselben Ursprung. Das »Laster« der Onanie ist durch das der Spielsucht ersetzt, die Betonung der leidenschaftlichen Tätigkeit der Hände ist für diese Ableitung verräterisch. Wirklich ist die Spielwut ein Äquivalent des alten Onaniezwanges, mit keinem anderen Wort als »Spielen« ist in der Kinderstube die Betätigung der Hände am Genitale benannt worden. Die Unwiderstehlichkeit der Versuchung, die heiligen und doch nie gehaltenen Vorsätze, es nie wieder zu tun, die betäubende Lust und das böse Gewissen, man richte sich zugrunde (Selbstmord), sind bei der Ersetzung unverändert erhalten geblieben. Die Zweigsche Novelle wird zwar von der Mutter, nicht vom Sohne, erzählt. Es muß dem Sohne schmeicheln zu denken: wenn die Mutter wüßte, in welche Gefahren mich die Onanie bringt, würde sie mich gewiß durch die Gestattung aller Zärtlichkeiten an ihrem eigenen Leib vor ihnen retten. Die Gleichstellung der Mutter mit der Dirne, die der Jüngling in der Zweigschen Novelle vollzieht, gehört in den Zusammenhang derselben Phantasie. Sie macht die Unzugängliche leicht erreichbar; das böse Gewissen, das diese Phantasie begleitet, setzt den schlechten Ausgang der Dichtung durch. Es ist auch interessant zu bemerken, wie die der Novelle vom Dichter gegebene Fassade deren analytischen Sinn zu verhüllen sucht. Denn es ist sehr bestreitbar, daß das Liebesleben der Frau von plötzlichen und rätselhaften Impulsen beherrscht wird. Die Analyse deckt vielmehr eine zureichende Motivierung für das überraschende Benehmen der bis dahin von der Liebe abgewandten Frau auf. Dem Andenken ihres verlorenen Ehemannes getreu, hat sie sich gegen alle ihm ähnlichen Ansprüche gewappnet, aber – darin behält die Phantasie des Sohnes recht – einer ihr ganz unbewußten Liebesübertragung auf den Sohn war sie als Mutter nicht entgangen, und an dieser unbewachten Stelle kann das Schicksal sie packen. Wenn die Spielsucht mit ihren erfolglosen Abgewöhnungskämpfen und ihren Gelegenheiten zur Selbstbestrafung eine Wiederholung des Onaniezwanges ist, so werden wir nicht verwundert sein, daß sie sich im Leben Dostojewskis einen so großen Raum erobert hat. Wir finden doch keinen Fall von schwerer Neurose, in dem die autoerotische Befriedigung der Frühzeit und der Pubertätszeit nicht ihre Rolle gespielt hätte, und die Beziehungen zwischen den Bemühungen, sie zu unterdrücken, und der Angst vor dem Vater sind zu sehr bekannt, um mehr als einer Erwähnung zu bedürfen.[1]

---

1 Die meisten der hier vorgetragenen Ansichten sind auch in der 1923 erschienenen trefflichen Schrift von Jolan Neufeld, »Dostojewski, Skizze zu seiner Psychoanalyse« (Imago-Bücher, Nr. IV), enthalten.

GOETHE-PREIS

(1930)

BRIEF AN DR. ALFONS PAQUET

*Der Goethe-Preis der Stadt Frankfurt
a. M. wurde dem Verfasser im Jahre 1930
verliehen. Der Sekretär des Kuratoriums
des Goethe-Preises, Dr. Alfons Paquet,
hat den Verfasser in einem vom 26. Juli
1930 datierten Schreiben von der Verleihung in Kenntnis gesetzt¹; nachfolgend
die Antwort des Verfassers vom 5. August
[richtig: 3. August] 1930 sowie die Ansprache im Frankfurter Goethe-Haus, die
am 28. August 1930 von Anna Freud ver-
lesen wurde.*

Ich bin durch öffentliche Ehrungen nicht verwöhnt worden und
habe mich darum so eingerichtet, daß ich solche entbehren konnte.
Ich mag aber nicht bestreiten, daß mich die Verleihung des Goethe-
Preises der Stadt Frankfurt sehr erfreut hat. Es ist etwas an ihm, was
die Phantasie besonders erwärmt und eine seiner Bestimmungen
räumt die Demütigung weg, die sonst durch solche Auszeichnungen
mitbedingt wird.

---

1 In diesem Schreiben heißt es unter anderm:
  »[…] Nach der Ordnung für die Verleihung des Goethe-Preises soll der Preis
  einer mit ihrem Schaffen bereits zur Geltung gelangten Persönlichkeit zuerkannt werden, deren schöpferisches Wirken einer dem Andenken Goethes
  gewidmeten Ehrung würdig ist. […]
  Indem das Kuratorium Ihnen, sehr verehrter Herr Professor, den Preis zuerkennt, wünscht es die hohe Wertung zum Ausdruck zu bringen, die es den umwälzenden Wirkungen der von Ihnen geschaffenen neuen Forschungsformen
  auf die gestaltenden Kräfte unserer Zeit beimißt. In streng naturwissenschaftlicher Methode, zugleich in kühner Deutung der von Dichtern geprägten Gleichnisse hat Ihre Forschung einen Zugang zu den Triebkräften der Seele gebahnt
  und dadurch die Möglichkeit geschaffen, Entstehen und Aufbau vieler Kulturformen in ihrer Wurzel zu verstehen und Krankheiten zu heilen, zu denen die
  ärztliche Kunst bisher den Schlüssel nicht besaß. Ihre Psychologie hat aber nicht
  nur die ärztliche Wissenschaft, sondern auch die Vorstellungswelt der Künstler

Für Ihren Brief habe ich Ihnen besonderen Dank zu sagen, er hat mich ergriffen und verwundert. Von der liebenswürdigen Vertiefung in den Charakter meiner Arbeit abzusehen, habe ich doch nie zuvor die geheimen persönlichen Absichten derselben mit solcher Klarheit erkannt gefunden wie von Ihnen und hätte Sie gern gefragt, woher Sie es wissen.

Leider erfahre ich aus Ihrem Brief an meine Tochter, daß ich Sie in nächster Zeit nicht sehen soll, und Aufschub ist in meinen Lebenszeiten immerhin bedenklich. Natürlich bin ich gern bereit, den von Ihnen angekündigten Herrn (Dr. Michel) zu empfangen.

Zur Feier nach Frankfurt kann ich leider nicht kommen, ich bin zu gebrechlich für diese Unternehmung. Die Festgesellschaft wird nichts dadurch verlieren, meine Tochter Anna ist gewiß angenehmer anzusehen und anzuhören als ich. Sie soll einige Sätze vorlesen, die Goethes Beziehungen zur Psychoanalyse behandeln und die Analytiker selbst gegen den Vorwurf in Schutz nehmen, daß sie durch analytische Versuche an ihm die dem Großen schuldige Ehrfurcht verletzt haben. Ich hoffe, daß es angeht, das mir gestellte Thema: »Die inneren Beziehungen des Menschen und Forschers zu Goethe« in solcher Weise umzubeugen, oder Sie würden noch so liebenswürdig sein, mir davon abzuraten.

---

und Seelsorger, der Geschichtsschreiber und Erzieher aufgewühlt und bereichert. Über die Gefahren monomanischer Selbstzergliederung und über alle Unterschiede geistiger Richtungen hinweg lieferte Ihr Werk die Grundlage eines erneuerten, besseren Verständnisses der Völker. Wie nach Ihrer eigenen Mitteilung die frühesten Anfänge Ihrer wissenschaftlichen Studien auf einen Vortrag von Goethes Aufsatz ›Die Natur‹ zurückgehen, so ist im Letzten noch der durch Ihre Forschungsweise geförderte, gleichsam mephistophelische Zug zum schonungslosen Zerreißen aller Schleier der unzertrennliche Begleiter der Faustischen Unersättlichkeit und Ehrfurcht vor den im Unbewußten schlummernden bildnerisch-schöpferischen Gewalten. Die Ihnen zugedachte Ehrung gilt im gleichen Maße dem Gelehrten wie auch dem Schriftsteller und dem Kämpfer, der in unserer, von brennenden Fragen bewegten Zeit dasteht als ein Hinweis auf eine der lebendigsten Seiten des Goetheschen Wesens.

Der Punkt 4 der vom Magistrat der Stadt Frankfurt errichteten Ordnung lautet: Die festliche Verleihung des Goethe-Preises geschieht jeweils am 28. August im Goethe-Haus, und zwar im Beisein der mit dem Preis ausgezeichneten Persönlichkeit. [...]«

Meine Lebensarbeit war auf ein einziges Ziel eingestellt. Ich beobachtete die feineren Störungen der seelischen Leistung bei Gesunden und Kranken und wollte aus solchen Anzeichen erschließen – oder, wenn Sie es lieber hören: erraten –, wie der Apparat gebaut ist, der diesen Leistungen dient, und welche Kräfte in ihm zusammen- und gegeneinanderwirken. Was wir, ich, meine Freunde und Mitarbeiter, auf diesem Wege lernen konnten, erschien uns bedeutsam für den Aufbau einer Seelenkunde, die normale wie pathologische Vorgänge als Teile des nämlichen natürlichen Geschehens verstehen läßt.

Von solcher Einengung ruft mich Ihre mich überraschende Auszeichnung zurück. Indem sie die Gestalt des großen Universellen heraufbeschwört, der in diesem Hause geboren wurde, in diesen Räumen seine Kindheit erlebte, mahnt sie, sich gleichsam vor ihm zu rechtfertigen, wirft sie die Frage auf, wie *er* sich verhalten hätte, wenn sein für jede Neuerung der Wissenschaft aufmerksamer Blick auch auf die Psychoanalyse gefallen wäre.

An Vielseitigkeit kommt Goethe ja Leonardo da Vinci, dem Meister der Renaissance, nahe, der Künstler und Forscher war wie er. Aber Menschenbilder können sich nie wiederholen, es fehlt auch nicht an tiefgehenden Unterschieden zwischen den beiden Großen. In Leonardos Natur vertrug sich der Forscher nicht mit dem Künstler, er störte ihn und erdrückte ihn vielleicht am Ende. In Goethes Leben fanden beide Persönlichkeiten Raum nebeneinander, sie lösten einander zeitweise in der Vorherrschaft ab. Es liegt nahe, die Störung bei Leonardo mit jener Entwicklungshemmung zusammenzubringen, die alles Erotische und damit die Psychologie seinem Interesse entrückte. In diesem Punkt durfte Goethes Wesen sich freier entfalten.

Ich denke, Goethe hätte nicht, wie so viele unserer Zeitgenossen, die Psychoanalyse unfreundlichen Sinnes abgelehnt. Er war ihr selbst in manchen Stücken nahegekommen, hatte in eigener Einsicht vieles erkannt, was wir seither bestätigen konnten, und manche Auffassungen, die uns Kritik und Spott eingetragen haben, werden von ihm wie selbstverständlich vertreten. So war ihm z. B. die unvergleichliche Stärke der ersten affektiven Bindungen des Menschenkindes vertraut. Er feierte sie in der Zueignung der »Faust«-Dichtung in Worten, die wir für jede unserer Analysen wiederholen könnten:

> »Ihr naht euch wieder, schwankende Gestalten,
> Die früh sich einst dem trüben Blick gezeigt,
> Versuch' ich wohl, euch diesmal festzuhalten?«
>
> . . . .
>
> »Gleich einer alten, halbverklungnen Sage
> Kommt erste Lieb' und Freundschaft mit herauf.«

Von der stärksten Liebesanziehung, die er als reifer Mann erfuhr, gab er sich Rechenschaft, indem er der Geliebten zurief: »Ach, du warst in abgelebten Zeiten meine Schwester oder meine Frau.«
Er stellte somit nicht in Abrede, daß diese unvergänglichen ersten Neigungen Personen des eigenen Familienkreises zum Objekt nehmen.
Den Inhalt des Traumlebens umschreibt Goethe mit den so stimmungsvollen Worten:

> »Was von Menschen nicht gewußt
> Oder nicht bedacht,
> Durch das Labyrinth der Brust
> Wandelt in der Nacht.«

Hinter diesem Zauber erkennen wir die altehrwürdige, unbestreitbar richtige Aussage der Aristoteles, das Träumen sei die Fortsetzung unserer Seelentätigkeit in den Schlafzustand, vereint mit der Anerkennung des Unbewußten, die erst die Psychoanalyse hinzugefügt hat. Nur das Rätsel der Traumentstellung findet dabei keine Auflösung.
In seiner vielleicht erhabensten Dichtung, der »*Iphigenie*«, zeigt uns Goethe ein ergreifendes Beispiel einer Entsühnung, einer Befreiung der leidenden Seele von dem Druck der Schuld, und er läßt diese Katharsis sich vollziehen durch einen leidenschaftlichen Gefühls-

ausbruch unter dem wohltätigen Einfluß einer liebevollen Teilnahme. Ja, er hat sich selbst wiederholt in psychischer Hilfeleistung versucht, so an jenem Unglücklichen, der in den Briefen Kraft genannt wird, an dem Professor Plessing, von dem er in der »Campagne in Frankreich« erzählt, und das Verfahren, das er anwendete, geht über das Vorgehen der katholischen Beichte hinaus und berührt sich in merkwürdigen Einzelheiten mit der Technik unserer Psychoanalyse. Ein von Goethe als scherzhaft bezeichnetes Beispiel einer psychotherapeutischen Beeinflussung möchte ich hier ausführlich mitteilen, weil es vielleicht weniger bekannt und doch sehr charakteristisch ist. Aus einem Brief an Frau v. Stein (Nr. 1444 vom 5. September 1785):

»Gestern Abend habe ich ein [recht] psychologisches Kunststück gemacht. Die Herder war immer noch auf das Hypochondrischste gespannt über alles, was ihr im Carlsbad unangenehmes begegnet war. Besonders von ihrer Hausgenossin. Ich ließ mir alles erzählen und beichten, fremde Untaten[1] und eigene Fehler mit den kleinsten Umständen und Folgen, und zuletzt absolvirte ich sie und machte ihr scherzhaft unter dieser Formel begreiflich, daß diese Dinge nun abgethan und in die Tiefe des Meeres geworfen seyen. Sie ward selbst lustig darüber und ist würklich kurirt.«

Den Eros hat Goethe immer hochgehalten, seine Macht nie zu verkleinern versucht, ist seinen primitiven oder selbst mutwilligen Äußerungen nicht minder achtungsvoll gefolgt wie seinen hochsublimierten und hat, wie mir scheint, seine Wesenseinheit durch alle seine Erscheinungsformen nicht weniger entschieden vertreten als vor Zeiten Plato. Ja, vielleicht ist es mehr als zufälliges Zusammentreffen, wenn er in den »Wahlverwandtschaften« eine Idee aus dem Vorstellungskreis der Chemie auf das Liebesleben anwendete, eine Beziehung, von der der Name selbst der Psychoanalyse zeugt.

Ich bin auf den Vorwurf vorbereitet, wir Analytiker hätten das Recht verwirkt, uns unter die Patronanz Goethes zu stellen, weil wir die ihm schuldige Ehrfurcht verletzt haben, indem wir die Analyse auf ihn selbst anzuwenden versuchten, den großen Mann zum

---

1 [In Goethes Original: Unarten.]

Objekt der analytischen Forschung erniedrigten. Ich aber bestreite zunächst, daß dies eine Erniedrigung beabsichtigt oder bedeutet.

Wir alle, die wir Goethe verehren, lassen uns doch ohne viel Sträuben die Bemühungen der Biographen gefallen, die sein Leben aus den vorhandenen Berichten und Aufzeichnungen wiederherstellen wollen. Was aber sollen uns diese Biographien leisten? Auch die beste und vollständigste könnte die beiden Fragen nicht beantworten, die allein wissenswert scheinen.

Sie würde das Rätsel der wunderbaren Begabung nicht aufklären, die den Künstler macht, und sie könnte uns nicht helfen, den Wert und die Wirkung seiner Werke besser zu erfassen. Und doch ist es unzweifelhaft, daß eine solche Biographie ein starkes Bedürfnis bei uns befriedigt. Wir verspüren dies so deutlich, wenn die Ungunst der historischen Überlieferung diesem Bedürfnis die Befriedigung versagt hat, z. B. im Falle Shakespeares. Es ist uns allen unleugbar peinlich, daß wir noch immer nicht wissen, wer die Komödien, Trauerspiele und Sonette Shakespeares verfaßt hat, ob wirklich der ungelehrte Sohn des Stratforder Kleinbürgers, der in London eine bescheidene Stellung als Schauspieler erreicht, oder doch eher der hochgeborene und feingebildete, leidenschaftlich unordentliche, einigermaßen deklassierte Aristokrat Edward de Vere, siebzehnter Earl of Oxford, erblicher Lord Great Chamberlain von England. Wie rechtfertigt sich aber ein solches Bedürfnis, von den Lebensumständen eines Mannes Kunde zu erhalten, wenn dessen Werke für uns so bedeutungsvoll geworden sind? Man sagt allgemein, es sei das Verlangen, uns einen solchen Mann auch menschlich näherzubringen. Lassen wir das gelten; es ist also das Bedürfnis, affektive Beziehungen zu solchen Menschen zu gewinnen, sie den Vätern, Lehrern, Vorbildern anzureihen, die wir gekannt oder deren Einfluß wir bereits erfahren haben, unter der Erwartung, daß ihre Persönlichkeiten ebenso großartig und bewundernswert sein werden wie die Werke, die wir von ihnen besitzen.

Immerhin wollen wir zugestehen, daß noch ein anderes Motiv im Spiele ist. Die Rechtfertigung des Biographen enthält auch ein Bekenntnis. Nicht herabsetzen zwar will der Biograph den Heros, sondern ihn uns näherbringen. Aber das heißt doch die Distanz, die uns von ihm trennt, verringern, wirkt doch in der Richtung einer

Erniedrigung. Und es ist unvermeidlich, wenn wir vom Leben eines Großen mehr erfahren, werden wir auch von Gelegenheiten hören, in denen er es wirklich nicht besser gemacht hat als wir, uns menschlich wirklich nahegekommen ist. Dennoch meine ich, wir erklären die Bemühungen der Biographik für legitim. Unsere Einstellung zu Vätern und Lehrern ist nun einmal eine ambivalente, denn unsere Verehrung für sie deckt regelmäßig eine Komponente von feindseliger Auflehnung. Das ist ein psychologisches Verhängnis, läßt sich ohne gewaltsame Unterdrückung der Wahrheit nicht ändern und muß sich auf unser Verhältnis zu den großen Männern, deren Lebensgeschichte wir erforschen wollen, fortsetzen.

Wenn die Psychoanalyse sich in den Dienst der Biographik begibt, hat sie natürlich das Recht, nicht härter behandelt zu werden als diese selbst. Die Psychoanalyse kann manche Aufschlüsse bringen, die auf anderen Wegen nicht zu erhalten sind, und so neue Zusammenhänge aufzeigen in dem Webermeisterstück, das sich zwischen den Triebanlagen, den Erlebnissen und den Werken eines Künstlers ausbreitet. Da es eine der hauptsächlichsten Funktionen unseres Denkens ist, den Stoff der Außenwelt psychisch zu bewältigen, meine ich, man müßte der Psychoanalyse danken, wenn sie auf den großen Mann angewendet zum Verständnis seiner großen Leistung beiträgt. Aber ich gestehe, im Falle von Goethe haben wir es noch nicht weit gebracht. Das rührt daher, daß Goethe nicht nur als Dichter ein großer Bekenner war, sondern auch trotz der Fülle autobiographischer Aufzeichnungen ein sorgsamer Verhüller. Wir können nicht umhin, hier der Worte Mephistos zu gedenken:

> »Das Beste, was du wissen kannst,
> Darfst du den Buben doch nicht sagen.«

ANHANG

EDITORISCH-BIBLIOGRAPHISCHE NOTIZ

Psychopathische Personen auf der Bühne

Erstveröffentlichungen:
1942   In Englisch unter dem Titel ›Psychopathic Characters on the Stage‹ in:
The Psychoanalytic Quarterly, Bd. 11, Heft 4, Oktober, S. 459–464.
1962   *Die neue Rundschau*, Bd. 73, S. 53–57.

Abdrucke in deutschen Werkausgaben:
1969   In: Sigmund Freud, *Studienausgabe* (10 Bände und ein Ergänzungsband), S. Fischer Verlag, Frankfurt am Main 1969–75, Bd. 10, S. 161, 163–168.
1987   In: Sigmund Freud, *Gesammelte Werke* (18 Bände und ein Nachtragsband), Imago Publishing Co., Ltd., London 1940–52, und S. Fischer Verlag, Frankfurt am Main 1968, 1987, Nachtragsband, S. 655–661.

Der Dichter und das Phantasieren

Erstveröffentlichung:
1908   *Neue Revue*, Bd. 1, Heft 10, S. 716–724.

Abdrucke in deutschen Werkausgaben:
1924   In: Sigmund Freud, *Gesammelte Schriften* (12 Bände), Internationaler Psychoanalytischer Verlag, Leipzig, Wien, Zürich 1924–34, Bd. 10, S. 229–239.
1941   In: Sigmund Freud, *Gesammelte Werke* (18 Bände und ein Nachtragsband), Imago Publishing Co., Ltd., London 1940–52, und S. Fischer Verlag, Frankfurt am Main 1968, 1987, Bd. 7, S. 213–223.
1969   In: Sigmund Freud, *Studienausgabe* (10 Bände und ein Ergänzungsband), S. Fischer Verlag, Frankfurt am Main 1969–75, Bd. 10, S. 169, 171–179.

Das Motiv der Kästchenwahl

Erstveröffentlichung:
1913   *Imago*, Bd. 2, Heft 3, S. 257–266.

Abdrucke in deutschen Werkausgaben:
1924 In: Sigmund Freud, *Gesammelte Schriften* (12 Bände), Internationaler Psychoanalytischer Verlag, Leipzig, Wien, Zürich 1924–34, Bd. 10, S. 243–256.
1946 In: Sigmund Freud, *Gesammelte Werke* (18 Bände und ein Nachtragsband), Imago Publishing Co., Ltd., London 1940–52, und S. Fischer Verlag, Frankfurt am Main 1968, 1987, Bd. 10, S. 24–37.
1969 In: Sigmund Freud, *Studienausgabe* (10 Bände und ein Ergänzungsband), S. Fischer Verlag, Frankfurt am Main 1969–75, Bd. 10, S. 181, S. 183–193.

Der Moses des Michelangelo

Erstveröffentlichung:
1914 Anonym in: *Imago*, Bd. 3, Heft 1, S. 15–36.

Abdrucke in deutschen Werkausgaben:
1924 In: Sigmund Freud, *Gesammelte Schriften* (12 Bände), Internationaler Psychoanalytischer Verlag, Leipzig, Wien, Zürich 1924–34, Bd. 10, S. 257–286.
1946 In: Sigmund Freud, *Gesammelte Werke* (18 Bände und ein Nachtragsband), Imago Publishing Co., Ltd., London 1940–52, und S. Fischer Verlag, Frankfurt am Main 1968, 1987, Bd. 10, S. 172–201.
1969 In: Sigmund Freud, *Studienausgabe* (10 Bände und ein Ergänzungsband), S. Fischer Verlag, Frankfurt am Main 1969–75, Bd. 10, S. 195, 197–220.

Nachtrag zur Arbeit über den Moses des Michelangelo

Erstveröffentlichungen:
1927 In Französisch unter dem Titel ›Appendice‹ in: *Revue française de psychanalyse*, Bd. 1, S. 147 f.
1927 *Imago*, Bd. 13, Heft 4, S. 552 f.

Abdrucke in deutschen Werkausgaben:
1928 In: Sigmund Freud, *Gesammelte Schriften* (12 Bände), Internationaler Psychoanalytischer Verlag, Leipzig, Wien, Zürich 1924–34, Bd. 11, S. 409 f.
1948 In: Sigmund Freud, *Gesammelte Werke* (18 Bände und ein Nachtrags-

band), Imago Publishing Co., Ltd., London 1940–52, und S. Fischer Verlag, Frankfurt am Main 1968, 1987, Bd. 14, S. 321 f.

1969   In: Sigmund Freud, *Studienausgabe* (10 Bände und ein Ergänzungs-band), S. Fischer Verlag, Frankfurt am Main 1969–75, Bd. 10, S. 221 f.

Vergänglichkeit

Erstveröffentlichung:
1916   In: *Das Land Goethes 1914–1916*, Gedenkbuch. Hrsg. vom Berliner Goethebund. Deutsche Verlagsanstalt, Stuttgart, S. 37 f.

Abdrucke in deutschen Werkausgaben:
1928   In: Sigmund Freud, *Gesammelte Schriften* (12 Bände), Internationaler Psychoanalytischer Verlag, Leipzig, Wien, Zürich 1924–34, Bd. 11, S. 291–294.

1946   In: Sigmund Freud, *Gesammelte Werke* (18 Bände und ein Nachtrags-band), Imago Publishing Co., Ltd., London 1940–52, und S. Fischer Verlag, Frankfurt am Main 1968, 1987, Bd. 10, S. 358–361.

1969   In: Sigmund Freud, *Studienausgabe* (10 Bände und ein Ergänzungs-band), S. Fischer Verlag, Frankfurt am Main 1969–75, Bd. 10, S. 223, 225–227.

Einige Charaktertypen
aus der psychoanalytischen Arbeit

Erstveröffentlichung:
1916   *Imago*, Bd. 4, Heft 6, S. 317–336.

Abdrucke in deutschen Werkausgaben:
1924   In: Sigmund Freud, *Gesammelte Schriften* (12 Bände), Internationaler Psychoanalytischer Verlag, Leipzig, Wien, Zürich 1924–34, Bd. 10, S. 287–314.

1946   In: Sigmund Freud, *Gesammelte Werke* (18 Bände und ein Nachtrags-band), Imago Publishing Co., Ltd., London 1940–52, und S. Fischer Verlag, Frankfurt am Main 1968, 1987, Bd. 10, S. 364–391.

1969   In: Sigmund Freud, *Studienausgabe* (10 Bände und ein Ergänzungs-band), S. Fischer Verlag, Frankfurt am Main 1969–75, Bd. 10, S. 229, 231–253.

Eine Kindheitserinnerung
aus *Dichtung und Wahrheit*

Erstveröffentlichung:
1917   *Imago*, Bd. 5, Heft 2, S. 49–57.

Abdrucke in deutschen Werkausgaben:
1924   In: Sigmund Freud, *Gesammelte Schriften* (12 Bände), Internationaler
        Psychoanalytischer Verlag, Leipzig, Wien, Zürich 1924–34, Bd. 10,
        S. 357–368.
1947   In: Sigmund Freud, *Gesammelte Werke* (18 Bände und ein Nachtrags-
        band), Imago Publishing Co., Ltd., London 1940–52, und S. Fischer
        Verlag, Frankfurt am Main 1968, 1987, Bd. 12, S. 15–26.
1969   In: Sigmund Freud, *Studienausgabe* (10 Bände und ein Ergänzungs-
        band), S. Fischer Verlag, Frankfurt am Main 1969–75, Bd. 10, S. 225,
        257–266.

Das Unheimliche

Erstveröffentlichung:
1919   *Imago*, Bd. 5, Heft 5–6, S. 297–324.

Abdrucke in deutschen Werkausgaben:
1924   In: Sigmund Freud, *Gesammelte Schriften* (12 Bände), Internationaler
        Psychoanalytischer Verlag, Leipzig, Wien, Zürich 1924–34, Bd. 10,
        S. 369–408.
1947   In: Sigmund Freud, *Gesammelte Werke* (18 Bände und ein Nachtrags-
        band), Imago Publishing Co., Ltd., London 1940–52, und S. Fischer
        Verlag, Frankfurt am Main 1968, 1987, Bd. 12, S. 229–268.
1970   In: Sigmund Freud, *Studienausgabe* (10 Bände und ein Ergänzungs-
        band), S. Fischer Verlag, Frankfurt am Main 1969–75, Bd. 4, S. 241,
        243–274.

Dostojewski und die Vatertötung

Erstveröffentlichung:
1928   In: *Die Urgestalt der Brüder Karamasoff*. Hrsg. von René Fülöp-Miller
        und Fritz Eckstein. R. Piper & Co., München, S. XI–XXXVI.

Abdrucke in deutschen Werkausgaben:
1934   In: Sigmund Freud, *Gesammelte Schriften* (12 Bände), Internationaler

Psychoanalytischer Verlag, Leipzig, Wien, Zürich 1924–34, Bd. 12, S. 7–26.

1948   In: Sigmund Freud, *Gesammelte Werke* (18 Bände und ein Nachtragsband), Imago Publishing Co., Ltd., London 1940–52, und S. Fischer Verlag, Frankfurt am Main 1968, 1987, Bd. 14, S. 399–418.

1969   In: Sigmund Freud, *Studienausgabe* (10 Bände und ein Ergänzungsband), S. Fischer Verlag, Frankfurt am Main 1969–75, Bd. 10, S. 267, 271–286.

Goethe-Preis

Brief an Dr. Alfons Paquet

Erstveröffentlichung:
1930   *Die psychoanalytische Bewegung*, Bd. 2, Heft 5 (September–Oktober), S. 419.

Abdrucke in deutschen Werkausgaben:
1934   In: Sigmund Freud, *Gesammelte Schriften* (12 Bände), Internationaler Psychoanalytischer Verlag, Leipzig, Wien, Zürich 1924–34, Bd. 12, S. 406 f.

1948   In: Sigmund Freud, *Gesammelte Werke* (18 Bände und ein Nachtragsband), Imago Publishing Co., Ltd., London 1940–52, und S. Fischer Verlag, Frankfurt am Main 1968, 1987, Bd. 14, S. 545 f.

1969   In: Sigmund Freud, *Studienausgabe* (10 Bände und ein Ergänzungsband), S. Fischer Verlag, Frankfurt am Main 1969–75, Bd. 10, S. 291.

Ansprache im Frankfurter Goethe-Haus

Erstveröffentlichung:
1930   *Die psychoanalytische Bewegung*, Bd. 2, Heft 5 (September–Oktober), S. 421–426.

Abdrucke in deutschen Werkausgaben:
1934   In: Sigmund Freud, *Gesammelte Schriften* (12 Bände), Internationaler Psychoanalytischer Verlag, Leipzig, Wien, Zürich 1924–34, Bd. 12, S. 408–411.

1948   In: Sigmund Freud, *Gesammelte Werke* (18 Bände und ein Nachtragsband), Imago Publishing Co., Ltd., London 1940–52, und S. Fischer Verlag, Frankfurt am Main 1968, 1987, Bd. 14, S. 547–550.

1969 In: Sigmund Freud, *Studienausgabe* (10 Bände und ein Ergänzungs-
      band), S. Fischer Verlag, Frankfurt am Main 1969–75, Bd. 10,
      S. 292–296.

Die hier abgedruckten Freud-Texte sind aus den betreffenden Bänden der *Gesammelten Werke* übernommen, wobei in Anlehnung an die *Studienausgabe*
einige Korrekturen stillschweigend vorgenommen wurden. Diese Änderungen
beziehen sich insbesondere auf Druckfehler, bibliographische Irrtümer und Ergänzungen, Richtigstellung von Zitaten sowie Modernisierung von Orthogra-
phie und Interpunktion. Der Text des Aufsatzes ›Das Motiv der Kästchenwahl‹
wurde nach der Handschrift (veröffentlicht in der Faksimile-Ausgabe, hrsg. von
Ilse Grubrich-Simitis, S. Fischer Verlag, Frankfurt am Main 1977) korrigiert.
Redaktionelle Zusätze stehen jeweils in eckigen Klammern.

BILDNACHWEIS

Tafel gegenüber S. 64:
Moses des Michelangelo (Kirche S. Pietro in Vincoli, Rom)

Tafel gegenüber S. 65:
Moses des Michelangelo, Detail

Tafel gegenüber S. 80:
Mosesstatuette, Nicholas von Verdun zugeschrieben (Ashmolean Museum, Oxford)

Der Abdruck der Tafeln des Moses des Michelangelo erfolgt mit freundlicher Genehmigung der Fratelli Alinari Soc., Florenz.
Für die Abdruckserlaubnis der Tafel der Mosesstatuette danken wir dem Ashmolean Museum, Oxford.

211

SIGMUND FREUD
WERKE IM TASCHENBUCH

Herausgegeben von Ilse Grubrich-Simitis
Redigiert von Ingeborg Meyer-Palmedo

Die Sammlung präsentiert das Lebenswerk des Begründers der Psychoanalyse breiten Leserschichten. Sie löst sukzessive die früheren Taschenbuchausgaben der Schriften Sigmund Freuds ab. Durch großzügigere Ausstattung eignet sie sich besonders zum Gebrauch in Schule und Universität. Zeitgenössische Wissenschaftler haben Begleittexte verfaßt; sie stellen Verbindungen zur neueren Forschung her, gelangen zu einer differenzierten Neubewertung des Freudschen Œuvres und beschreiben dessen Fortwirkung in einem weiten Spektrum der intellektuellen Moderne.

In systematischer Gliederung umfaßt die Sammlung:
– vier Bände mit Einführungen in die Psychoanalyse;
– vier Bände mit Monographien über seelische Schlüsselphänomene wie Traum, Fehlleistung, Witz;
– vier Bände mit Schriften über Sexualtheorie und über Metapsychologie;
– zwei Bände mit Schriften über Krankheitslehre und über Behandlungstechnik (erstmals als Taschenbuch-Einzelausgaben vorgelegt);
– fünf Bände mit Krankengeschichten;
– vier Bände mit kulturtheoretischen Schriften;
– drei Bände mit Schriften über Kunst und Künstler;
– zwei Bände mit voranalytischen Schriften (seit ihrer Erstveröffentlichung vor rund hundert Jahren erstmals wieder zugänglich gemacht).

EINFÜHRUNGEN:

Vorlesungen zur Einführung in die Psychoanalyse (Band 10432)
Biographisches Nachwort von Peter Gay

Neue Folge der Vorlesungen zur Einführung in die Psychoanalyse (Band 10433)
Biographisches Nachwort von Peter Gay

Abriß der Psychoanalyse (Band 10434)
Einführende Darstellungen
Einleitung von F.-W. Eickhoff
  Abriß der Psychoanalyse
  Über Psychoanalyse
  Das Interesse an der Psychoanalyse
  Eine Schwierigkeit der Psychoanalyse
  Die Frage der Laienanalyse (inkl. Nachwort)

»Selbstdarstellung« (Band 10435)
Schriften zur Geschichte der Psychoanalyse
Herausgegeben und eingeleitet von Ilse Grubrich-Simitis
  »Selbstdarstellung« (inkl. Nachschrift)
  Jugendbriefe an Emil Fluß
  Curriculum vitae
  Bericht über meine mit Universitäts-Jubiläums-Reisestipendium unter-
  nommene Studienreise nach Paris und Berlin
  Autobiographische Notiz
  Zur Geschichte der psychoanalytischen Bewegung
  Kurzer Abriß der Psychoanalyse
  Die Widerstände gegen die Psychoanalyse

ÜBER SCHLÜSSELPHÄNOMENE – TRAUM, FEHLLEISTUNG, WITZ:

Die Traumdeutung (Band 10436)
Nachwort von Hermann Beland

Über Träume und Traumdeutungen (Band 10437)
Einleitung von Hermann Beland
  Eine erfüllte Traumahnung
  Über den Traum
  Träume im Folklore
  Ein Traum als Beweismittel
  Märchenstoffe in Träumen
  Traum und Telepathie
  Einige Nachträge zum Ganzen der Traumdeutung
  Über einen Traum des Cartesius. Brief an Maxime Leroy
  Meine Berührung mit Josef Popper-Lynkeus

Zur Psychopathologie des Alltagslebens (Band 10438)
(Über Vergessen, Versprechen, Vergreifen, Aberglaube und Irrtum)
Einleitung von Martin Löw-Beer
Im Anhang: Vorwort 1954 von Alexander Mitscherlich

Der Witz und seine Beziehung zum Unbewußten / Der Humor (Band 10439)
Einleitung von Peter Gay

SEXUALTHEORIE UND METAPSYCHOLOGIE:

Drei Abhandlungen zur Sexualtheorie (Band 10440)
Einleitung von Reimut Reiche

Schriften über Liebe und Sexualität (Band 10441)
Einleitung von Reimut Reiche
    Über Deckerinnerungen
    Zur sexuellen Aufklärung der Kinder
    Über infantile Sexualtheorien
    Der Familienroman der Neurotiker
    Beiträge zur Psychologie des Liebeslebens
    Zwei Kinderlügen
    Über Triebumsetzungen, insbesondere der Analerotik
    Die infantile Genitalorganisation
    Der Untergang des Ödipuskomplexes
    Einige psychische Folgen des anatomischen Geschlechtsunterschieds
    Über libidinöse Typen
    Über die weibliche Sexualität

Das Ich und das Es (Band 10442)
Metapsychologische Schriften
Einleitung von Alex Holder
    Formulierungen über die zwei Prinzipien des psychischen Geschehens
    Einige Bemerkungen über den Begriff des Unbewußten in der Psychoanalyse
    Zur Einführung des Narzißmus
    Triebe und Triebschicksale
    Die Verdrängung
    Das Unbewußte
    Metapsychologische Ergänzung zur Traumlehre
    Trauer und Melancholie
    Jenseits des Lustprinzips
    Das Ich und das Es
    Das ökonomische Problem des Masochismus
    Notiz über den »Wunderblock«
    Die Verneinung
    Fetischismus
    Die Ichspaltung im Abwehrvorgang

Hemmung, Symptom und Angst (Band 10443)
Einleitung von F.-W. Eickhoff

S. *Freud – Werke im Taschenbuch (Gesamtübersicht)*

KRANKHEITSLEHRE UND BEHANDLUNGSTECHNIK:

Schriften zur Krankheitslehre der Psychoanalyse (Band 10444)
Einleitung von Clemens de Boor
  Über die Berechtigung, von der Neurasthenie einen bestimmten Symptomen-
  komplex als »Angstneurose« abzutrennen
  Zur Ätiologie der Hysterie
  Die Sexualität in der Ätiologie der Neurosen
  Meine Ansichten über die Rolle der Sexualität in der Ätiologie der Neurosen
  Hysterische Phantasien und ihre Beziehung zur Bisexualität
  Charakter und Analerotik
  Allgemeines über den hysterischen Anfall
  Die psychogene Sehstörung in psychoanalytischer Auffassung
  Über neurotische Erkrankungstypen
  Die Disposition zur Zwangsneurose
  Mitteilung eines der psychoanalytischen Theorie widersprechenden Falles
  von Paranoia
  »Ein Kind wird geschlagen« (Beitrag zur Kenntnis der Entstehung sexueller
  Perversionen)
  Über die Psychogenese eines Falles von weiblicher Homosexualität
  Über einige neurotische Mechanismen bei Eifersucht, Paranoia und Homo-
  sexualität
  Neurose und Psychose
  Der Realitätsverlust bei Neurose und Psychose

Zur Dynamik der Übertragung (Band 10445)
Behandlungstechnische Schriften
Einleitung von Hermann Argelander
  Die Handhabung der Traumdeutung in der Psychoanalyse
  Zur Dynamik der Übertragung
  Ratschläge für den Arzt bei der psychoanalytischen Behandlung
  Zur Einleitung der Behandlung
  Erinnern, Wiederholen und Durcharbeiten
  Bemerkungen über die Übertragungsliebe
  Die endliche und die unendliche Analyse
  Konstruktionen in der Analyse

KRANKENGESCHICHTEN:

Studien über Hysterie (zusammen mit Josef Breuer) (Band 10446)
Einleitung von Stavros Mentzos

Bruchstück einer Hysterie-Analyse (Band 10447)
Nachwort von Stavros Mentzos

Analyse der Phobie eines fünfjährigen Knaben (Band 10448)
(inkl. Nachschrift)
Einleitung von Veronica Mächtlinger
Im Anhang: Vorwort 1979 von Anna Freud

Zwei Krankengeschichten (Band 10449)
Einleitung von Carl Nedelmann
    Bemerkungen über einen Fall von Zwangsneurose
    Aus der Geschichte einer infantilen Neurose

Zwei Fallberichte (Band 10450)
Einleitung von Mario Erdheim
    Psychoanalytische Bemerkungen über einen autobiographisch beschriebenen
    Fall von Paranoia (inkl. Nachtrag)
    Eine Teufelsneurose im siebzehnten Jahrhundert

KULTURTHEORETISCHE SCHRIFTEN:

Totem und Tabu (Band 10451)
Einige Übereinstimmungen im Seelenleben der Wilden und
der Neurotiker
Einleitung von Mario Erdheim

Massenpsychologie und Ich-Analyse / Die Zukunft einer Illusion (Band 10452)
Einleitung von Reimut Reiche

Das Unbehagen in der Kultur (Band 10453)
Und andere kulturtheoretische Schriften
Einleitung von Alfred Lorenzer und Bernard Görlich
    Das Unbehagen in der Kultur
    Die »kulturelle« Sexualmoral und die moderne Nervosität
    Zeitgemäßes über Krieg und Tod
    Warum Krieg?

Der Mann Moses und die monotheistische Religion (Band 10454)
Und andere religionspsychologische Schriften
Herausgegeben und eingeleitet von Ilse Grubrich-Simitis
    Der Mann Moses und die monotheistische Religion
    Zwangshandlungen und Religionsübungen
    Vorrede zu ›Probleme der Religionspsychologie‹ von Theodor Reik
    Zur Gewinnung des Feuers

ÜBER KUNST UND KÜNSTLER:

Der Wahn und die Träume in W. Jensens ›Gradiva‹ (Band 10455)
(inkl. Nachtrag zur zweiten Auflage)
Mit der Erzählung von Wilhelm Jensen
Herausgegeben und eingeleitet von Bernd Urban

Der Moses des Michelangelo (Band 10456)
Schriften über Kunst und Künstler
Einleitung von Peter Gay
   Psychopathische Personen auf der Bühne
   Der Dichter und das Phantasieren
   Das Motiv der Kästchenwahl
   Der Moses des Michelangelo (inkl. Nachtrag)
   Vergänglichkeit
   Einige Charaktertypen aus der psychoanalytischen Arbeit
   Eine Kindheitserinnerung aus ›Dichtung und Wahrheit‹
   Das Unheimliche
   Dostojewski und die Vatertötung
   Goethe-Preis

Eine Kindheitserinnerung des Leonardo da Vinci (Band 10457)
Einleitung von Janine Chasseguet-Smirgel

VORANALYTISCHE SCHRIFTEN:

Schriften über Kokain (Band 10458)
Herausgegeben von Paul Vogel
Bearbeitet und eingeleitet von Albrecht Hirschmüller
   Über Koka (inkl. Nachträge)
   Cocaine
   Beitrag zur Kenntnis der Kokawirkung
   Über die Allgemeinwirkung des Kokains
   Gutachten über das Parke Kokain
   Bemerkungen über Kokainsucht und Kokainfurcht

Zur Auffassung der Aphasien (Band 10459)
Eine kritische Studie
Herausgegeben von Paul Vogel
Bearbeitet von Ingeborg Meyer-Palmedo
Einleitung von Wolfgang Leuschner

Sigmund Freud
als Briefschreiber und Diskussionspartner

Sigmund Freud
Brautbriefe
Briefe an Martha Bernays aus den Jahren 1882 bis 1886
Ausgewählt, herausgegeben und
mit einem Vorwort versehen von Ernst L. Freud
Band 6733

Sigmund Freud / C. G. Jung
Briefwechsel
Herausgegeben von William McGuire und Wolfgang Sauerländer
Gekürzt von Alan McGlashan
Band 6775

Freud im Gespräch mit seinen Mitarbeitern
Aus den Protokollen der Wiener Psychoanalytischen Vereinigung
Herausgegeben, eingeleitet und
mit Zwischentexten versehen von Ernst Federn
Band 6774

Stefan Zweig
Über Sigmund Freud
Porträt, Briefwechsel, Gedenkworte
Band 9240

Fischer Taschenbuch Verlag

Sigmund Freud
Briefe an Wilhelm Fließ 1887 – 1904
Ungekürzte Ausgabe

Herausgegeben von Jeffrey Moussaieff Masson
Bearbeitung der deutschen Fassung von Michael Schröter
Transkription von Gerhard Fichtner
Mit zahlreichen Abbildungen und Faksimiles
Zweite Auflage, mit Errata und Addenda, 1999
Leinen. XXXII + 613 Seiten

»Ganz ohne Publikum kann ich nicht schreiben, kann mir aber ganz gut
gefallen lassen, daß ich es nur für Dich schreibe.«

Freud an Wilhelm Fließ am 18. Mai 1898

Sigmund Freuds Briefe an seinen nahen Freund Wilhelm Fließ, den Berliner Hals-Nasen-Ohrenarzt und Biologen, hier erstmals ohne Kürzung
veröffentlicht, sind das bewegende tagebuchartige Protokoll der tiefen
wissenschaftlichen und persönlichen Krise, aus der Freud, von der aka-
demischen Welt isoliert, in den neunziger Jahren des neunzehnten Jahrhunderts das Paradigma der Psychoanalyse entwickelte. Der Leser kann
gleichsam die Geburt eines Ideensystems miterleben, welches wie kaum
ein zweites das Denken unserer Zeit geprägt, das Wissen des Menschen
über sich selbst von Grund aus revolutioniert hat.

Der grundlegende »Entwurf einer Psychologie« von 1895, der in der in-
zwischen vergriffenen Auswahl der Briefe, *Aus den Anfängen der Psychoanalyse*, mitabgedruckt war, ist in dem 1987 erschienenen Nachtragsband zu Sigmund Freuds *Gesammelten Werken* wieder zugänglich
gemacht worden.

S. Fischer

fi 423 / 7

Freud-Bibliographie mit Werkkonkordanz

Bearbeitet von
Ingeborg Meyer-Palmedo und Gerhard Fichtner
Zweite, verbesserte und erweiterte Auflage
Kartoniert. 296 Seiten

Die *Freud-Bibliographie mit Werkkonkordanz* war 1989 in erster Auflage erschienen; sie ersetzte die frühere, der *Studienausgabe* der Werke Freuds angegliederte Broschüre *Sigmund Freud-Konkordanz und -Gesamtbibliographie*. Längst hat sich dieses Nachschlagewerk im In- und Ausland als unentbehrliches Hilfsmittel durchgesetzt.

In der 1999 erschienen, grundlegend überarbeiteten und erweiterten Neuauflage umfaßt der bibliographische Abschnitt alle bis dahin veröffentlichten Schriften Freuds einschließlich Rezensionen, Lexikonartikel, Krankengeschichten – insbesondere aus Freuds voranalytischer Zeit – sowie Teilpublikationen. Ferner sind alle bis zu diesem Zeitpunkt veröffentlichten und den Bearbeitern bekanntgewordenen Äußerungen Freuds enthalten. Unter den neu hinzugekommenen Eintragungen nehmen die Briefe und Briefauszüge den größten Raum ein. Einbezogen in die Bibliographie sind nun auch die Bände von *Sigmund Freud – Werke im Taschenbuch*.

Überdies wurde dem alphabetischen Werkverzeichnis noch ein Index der Namen, ein Verzeichnis der Briefempfänger sowie ein Schlagwortverzeichnis hinzugefügt, was die Brauchbarkeit des Handbuchs erhöht.

Die Konkordanz ermöglicht den genauen und raschen Seitenvergleich zwischen den nicht nur im deutschen, sondern auch im angloamerikanischen Sprachbereich am häufigsten verwendeten Freud-Ausgaben – den *Gesammelten Werken*, der *Studienausgabe* und der *Standard Edition*.

Bei der Zusammenstellung der derzeit umfassendsten Freud-Bibliographie konnte auf die jahrelangen Recherchen des Tübinger Medizinhistorikers Gerhard Fichtner zurückgegriffen werden, der die Datensammlung konsequent weiterführt.

S. Fischer

fi 1065 / 3

Sigmund Freud
Das Motiv der Kästchenwahl
Faksimileausgabe

Mit einem Nachwort von Heinz Politzer
Herausgegeben von Ilse Grubrich-Simitis
64 Seiten und 16 Seiten Transkription. Einmalige Auflage 1977

»Zwei Szenen aus Shakespeare, eine heitere und eine tragische, haben
mir kürzlich den Anlaß zu einer kleinen Problemstellung und Lösung
gegeben.« Mit diesem einfachen Satz beginnt Freud seinen meisterhaften
literarischen Essay, der hiermit als vollständiges Faksimile vorliegt. Die
heitere Szene ist die Wahl der Freier der Porzia zwischen drei Kästchen
im ›Kaufmann von Venedig‹, die tragische die Szene im ›König Lear‹, in
der Lear das Reich unter seine drei Töchter aufteilt. Die Porzia-Szene
gab dem Essay den Titel, den Schwerpunkt aber legt Freud auf die Prob-
lematik des Lear. Was haben die drei Frauen zu bedeuten, zwischen
denen er zu wählen hat? Und warum muß die Wahl auf die dritte, die
Cordelia, fallen? Um diese Frage zu beantworten, verläßt Freud die
Dichtung und zeigt die Verankerung der Dreierwahl im Mythos. Was
haben Menschen ganz verschiedener Kulturkreise mit diesem Motiv zu
bewältigen, zu verbergen versucht? In einer Serie von Deutungsschrit-
ten, in der Freud Mythos und Dichtung nach psychischen Abwehr-
mechanismen abklopft, gibt er die Lösung: Es geht um die Auseinan-
dersetzung mit dem Tod. Was als Naturgesetz jedes Menschen Leben
beendet, wird zur »Wahl« verharmlost, was der Tod bzw. die Todesgöttin ist, erscheint als die begehrenswerteste Frau, die Liebesgöttin. Doch
Shakespeare hebt am Ende des ›Lear‹ die Entstellung auf. Und Freud
schließt: »Ewige Weisheit im Gewande des uralten Mythus rät dem alten
Manne, der Liebe zu entsagen, den Tod zu wählen, sich mit der Notwendigkeit des Sterbens zu befreunden.«
In seinem Nachwort untersucht Heinz Politzer den biographischen
Hintergrund für die Entstehung der Arbeit. – Das Faksimile ist, mehr-
farbig, im Originalformat der von Freud benutzten großen Bogen repro-
duziert. Die Edition enthält ferner eine Transkription von Ingeborg
Meyer-Palmedo sowie Hinweise von Ilse Grubrich-Simitis auf Freuds
Schreibgewohnheiten.

S. Fischer

Ilse Grubrich-Simitis
Zurück zu Freuds Texten
Stumme Dokumente sprechen machen

Der Band enthält zahlreiche Abbildungen und Faksimiles
Leinen. 399 Seiten

Das Buch, mittlerweile in mehrere Sprachen übersetzt, bahnt einen in der Freud-Forschung noch nie eingeschlagenen Weg. Es eröffnet unmittelbaren Zugang zur terra incognita der *Handschriften* Freuds und damit zum bisher verborgenen spannungsreichen Mikrokosmos seiner Kreativität. Sozusagen diesseits von Sekundärliteratur bringt die Autorin, Psychoanalytikerin und Freud-Editorin, die Dokumente selbst zum Sprechen, darunter viele bisher unbekannte Originaltexte. In einer neuartigen Form authentischer Werkstattanalyse erzählt sie, wie der Begründer der Psychoanalyse als Wissenschaftler und Schriftsteller *gearbeitet* hat. Es ist, als ob das Œuvre, das ja nicht nur einen Paradigmenwechsel in den Wissenschaften vom Menschen bewirkt hat, sondern auch ein längst klassisches Exempel großer Prosa verkörpert, seine komplizierte Entstehungsgeschichte selbst erzählte.

»Ilse Grubrich-Simitis hat ein vorzügliches Buch geschrieben ... Man hat das Gefühl, an einer Freudschen Analyse teilzunehmen.«
Frankfurter Allgemeine Zeitung

»Ilse Grubrich-Simitis läßt uns einen unbekannten Freud entdecken, einen Freud, der nicht nach den aktuellen Regeln des Anti-Freudismus revidiert oder manipuliert ist, einen – im Gegensatz zu den verschiedenen psychoanalytischen Schulen – nicht-interpretierten Freud, einen in seiner Eigenständigkeit, seiner Realität und Materialität restituierten Freud, jenseits von Hagiographie und Deutungen.«   *Le Monde*

»Ein hervorragender Beitrag zum wachsenden Verständnis von Freud als Denker wie als Schriftsteller... ein exzeptionell bedeutendes Buch.«
The New York Times

S. Fischer

Ilse Grubrich-Simitis
Freuds Moses-Studie als Tagtraum
Ein biographischer Essay

Der Band enthält Abbildungen und Faksimiles
Band 12230

Die Autorin hat in den letzten Jahren erstmals Freuds Handschriften er-
forscht. Bei diesem Studium waren ihr bestimmte Merkwürdigkeiten der
Manuskriptüberlieferung von *Der Mann Moses und die monotheistische
Religion* aufgefallen; auch der Drucktext des Spätwerks zeigt eine seltsa-
me Brüchigkeit. In ihrem fesselnd geschriebenen Essay interpretiert Ilse
Grubrich-Simitis die Moses-Studie als *Tagtraum*, als wunscherfüllendes
Phantasieren. Das Buch sei aus einer schweren, durch die Nazi-Verfol-
gung ausgelösten inneren Krise hervorgegangen. Die Erfahrung hilflo-
ser Abhängigkeit und tödlicher Bedrohung habe an eigene frühinfantile
Traumatisierungen gerührt und ein regressives Geschehen in Gang gesetzt. Im Verlauf dieser späten Verstörung, die Freud selbstanalytisch
und dank der rettenden Emigration zu bewältigen vermochte, habe er
erstmals tiefe Einblicke in archaische Abwehrformen, insbesondere die
Spaltung, gewonnen. An Dramatik sei dieser selbstkurative Vorgang mit
der psychischen Krise des jungen Freud vergleichbar, die einst Ende des
vergangenen Jahrhunderts den Beginn der Selbstanalyse provozierte und
die Entdeckung des Unbewußten beschleunigte. Im Alter vollzog sich
diese Arbeit im Dialog mit den Dichtern, mit Thomas Mann und Arnold
Zweig. Sie führte Freud zu einer ihm aus der Kindheit vertrauten Vertiefung in die Tora.

»...eine immens aufschlußreiche Untersuchung, bahnbrechend in der Erforschung des Menschen und Denkers Freud.«   *Peter Gay*

»...wieder und wieder glücken der Autorin anschauliche, subtile Bilder
und Formulierungen von solcher Stimmigkeit, solcher Prägnanz, daß
sich der Leser nicht nur mit faszinierenden Aspekten von Freuds Werk
und den überraschenden Hypothesen der Autorin konfrontiert sieht,
sondern zugleich eine lustvolle ästhetische Erfahrung machen kann.«
Lore Schacht

Fischer Taschenbuch Verlag